# 高水平改革开放
# 推动高质量发展

## 改革开放精神
## 与新时代浦东开发开放文集

主编　高国忠

上海交通大学出版社
SHANGHAI JIAO TONG UNIVERSITY PRESS

## 内容提要

本书围绕"坚定不移贯彻新发展理念，服务和融入新发展格局，始终把发展作为第一要务，始终把改革创新作为第一动力，始终把满足人民群众对美好生活的向往作为第一追求，始终把抓好党的建设作为第一职责，勇于挑最重的担子、啃最硬的骨头，努力成为更高水平改革开放的开路先锋、全面建设社会主义现代化国家的排头兵、彰显'四个自信'的实践范例，更好地向世界展示中国理念、中国精神、中国道路"，从党建引领、创新发展、社会治理三个方面进行了经验总结以及路径探索。本书适合相关的专业研究者和对此有兴趣的读者阅读和参考。

## 图书在版编目(CIP)数据

高水平改革开放 推动高质量发展：改革开放精神
与新时代浦东开发开放文集/高国忠主编. 一上海：
上海交通大学出版社,2022.9
ISBN 978 - 7 - 313 - 26909 - 6

Ⅰ.①高… Ⅱ.①高… Ⅲ.①区域经济发展—浦东新
区—文集②区域经济—开放经济—浦东新区—文集 Ⅳ.
①F127.513 - 53

中国版本图书馆 CIP 数据核字(2022)第 135771 号

高水平改革开放 推动高质量发展
改革开放精神与新时代浦东开发开放文集
**GAOSHUIPING GAIGE KAIFANG TUIDONG GAOZHILIANG FAZHAN**
**GAIGE KAIFANG JINGSHEN YU XINSHIDAI PUDONG KAIFA KAIFANG WENJI**

主 编：高国忠
出版发行：上海交通大学出版社　　　　　　地 址：上海市番禺路 951 号
邮政编码：200030　　　　　　　　　　　　电 话：021 - 64071208
印 制：上海万卷印刷股份有限公司　　　　经 销：全国新华书店
开 本：710mm×1000mm 1/16　　　　　　印 张：16.75
字 数：253 千字
版 次：2022 年 9 月第 1 版　　　　　　　　印 次：2022 年 9 月第 1 次印刷
书 号：ISBN 978 - 7 - 313 - 26909 - 6
定 价：75.00 元

# 前　言

　　2021年,是我们党和国家历史上具有里程碑意义的一年。这一年,我们党迎来了百年华诞,习近平总书记在庆祝中国共产党成立100周年大会上庄严宣布全面建成小康社会,生活在960万平方公里大地上的14亿中国人民彻底摆脱了绝对贫困,胜利完成了第一个百年奋斗目标,中华民族意气风发地踏上了迈向第二个百年奋斗目标的新征程;这一年,我们党胜利召开了十九届六中全会,通过了具有重大历史意义的《中共中央关于党的百年奋斗重大成就和历史经验的决议》,全面总结了我们党领导人民进行伟大奋斗,创造积累的十个方面的宝贵经验,确立了习近平同志党中央的核心、全党的核心地位,确立了习近平新时代中国特色社会主义思想的指导地位;这一年,《中共中央国务院关于支持浦东新区高水平改革开放　打造社会主义现代化建设引领区的意见》发布,赋予浦东打造社会主义现代化建设引领区的重大历史使命,为浦东勾画了新的绚丽蓝图,赋予了新的战略定位。

　　上海市委常委、浦东新区区委书记朱芝松同志在浦东新区第五次党代表大会上指出,党中央支持浦东新区高水平改革开放、打造社会主义现代化建设引领区,赋予浦东改革开放新的重大任务,为浦东创造新的比较优势提供了难得的重大机遇。浦东要乘势而上,以习近平新时代中国特色社会主义思想为指导,深入贯彻党的十九大和十九届二中、三中、四中、五中、六中全会精神,坚持稳中求进的工作总基调,科学把握新发展阶段,坚定不移地贯彻新发展理念,服务和融入新发展格局,始终把发展作为第一要务,始终把改革创新作为第一动力,始终把满足人民群众对美好生活的向往作为第一追求,始终把抓好党的建设作为第一职责,勇于挑最重的担子、啃最硬的骨头,努力成为更高水平改革开放的开路先锋、全面建设社会主义现代化国家的排头兵、彰显"四个自信"的实践范例,更好地向世界展示中国理念、中国精神、中国道路。

党校是党的思想理论建设的重要阵地,是党和国家的哲学社会科学研究机构和重要智库。科研工作是党校发展的基础支撑。科研工作应加强对重大理论和现实问题的研究,重点加强对习近平新时代中国特色社会主义思想的研究,为提高党校教学质量服务,为推进党的理论创新服务,为党委和政府决策服务。

浦东新区区委党校在浦东区委、区政府的正确领导下,始终坚持"党校姓党"原则,全面贯彻全国党校工作会议精神和《党校(行政学院)工作条例》,按照区委的决策部署要求,以建设"全国一流城区党校"为目标,以"强主业、创特色、塑品牌、优服务"为工作主线,坚持政治立校、质量强校、特色兴校、从严治校,充分发挥"三阵地、一熔炉"作用。我校的科研决咨工作始终围绕区委区政府中心工作和重大决策部署,坚持三个聚焦:聚焦区委区政府中心工作和国家战略,聚焦浦东创新发展实践,聚焦党校主课主业,努力做好科研决咨"三个服务",近年来在国家课题和市哲社课题立项以及高层次决咨批示等方面,取得了可喜的成绩。

为更好地服务区委区政府中心工作,推进教研咨一体化高质量发展,发挥党校智库作用,我校每年与中国浦东干部学院科研部、上海社会科学院经济研究所等学术单位围绕浦东重大理论问题和实践问题举办理论研讨会。2021年,中央赋予浦东高水平改革开放打造社会主义现代化建设引领区这一光荣使命和重要任务,我们以"改革开放精神与新时代浦东开发开放"为主题,与中国浦东干部学院科研部联合举办理论研讨会。会议收到论文20多篇,重点围绕浦东引领区建设中的改革开放、创新发展、党的建设以及社会治理等问题进行探讨和阐述,既有理论探讨,也有对实践探索的总结梳理,其中不乏观点新颖、视角开阔、分析透彻、对策中肯的上乘佳文,具有一定的启发意义和参考价值。

本书由浦东新区区委党校常务副校长高国忠同志担任主编,中国浦东干部学院科研部领导和专家对论文进行了审稿,提出了宝贵的修改意见,浦东新区区委党校科研处承担了本书的编务工作。在此,谨向所有对本书的编写和出版给予支持和帮助的单位和同志表示衷心的感谢!囿于时间、编者水平等诸多限制,书中如有不足之处,恳请专家、同仁以及广大读者批评指正。

编者

2021 年 12 月 27 日

# 目　录

## 党建引领

## 创新发展

## 社会治理

# 党建引领

# 论改革开放精神对伟大建党精神的传承与发展

**摘　要**:在中国共产党人的精神谱系中,伟大建党精神与改革开放精神具有代表性和典型性,两者在精神样态和形成的时空维度上内在关联。伟大建党精神和改革开放精神一以贯之、接续发展,改革开放精神是伟大建党精神在新时期的生动体现,进一步丰富和发展了党的革命精神和中国精神的内涵。全面理解伟大建党精神和改革开放精神的相互关系,把握和弘扬改革开放精神的科学内涵、精神特质和时代价值,具有重要意义。

**关键词**:伟大建党精神;改革开放精神;精神谱系;传承发展

伟大政党孕育伟大精神,伟大精神滋养伟大政党。中国共产党是一个高度重视精神的政党,在百年奋斗的非凡历程中,中国共产党带领中国人民不但创造了伟大的物质文明,更铸就了无比坚强的精神脊梁和精神丰碑,党在长期奋斗中形成了一系列丰富的革命精神,共同构建起中国共产党人的精神谱系。创党实践过程中所形成的伟大建党精神与改革开放进程中所形成的改革开放精神,生动展现了中国共产党革命精神的时代传承。

## 一、伟大建党精神与改革开放精神的形成过程具有内在联系

"建立中国共产党、成立中华人民共和国、推进改革开放和中国特色社会主义事业,是五四运动以来我国发生的三大历史性事件,是近代以来实现中华民族伟大复兴的三大里程碑。"[①]中国共产党的诞生是一件开天辟地的大事,没有共产党就没有新中国,就没有中华民族伟大复兴。改革开放则是决定当代中国

---

① 习近平.在庆祝改革开放 40 周年大会上的讲话[M].北京:人民出版社,2018:4.

前途命运的关键一招,是实现中华民族伟大复兴的必由之路。伟大建党精神与改革开放精神在形态、时间和空间上互相联系,两者呈现出独特的地位和作用,也体现了党的革命精神的继承与发展。

**(一) 从基本形态看,伟大建党精神与改革开放精神同属中国共产党人精神谱系中的"大精神"**

革命性是中国共产党的鲜明特征,党的革命精神也是红色基因的重要组成部分。一百年来,中国共产党在各个时期形成了一系列革命精神,构筑起了中国共产党人的精神谱系。据中央党史和文献研究院 2021 年的统计,党在不同的历史时期培育、形成的革命精神有 90 多种,其中,党的十八大以来,习近平总书记论及的革命精神有 40 多种,论及过的、阐述具体内涵的有 20 多种[①]。

从形态上说,革命精神有宏观和微观之分。微观形态的革命精神名称多样,具有丰富的元素,形式较为具体和生动;宏观形态的革命精神则更为全面和完整,具有较强的概括性,表述比较稳定。一系列微观形态的革命精神作为子系统,共同集成了宏观的革命精神。伟大建党精神和改革开放精神作为其中的典型代表,在中国共产党人精神谱系中居于重要地位,两者同属精神谱系中的"大精神",各自构成一个相对独立的结构体系。

伟大建党精神以中国共产党的成立这一重大事件来命名,涵盖建党的完整历史过程,这一精神属于宏观的、整体层面的革命精神,包含一系列具体的、微观形态的革命精神,如红楼精神、红船精神,以及先后有人提出的先驱精神、石库门精神、渔阳里精神、一大精神等,都以空间地点、先进群体以及标识性具象物件来命名,突出地方特色。伟大建党精神与这一系列革命精神之间形成一种包含与被包含的关系,我们可以说红楼精神是伟大建党精神的重要方面,或者说红船精神是伟大建党精神的集中体现,但不会将它们等同起来,更不会反过来进行表述。

同样,改革开放精神也属于总体性、概括性较强的表述。改革开放精神是中国共产党在改革开放中所形成的革命精神,贯穿于改革开放的全过程。改革

---

① 刘廷飞,黄秋霞.中国共产党成立 100 周年庆祝活动安排公布[EB/OL].(2021 - 03 - 23)[2021 - 12 - 23]. https://www.ccdi.gov.cn/toutiao/202103/t20210323_238363.html.

开放精神是对这一时期各种具体精神的凝练和表述,在各时各地具体实践活动中所涌现和形成的一系列革命精神,如小岗精神、特区精神、深圳精神、浦东精神等,都是改革开放精神的组成部分和集中体现,并以不同方面共同构成和展现了改革开放精神。

## (二) 从时间维度看,伟大建党精神与改革开放精神都形成于波澜壮阔的"大时代"

时代铸就精神,精神引领时代。中国共产党的诞生具有划时代的意义,是中国人民"站起来"的开端;改革开放也具有划时代的意义,它让中国人民走向"富起来",进而为实现"强起来"迈出坚实步伐。从时间维度看,中国共产党的诞生和改革开放的实行,都是顺应世界发展大势的结果。尽管两者形成的时代条件与所处的历史阶段不同,但都深刻反映了各自的时代主题和任务,都使中国进入一个新的阶段。

伟大建党精神孕育于近代中国,是救亡图存的历史产物。在中国共产党诞生之前,仁人志士曾有过各种救国方案,但都以失败告终。当时的中国,不仅需要新思想引领救亡运动,而且需要新组织凝聚革命力量。"十月革命一声炮响,给我们送来了马克思列宁主义,这就是当时的世界大势。我们党从这个世界大势中产生出来,走在了时代前列,成为时代的弄潮儿。"[①]在中华民族的伟大觉醒中,在马克思列宁主义同中国工人运动的紧密结合下,一个新型的马克思主义革命政党——中国共产党应运而生。历史深刻证明,只有马克思主义才能救中国,只有中国共产党才能救中国。自从有了中国共产党,中国的革命面貌焕然一新,中华民族伟大复兴就有了主心骨和领路人。

伟大建党精神是对建党伟业的精神概括。习近平总书记在庆祝中国共产党成立 100 周年大会上的讲话中首次指出:"一百年前,中国共产党的先驱们创建了中国共产党,形成了坚持真理、坚守理想,践行初心、担当使命,不怕牺牲、英勇斗争,对党忠诚、不负人民的伟大建党精神。"[②]中国共产党人的创党实践孕育和形成了伟大建党精神,这是中国共产党的精神之源。

---

① 习近平.论中国共产党历史[M].北京:中央文献出版社,2021:18.
② 习近平.在庆祝中国共产党成立 100 周年大会上的讲话[M].北京:人民出版社,2021:8.

改革开放是一场伟大而深刻的革命。改革开放精神形成于当代中国,是时代大潮下的产物,是党和国家在改革开放时期所进行的理论与实践创新的精神结晶。邓小平曾言,"我们要赶上时代,这是改革要达到的目的"①。在总结社会主义建设经验教训的基础上,我们党对世界大势和时代主题作出了准确判断,才有了党和国家工作重心的迅速转移,才有了改革开放新时期的开启。1978年底,以党的十一届三中全会为标志,中国开始了改革开放的步伐,通过一系列体制机制的改革,破除了原有的一些思想和体制障碍。中国打开国门,主动拥抱世界,向先进发达国家学习经验,吸收借鉴人类有益的文明成果。改革开放极大地改变了国家面貌,使中国大踏步地赶上了时代,缩小了与发达国家的差距。今日中国的崛起和腾飞很大程度上源于40多年前作出的这一历史性重大决策。从新时期到新世纪再到新时代,40多年来,中国的改革开放进程不断推进,从开始改革到全面深化改革,在各个领域取得了举世瞩目的伟大成就,神州大地发生了沧海桑田的深刻巨变。中国特色社会主义实现了从创立、发展到完善的伟大飞跃,中国人民迎来了从实现温饱到小康到走向富裕的伟大飞跃,中华民族迎来了从站起来、富起来到强起来的伟大飞跃,开始从"赶上时代"走向"引领时代"。历史充分证明,改革开放是决定当代中国前途命运的关键一招,是实现中华民族伟大复兴的必由之路。只有改革开放才能发展中国,只有中国特色社会主义才能发展中国。

改革开放的伟大实践孕育和形成了改革开放精神。习近平总书记在庆祝改革开放40周年大会上的讲话中首次明确提出改革开放精神这一概念,指出"改革开放铸就的伟大改革开放精神,极大丰富了民族精神内涵,成为当代中国人民最鲜明的精神标识"②,对中国改革开放以来形成的精神进行了高度总结。改革开放精神是在中国共产党的领导下,在改革开放时期推进社会主义现代化建设过程中所形成的革命精神,它孕育于探索社会主义建设道路的经验教训之中,发端于解放思想和重新确立实事求是的思想路线中,并在改革开放以来长期的实践过程中不断发展。

---

① 邓小平. 邓小平文选(第3卷)[M]. 北京:人民出版社,1993:242.
② 习近平. 在庆祝改革开放40周年大会上的讲话[M]. 北京:人民出版社,2018:14.

### （三）从空间场域看，伟大建党精神与改革开放精神都与上海这座"大都市"直接相关

"上海是一座光荣的城市，是一个不断见证奇迹的地方。"①伟大建党精神与改革开放精神的形成和发展都与上海有着深厚渊源和密切联系，成为解读上海何以光荣、何以伟大的精神密码。无论是百年前的觉醒年代和建党风云，还是改革开放以来新的腾飞，上海都居于独特地位，发挥了关键作用。伟大建党精神在这里孕育形成，改革开放精神在这里生动展现。伟大建党精神和改革开放精神犹如两大历史坐标，定位与揭示了中国共产党百年奋斗与上海之间的紧密联系，见证了红色基因在这里的生成、传承和赓续。

一方面，上海是中国共产党的诞生地和初心始发地，也是伟大建党精神的孕育地。近代上海具备政党成立的种种有利条件，优越的地理条件、发达的经济文化基础、独特的城市空间和广泛的人才汇集等诸多因素，使其成为党的诞生地和初心始发地。尽管党的创建活动并不只在上海发生，但上海所起的作用是最主要的，从石库门到天安门，从兴业路到复兴路，上海是红色的起点；从渔阳里党组织的初具雏形，到树德里中共一大的开天辟地，再到辅德里中共二大的建章立制，无一不与上海产生联系。今天，阐释和弘扬伟大建党精神，是上海义不容辞的光荣使命。

另一方面，上海是我国改革开放的前沿阵地，也是改革开放精神的重要承载地和实践地。长期以来，由于具有较为雄厚的工商业基础，特别是技术、管理、人才等方面的优势，上海为推进国家发展和社会主义现代化建设发挥了重要作用。改革开放之初，上海承担的首要任务就是为国家提供主要税源支撑，为全国提供轻工业消费品，但自身发展较为缓慢。20 世纪 80 年代，上海开始探索城市发展的转型之路，其中就包括酝酿开发浦东。面对当时的国内外形势，邓小平指出要多做几件有利于改革开放的事情，"现在国际上担心我们会收，我们就要做几件事情，表明我们改革开放的政策不变，而且要进一步地改革开放"②。浦东开发开放由此加速，掀开了我国改革开放向纵深推进的崭新篇章。自 1990 年浦东开发开放以来，上海从幕后走向台前，从改革的"后卫"变为

---

① 习近平. 在浦东开发开放 30 周年庆祝大会上的讲话[M]. 北京：人民出版社，2020：12.
② 邓小平. 邓小平文选（第 3 卷）[M]. 北京：人民出版社，1993：313.

"前锋",在改革开放中扮演了重要角色。正如邓小平同志所言:"机会要抓住,决策要及时。比如抓上海,就是一个大措施。上海是我们的王牌,把上海搞起来是一条捷径。"①他还强调"抓紧浦东开发,不要动摇,一直到建成"②。作为改革开放的排头兵、创新发展的先行者,上海落实国家战略,承担了一系列重大任务,始终在改革开放中承载重要功能、发挥重要作用。浦东勇于挑最重的担子、啃最硬的骨头,成为中国改革开放的象征和上海现代化建设的缩影。

## 二、伟大建党精神与改革开放精神在科学内涵上一以贯之、接续发展

伟大建党精神不仅是一种"大精神",更是一种"总精神",是中国共产党革命精神的源头和原点,为此后一系列党的革命精神的生成发展奠定了基础。从伟大建党精神与改革开放精神的内涵关系看,伟大建党精神派生出了一系列革命精神,为改革开放精神提供了内涵基因;改革开放精神则继承了伟大建党精神的核心要义,是对伟大建党精神的生动体现和丰富发展。理解改革开放精神的内涵,要从源头上追溯伟大建党精神,两者在内涵上有着内在契合,体现出诸多共同点。

### (一) 改革开放精神是对"坚持真理、坚守理想"的自觉追寻

改革开放是我们党的伟大觉醒和伟大创造,源于对历史的深刻总结和反思。解放思想、实事求是是改革开放的思想前提和基本方法,也是改革开放精神的重要内涵和突出表现,是对坚持真理、坚守理想的继承发展和生动诠释。

如何坚持和发展马克思主义,始终是共产党人面临的一项重要任务。政治上的坚定首先来自理论上的清醒,马克思主义之所以必须长期坚持,是因为它揭示了人类社会发展的一般规律,是科学的理论,从而能够指导实践。邓小平曾指出:"对马克思主义的信仰,是中国革命胜利的一种精神动力。"③党的十八

---

① 中共中央文献研究室.邓小平年谱(1975—1997)[M].北京:中央文献出版社,2004:1310.
② 邓小平.邓小平文选(第3卷)[M].北京:人民出版社,1993:366.
③ 邓小平.邓小平文选(第3卷)[M].北京:人民出版社,1993:63.

大报告指出:"对马克思主义的信仰,对社会主义和共产主义的信念,是共产党人的政治灵魂,是共产党人经受住任何考验的精神支柱。"①马克思主义是中国共产党的指导思想和伟大旗帜,也是中国共产党人的看家本领。"中国共产党为什么能,中国特色社会主义为什么好,归根到底是因为马克思主义行!"②

坚持马克思主义不动摇,要求我们党在改革开放中必须把握政治方向、保持政治定力,这是一个带有全局性、根本性的问题。中国不改革不行、乱改革也不行,改革并不是随心所欲、照搬照抄,首先要保证中国共产党的领导、坚持社会主义制度,维护国家和社会的稳定。邓小平很早就提出"四项基本原则",既坚持科学社会主义的基本原则,又不断发展社会主义。他明确指出"中国要搞现代化,绝不能搞自由化,绝不能走西方资本主义道路"③。改革开放从一开始就是有方向、有立场、有原则的,改革是对社会主义制度的自我完善和发展,开放是在坚持社会主义制度下的开放。我们搞社会主义市场经济体制,首先以社会主义制度为前提;我们的现代化是中国式现代化,首先是社会主义现代化;我们建设的城市是人民的城市,是社会主义现代化大都市。中国特色社会主义首先是社会主义,而不是别的什么主义,同样,改革开放以社会主义为前提,必须坚持、完善、巩固和发展社会主义制度,而不是动摇甚至削弱社会主义。

马克思主义不仅具有真理的力量,也具有实践的力量。中国共产党在坚持马克思主义的同时,也进一步发展了马克思主义。作为一个开放的理论体系,马克思主义需要根据时代的变化、国情的需要、人民的需求而不断丰富和完善。邓小平曾深刻指出,"一个党,一个国家,一个民族,如果一切从本本出发,思想僵化,迷信盛行,那它就不能前进,它的生机就停止了,就要亡党亡国"④。思想的解放带来了新的生机和活力,只有摆脱僵化封闭的思想,才能真正意义上开启改革开放,推动社会主义现代化建设。在强调坚持马克思主义、坚持走社会主义道路的同时,他还指出"马克思主义必须是同中国实际相结合的马克思主义,社会主义必须是切合中国实际的有中国特色的社会主义"⑤。改革开放开

① 中共中央文献研究室.十八大以来重要文献选编(上)[M].北京:中央文献出版社,2014:39.
② 习近平.在庆祝中国共产党成立100周年大会上的讲话[M].北京:人民出版社,2021:13.
③ 邓小平.邓小平文选(第3卷)[M].北京:人民出版社,1993:123.
④ 邓小平.邓小平文选(第2卷)[M].北京:人民出版社,1994:143.
⑤ 邓小平.邓小平文选(第3卷)[M].北京:人民出版社,1993:63.

创了一条中国特色社会主义的新路,既摆脱了走僵化封闭的老路,又避免了走改旗易帜的邪路。正如《中共中央关于党的百年奋斗重大成就和历史经验的决议》中写道,党的百年奋斗展示了马克思主义的强大生命力,"马克思主义的科学性和真理性在中国得到充分检验,马克思主义的人民性和实践性在中国得到充分贯彻,马克思主义的开放性和时代性在中国得到充分彰显"①。

### (二) 改革开放精神是对"践行初心、担当使命"的持续奋斗

为中国人民谋幸福,为中华民族谋复兴,是中国共产党人的初心和使命,也是改革开放的初心和使命。习近平总书记深刻指出,"一百年来,中国共产党团结带领中国人民进行的一切奋斗、一切牺牲、一切创造,归结起来就是一个主题:实现中华民族的伟大复兴"②。改革开放是实现民族复兴的必由之路,改革开放精神体现了"践行初心、担当使命"的深刻意蕴。

党的初心和使命是激励一代代中国共产党人前赴后继、英勇斗争的根本动力。"无论我们走得多远,都不能忘记来时的路。……不忘历史、不忘初心。"③中国共产党是有着远大理想和崇高追求的党,继承了无数前人使中国屹立于世界民族之林的愿望,从一开始就肩负着实现中华民族伟大复兴的历史使命。中国共产党没有任何自己特殊的利益,只有为民族、国家和人民奋斗的赤诚之心。纵观一批建党先驱,大多为接受了新式教育、有着优厚生活条件和较高社会地位的知识分子,他们毅然决然投身革命实践,绝不是为了谋取私利,而是出于民族和人民的利益。

在完成民族独立和人民解放这一历史任务后,我们党团结带领人民为实现国家富强、人民幸福而努力。摆在共产党人面前的是更为艰巨的任务,那就是如何在一穷二白、人口众多的东方大国进行建设。其实,早在解放战争取得全国胜利前夕召开的七届二中全会上,全党就讨论了党的工作重心的战略转移问题,即由乡村转向城市、从军事斗争转向经济建设。毛泽东特别指出,"夺取全国胜利,这只是万里长征走完了第一步。如果这一步也值得骄傲,那是比较渺

---

① 中国共产党第十九届中央委员会第六次全体会议文件汇编[M].北京:人民出版社,2021:92.
② 习近平.在庆祝中国共产党成立100周年大会上的讲话[M].北京:人民出版社,2021:3.
③ 习近平.在"不忘初心、牢记使命"主题教育工作会议上的讲话[M].北京:人民出版社,2019:5.

小的,更值得骄傲的还在后头。……中国的革命是伟大的,但革命以后的路程更长,工作更伟大,更艰苦。……我们不但善于破坏一个旧世界,我们还将善于建设一个新世界"①。

新中国成立以后,我国很快确立了社会主义基本制度,推进社会主义建设,在工业、科技、教育、医疗卫生等领域取得了举世瞩目的长足进步,用短短几十年的时间基本建成了独立的比较完整的工业体系和国民经济体系,这坚定了人民坚持走社会主义道路的信心,也为改革开放的起步提供了必要条件,为"在新的历史时期开创中国特色社会主义提供了宝贵经验、物质基础、理论准备"②。尽管探索社会主义建设的道路筚路蓝缕、曲折艰辛,但党的初心和使命始终没有变,建设一个强大的国家、实现伟大复兴的目标没有变,改善人民生活、为人民谋幸福的初衷没有变。

初心和使命既是建党之初中国共产党的宗旨和奋斗目标,又体现在长期以来中国共产党人奋斗的具体实践之中,它不是空洞抽象的,而是落实在实际行动中的。改革开放是党团结带领人民践行初心和使命的一个缩影,这场广泛而深刻的社会变革,是长期以来中华民族寻求富强之路的接续探索。党的十一届三中全会实现了全党工作重心的转移,吹响了向改革开放进军的集结号,决定把全党的工作重心转移到社会主义现代化建设上来。自此以后,一场伟大而深刻的变革得以开启:从农村改革到城市改革,从经济体制改革到各领域改革,从"引进来"到"走出去",从建设经济特区到浦东开发开放,改革开放使中国的发展进入一个崭新的阶段,创造了经济快速发展和社会长期稳定的奇迹。

确立初心不容易,坚守初心更不容易。"不忘初心"不是一阵子的事,而是一辈子的事。事业发展永无止境,共产党人的初心永远不能改变。越是长期执政,越不能忘记党的初心和使命。共产党人要不断叩问初心、守护初心,不断坚守使命、担当使命,始终做到初心如磐、使命在肩。

### (三) 改革开放精神是对"不怕牺牲、英勇斗争"的生动展现

中国共产党从建党伟业开始,通过不懈努力和艰苦奋斗,带领广大人民群

---

① 毛泽东. 毛泽东选集(第4卷)[M]. 北京:人民出版社,1991:1438-1439.
② 习近平. 在庆祝改革开放40周年大会上的讲话[M]. 北京:人民出版社,2018:5.

众取得了巨大成就,创造了"当惊世界殊"的人间奇迹。从开天辟地、改天换地,到翻天覆地、惊天动地,中国共产党建立了新纪元,开辟了新境界,创造了新奇迹。这些成就并不是轻松得到的,而是在艰难奋斗中实现的,可谓"看似寻常最奇崛,成如容易却艰辛"①。

回顾历史,自创建之日起,中国共产党就面临着残酷的斗争环境和各类未知的考验。中共一大在上海召开的最后一天就发生了法租界巡捕突然闯入全场搜捕的事件。面对严峻的形势,共产党人需要巨大的勇气,需要不怕牺牲、英勇斗争的精神。同样,面对风云变幻的国内外形势,党作出改革开放的重大决策,从而使党和国家走上正确的发展道路,这同样需要胆识、智慧以及不懈奋斗的精神。如果说革命战争年代的牺牲和斗争更多地体现在先驱们为革命抛头颅、洒热血甚至付出生命的代价,那么改革开放以来的牺牲和斗争则体现在以强烈的政治勇气面对风险考验以及面对危机主动调整的自我革命精神。

改革开放是中国共产党人在新时期的重大历史抉择,作出改革开放的决策首先是形势所迫。在社会主义建设的探索中,我们取得了很大成就,但也走了不少弯路。在很长一段时期内,由于缺乏经验、急于求成,经济建设一度脱离实际,国家经历了一个严重的困难时期。尽管国家在国防科技工业等方面取得了长足的进步,但人民群众的生活水平却相对滞后。面对当时的困难局面,唯有实行改革,才能找到出路。邓小平同志把改革开放摆到了党和国家生死存亡的高度,他指出,如果不改革开放,只能是死路一条,"如果现在再不实行改革,我们的现代化事业和社会主义事业就会被葬送"②。党的十一届三中全会果断停止使用"以阶级斗争为纲"的口号,作出了把党和国家的工作重点转移到经济建设上来的决策,"正确地改革同生产力迅速发展不相适应的生产关系和上层建筑"③。改革并不是一个阶级推翻另一个阶级的阶级斗争、一种社会制度代替另一种社会制度的制度更替,而是完善与当前发展不相适应的体制机制,通过改革的方式清除制约和妨碍影响生产力发展的因素。因此,改革的目的与革命的目的在本质上是一致的,那就是解放和发展社会生产力,实现国家富强和人

---

① 习近平.在深圳经济特区建立40周年庆祝大会上的讲话[M].北京:人民出版社,2020:4.
② 邓小平.邓小平文选(第2卷)[M].北京:人民出版社,1994:150.
③ 邓小平.邓小平文选(第2卷)[M].北京:人民出版社,1994:141.

民幸福。

改革由问题倒逼而产生,又在不断解决问题中得以深化。应当看到的是,改革开放是一项十分复杂和艰巨的任务,需要持续推进。邓小平深刻指出,改革也是一场革命,而且"是中国的第二次革命"①,这是对改革开放的一个精辟评价。他曾言"要把进一步开放的旗帜打出去,要有点勇气"②。改革开放是复杂的,也是长期的,伴随着改革的不断深化,各种问题逐渐凸显,改革面临着"啃硬骨头""涉险滩"的阶段。"改革开放的每一步都不是轻而易举的,未来必定会面临这样那样的风险挑战,甚至会遇到难以想象的惊涛骇浪"③。当前和今后一个时期,我国的发展仍然处于重要战略机遇期,但发展不平衡不充分问题仍然突出,实现高质量发展还有许多短板。同时,外部环境发生深刻变化,经济全球化遭遇逆流,新冠肺炎疫情全球肆虐,国际环境日趋复杂严峻,各类不确定因素显著增多。因此,我们党能否抵御风险挑战、抓住机遇开拓奋进,显得尤为重要。"进入新发展阶段,国内外环境的深刻变化既带来一系列新机遇,也带来一系列新挑战,是危机并存、危中有机、危可转机。"④要准确识变、科学应变、主动求变,善于从眼前的危机、眼前的困难中捕捉和创造机遇,在危机中育新机、于变局中开新局,充分发挥我们党集中力量办大事、办难事、办急事的独特优势。展望未来,唯有以强大的勇气和胆量攻坚克难、勇毅前行,才能化危为机、再攀高峰。

从党自身的发展来看,中国共产党面临的"四大考验"是长期的、复杂的,面临的"四种危险"是尖锐的、严峻的。要有效应对重大挑战、抵御重大风险、克服重大阻力、解决重大矛盾,必须进行具有许多新的历史特点的伟大斗争。"越是接近目标,越需要全党同志增强信心、勠力同心,保持忧患意识、增强斗争精神,沉着应对各种风险挑战。"⑤"一个民族之所以伟大,根本就在于在任何困难和风险面前都从来不放弃、不退缩、不止步,百折不挠为自己的前途命运而奋

---

① 邓小平.邓小平文选(第3卷)[M].北京:人民出版社,1993:113.
② 邓小平.邓小平文选(第3卷)[M].北京:人民出版社,1993:313.
③ 习近平.在庆祝改革开放40周年大会上的讲话[M].北京:人民出版社,2018:23.
④ 习近平.正确认识和把握中长期经济社会发展重大问题[J].求是,2021(2):5.
⑤ 习近平.在"不忘初心、牢记使命"主题教育工作会议上的讲话[M].北京:人民出版社,2019:5.

斗。"①中国奇迹的不断创造，一个重要原因就是中国共产党人无惧风雨、迎难而上，总能化压力为动力、变挑战为机遇，在大风大浪中不断发展和壮大自己。

今天，"我们有坚强决心、坚定意志、坚实国力应对挑战，有足够的底气、能力、智慧战胜各种风险考验"②。改革开放精神所体现的迎难而上、攻坚克难、抢抓机遇、不懈奋斗的精神品格，与伟大建党精神"不怕牺牲、英勇斗争"不谋而合，体现了新时代共产党人开辟伟大事业所必须具备的意志品质与精神风貌。

### (四) 改革开放精神是对"对党忠诚、不负人民"的始终坚守

忠诚于党和人民的事业，是中国共产党人始终不渝的宝贵品格。做到党性和人民性的统一，是保证党长期执政的必然要求，也是共产党人政治原则和人民情怀的体现，成为推进改革开放的政治保证。

对党忠诚是共产党人首要的政治品格，忠诚始终是第一位的。"衡量干部是否有理想信念，关键看是否对党忠诚。"③回望建党之初，最早入党的一批共产党员经历了"大浪淘沙"的过程，其后的人生道路也各不相同，有的坚持到底、走向胜利，有的英勇捐躯、献出生命，有的身处党外、坚持斗争，有的误入歧途、迷途知返，有的脱离组织、走向对立，有的叛变投敌、沦为罪人。只有经受住考验，革命才有希望，这体现了对党忠诚的极端重要性。改革开放同样如此。浦东开发开放之初，来自五湖四海的"800 壮士"汇聚在这片热土上，尽管工作条件十分艰苦，但都毫无怨言，以强烈的责任感和使命感忘我工作，全身心投入改革开放的伟大事业，以实际行动诠释了何谓"对党忠诚"。今天，共产党人必须始终忠诚于党的事业，贯彻党的路线方针政策，在大是大非问题上与党中央保持高度一致，做到旗帜鲜明讲政治。

党性和人民性是高度统一的。中国共产党没有自己的特殊利益，政治立场是中国共产党人宗旨的反映，也是检验共产党员的"试金石"。以百姓心为心，与人民同呼吸、共命运、心连心，是党的初心，也是党的恒心。中国共产党人团

---

① 习近平重要讲话单行本(2020 年合订本)[M].北京:人民出版社,2021:116-117.

② 习近平在中共中央召开的党外人士座谈会上的讲话[EB/OL].(2020-07-30)[2021-12-10].http://www.xinhuanet.com/politics/leaders/2020-07/30/c_1126306034.htm.

③ 习近平在中央党校(国家行政学院)中青年干部培训班开班式上发表重要讲话[EB/OL].(2019-03-01)[2021-10-02].http://www.gov.cn/xinwen/2019-03/01/content_5369773.htm.

结带领人民打碎旧的国家机器,建立新型人民政权,就是为了使中国走上社会主义现代化发展之路,就是为了让老百姓过上富足的好日子。而在社会制度建立以后,如何推进国家建设与社会发展,成为中国共产党的中心任务。发展是执政兴国的第一要务,也是改善民生的重要条件,改革开放归根到底就是要促进生产力的发展,最终目的是不断改善人民群众的生活水平,满足人民对美好生活的向往。邓小平同志对此有过一系列论述:"社会主义如果老是穷的,它就站不住。"①"社会主义要消灭贫穷。贫穷不是社会主义,更不是共产主义。"②同时,要强调始终坚持改革成果由人民共享,要坚持以人民为中心,把为人民谋幸福作为检验改革成效的标准,让改革开放成果更好地惠及广大人民群众。

人民是历史的创造者,是中国共产党取得胜利的力量之源,也是中国共产党长期执政的重要根基。伟大建党精神与改革开放精神具有共同的价值追求——立党为公、执政为民,始终以人民为中心,全心全意为人民服务。我国脱贫攻坚战取得了全面胜利,疫情防控取得重大战略成果和阶段性胜利,都生动体现了这一点。中国共产党"一定要始终与人民心心相印、与人民同甘共苦、与人民团结奋斗,夙夜在公,勤勉工作,努力向历史、向人民交一份合格的答卷"③。此外,推进改革开放也离不开人民群众的共同参与。改革开放的兴起,就与人民群众期盼改变社会面貌、自觉投身社会主义现代化建设的时代呼唤直接相关。改革开放必须广泛调动人民的积极性、主动性和创造性,发挥了人民群众的首创精神,凝聚人民群众的智慧与共识,让人民群众通过自己的辛勤劳动创造属于自己的美好未来。

## 三、改革开放精神是对革命精神和中国精神的时代彰显

历史川流不息,精神代代相传。伟大建党精神作为中国共产党的精神之源,派生出一系列党的革命精神并构成源与流的关系。改革开放使中国大踏步地向前发展,在极大促进生产力发展的同时,也凝结成了改革开放精神。伟大

---

① 邓小平. 邓小平文选(第2卷)[M]. 北京:人民出版社,1994:191.
② 邓小平. 邓小平文选(第3卷)[M]. 北京:人民出版社,1993:63-64.
③ 习近平. 谈治国理政(第1卷)[M]. 北京:外文出版社,2014:3.

建党精神为改革开放精神提供内涵指引,改革开放精神则显示出丰富的时代特征,继续发展了伟大建党精神,是伟大建党精神在新时期的时代体现。改革开放精神进一步丰富了中国共产党人的精神谱系,并不断塑造着当代中国人的精神世界。

### (一) 实践之基:改革开放精神是伟大建党精神的当代呈现

改革开放精神体现了鲜明的实践性。总的来看,改革开放精神所包含的元素十分丰富,如敢闯敢试、先行先试的首创精神,攻坚克难、不懈奋斗的担当精神,脚踏实地、真抓实干的务实精神,依靠人民、执政为民的奉献精神,包容互鉴、合作共赢的开放精神等。我们认为,可以从两方面来理解改革开放精神的科学内涵。一是官方媒体的相关文章。在庆祝改革开放 40 周年大会召开后不久,新华社发表的评论员文章指出:"源于改革开放实践的强大精神力量,是解放思想、实事求是的力量,是敢闯敢试、勇于创新的力量,是互利合作、命运与共的力量。"①2021 年 11 月,《人民日报》发表评论员文章指出:"从'实践是检验真理的唯一标准',到'冲破思想观念的障碍、突破利益固化的藩篱',彰显了解放思想、实事求是的精神品质;从'杀出一条血路',到'敢于啃硬骨头,敢于涉险滩',蕴含着开拓创新、锐意变革的境界追求;从打开国门搞建设摆脱被开除'球籍'的危险,到形成更大范围、更宽领域、更深层次对外开放格局,展现了开放包容、合作共赢的博大胸怀。"②上述评论都从三个方面阐释了改革开放精神的基本内涵,即实事求是、变革创新、开放包容。二是习近平总书记的相关讲话,如在浦东开发开放 30 周年庆祝大会的讲话中,习近平总书记指出"浦东开发开放 30 年的历程,走的是一条解放思想、深化改革之路,是一条面向世界、扩大开放之路,是一条打破常规、创新突破之路"③。这同样可以体现上述三大内涵。在百年华诞之际的"七一"讲话中,习近平对百年党史四个阶段特征进行了概括,

① 大力弘扬改革开放精神——论学习贯彻习近平总书记在庆祝改革开放 40 周年大会重要讲话精神[EB/OL]. (2018 - 12 - 24)[2021 - 12 - 24]. http://www. gov. cn/xinwen/2018-12/24/content_5351765. htm.

② 改革开放精神,当代中国人民最鲜明的精神标识——论中国共产党人的精神谱系之四十三[EB/OL]. (2021 - 11 - 29)[2021 - 12 - 29]. https://www. ccps. gov. cn/xxwx/202111/t20211129_151873. shtml.

③ 习近平. 在浦东开发开放 30 周年庆祝大会上的讲话[M]. 北京:人民出版社,2020:12.

其中"解放思想、锐意进取"可以看成是这一时期最主要的特征,也是改革开放精神的突出特点。

改革开放精神是伟大建党精神的时代呈现。伟大建党精神与改革开放精神犹如一根绳索的两端,一端串起百年前中国共产党的诞生并贯穿百年,另一端连接百年后的今天并继续走向未来。中国共产党的成立,拉开了实现民族独立、人民解放的伟大序曲,使原来一盘散沙、四分五裂的国家开始走向独立和统一;改革开放则续写了实现国家富强、人民幸福的崭新篇章,今天的中国,正以不可阻挡的步伐迈向伟大复兴。

改革开放精神不仅继承了伟大建党精神的基本内涵,又对伟大建党精神作出了新的发展,在历史继承的同时凸显其时代意义。百年前中国共产党就是在各种因素的共同催化作用下、在世界革命运动及其思潮的影响下成立的,这不仅改变了中国,也深刻改变了世界发展的趋势和格局。改革开放不仅深刻改变了中国,同样也深刻影响了世界:中国为世界经济的发展贡献了力量,维护和促进了世界的和平。中国特色社会主义显示出光明的发展前景,社会主义制度的优越性得到越来越多的体现,也为发展中国家走向现代化提供了成功经验。在改革开放的具体实践过程中,改革开放精神也具有其自身新的意蕴,体现了更为明显的开放性和主动性。改革开放更多体现了我国主动融入全球化的进程,使中国与世界紧密相连,改革开放精神也凝结了开放、包容、合作、发展的内涵。

可见,中国共产党革命精神是继承性和发展性的统一,构成这种联系的纽带就是实践。任何一种精神并不会凭空产生,而是在一定的实践过程中形成的,都有着丰富的现实基础。如在酝酿筹建中国共产党的过程中,有人曾回忆维经斯基说过这样一段话:"中国现在关于新思想的潮流,虽然澎湃,但是第一,太复杂,有无政府主义,有工团主义,有社会民主主义,有基尔特社会主义,五花八门,没有一个主流,使思想界成为混乱局势。第二,没有组织。做文章、说空话的人多,实际行动,一点都没有。这样绝不能推动中国革命。他的结论,就是希望我们组织'中国共产'。"①理论宣传固然重要,但革命实践更为关键。改革开放同样如此,不能停留在坐而论道、纸上谈兵上,而是需要大胆地试、勇敢地改,把实践作为检验真理的唯一标准,用务实进取的态度把理想变为现实。

---

① 维经斯基在中国的有关资料[M].北京:中国社会科学出版社,1982:455.

"40年来取得的成就不是天上掉下来的,更不是别人施舍恩赐的,而是全党全国各族人民用勤劳、智慧、勇气干出来的。"[①]"中国特色社会主义是改革开放以来党的全部理论和实践的主题,是党和人民历尽千辛万苦、付出巨大代价取得的根本成就"[②]。伟大建党精神和改革开放精神都深刻体现了实践特性,体现了实践对于政党精神传承的关键作用。

改革开放精神与伟大建党精神在实践意义上的高度耦合,鼓舞和激励着中国共产党人不断追寻理想、践行初心,扛起责任、担当使命,在新时代下继续矢志拼搏奋斗、不断奋勇前行。道路是人走出来的,事业是人干出来的,伟大事业不是在脑海中就能成就的,而是在现实中奋斗出来的。人们在实践中不断发现问题、解决问题,在实践中总结经验、发现规律。在未来的前进道路上,还有许多"娄山关""腊子口"需要征服,除了要有"创"的劲头和"闯"的精神,更要有"干"的作风。新时代是干出来的,要想为,更要敢为和善为,改革不停顿、开放不止步,将改革开放进行到底。今天,改革已进入攻坚期、深水区,全面深化改革,任重而道远。对浦东而言,要以改革开放精神引领新时代浦东开发开放再出发,每一名党员领导干部都要投身实践、落在实处,继续走在时代前列,为加快打造社会主义现代化建设引领区而努力奋斗。

### (二) 开放之径:改革开放精神继承和丰富了民族精神的内涵

改革开放精神体现了宽广的开放性。2018年初,习近平总书记从大历史观出发,以宏阔的历史长河为依据,指出"中国特色社会主义不是从天上掉下来的,而是在改革开放40年的伟大实践中得来的,是在中华人民共和国成立近70年的持续探索中得来的,是在我们党领导人民进行伟大社会革命97年的实践中得来的,是在近代以来中华民族由衰到盛170多年的历史进程中得来的,是对中华文明5000多年的传承发展中得来的"[③]。这深刻阐释了历史发展的阶段性和连续性的统一,也揭示了改革开放精神内生的民族特性、历史渊源和

①　习近平. 在庆祝改革开放40周年大会上的讲话[M]. 北京:人民出版社,2018:19.

②　中共中央党史和文献研究院. 十九大以来重要文献选编(上)[M]. 北京:中央文献出版社,2019:12.

③　习近平在学习贯彻党的十九大精神研讨班开班式上发表重要讲话[EB/OL]. (2018-01-05)[2021-02-22]. http://www. gov. cn/xinwen/2018-01/05/content_5253681. htm.

文化根基。

中华民族5 000多年的文明史,创造了灿烂的中华文明,为人类作出了卓越贡献,也形成了伟大的民族精神。"中国人民在长期奋斗中培育、继承、发展起来的伟大民族精神,为中国发展和人类文明进步提供了强大精神动力。"[①]伟大创造精神、伟大奋斗精神、伟大团结精神和伟大梦想精神是以爱国主义为核心的民族精神的深刻内涵,是中华民族生生不息、延绵不绝,得以长期屹立于世界民族之林的重要基础,是实现中华民族伟大复兴的力量源泉。民族精神中包含的爱国主义、勤劳勇敢、自强不息、团结统一、爱好和平等内容,都为中国共产党革命精神的形成提供了深厚的广阔土壤。

改革开放精神与中华民族长期以来的变革和开放精神一脉相承。"中国人民具有伟大梦想精神,中华民族充满变革和开放精神。……正是这种'天行健,君子以自强不息''地势坤,君子以厚德载物'的变革和开放精神,使中华文明成为人类历史上唯一一个绵延5 000多年至今未曾中断的灿烂文明。以数千年大历史观之,变革和开放总体上是中国的历史常态。"[②]可以看到,变革和开放始终是民族精神和中华文化的显著特征,变革和开放精神也在改革开放时期得到了充分的施展和体现,成为改革开放精神的重要内涵。

中国共产党革命精神在吸纳民族精神精华的同时,也丰富和发展了民族精神的内涵,是民族精神的升华。其一,对民族前途命运的关注。民族精神中强烈的家国情怀、心系天下的担当以及自强不息、坚忍不拔的毅力,为当时一批先进知识分子拯救民族危亡、投身革命活动提供了内在动力。在这种民族精神的影响下,在马克思主义的科学指导下,建党先驱们通过思想的淬炼和创党的实践,伟大建党精神由此产生;同样,在民族精神的影响下,在时代使命的感召下,改革开放精神逐渐形成,其中包含了忧国忧民的忧患意识、开放包容的宽广气度等民族精神,进而体现出求真求实、创新创造、竞争意识等新的内涵。其二,对广大人民群众的关切关心。如中华民族自古以来就谋求"天下大同""协和万邦"的理想社会,中国共产党人把实现公平正义、促进共同富裕放到了突出的位

---

① 中共中央党史和文献研究院.十九大以来重要文献选编(上)[M].北京:中央文献出版社,2019:387.

② 习近平.在庆祝改革开放40周年大会上的讲话[M].北京:人民出版社,2018:39 - 40.

置上,这既是党的根本宗旨和社会主义的本质要求,又符合人民群众对美好生活的向往。从中国共产党成立伊始,到改革开放新时期,树立人民至上理念、永葆人民情怀始终是中国共产党革命精神的重要内涵。其三,对发展道路认识的不断深化。独立自主作为中华民族的优良传统,也成为中国共产党的一大法宝。"独立自主是中华民族精神之魂,是我们立党立国的重要原则。"①中国共产党成立后经过艰辛探索,走出了一条农村包围城市、武装夺取政权的道路,取得了新民主主义革命的胜利。改革开放同样如此,中国共产党在新的历史条件下把马克思主义与中国实际相结合,在立足国情的基础上,既推动对外开放、交流互鉴,又做到独立自主、自力更生,通过坚持走自己的路,成功开辟出中国特色社会主义道路,这些都是对民族精神中所蕴含的自立自强、和而不同等内涵的发展。正如习近平总书记指出的那样,"当代中国的伟大社会变革,不是简单延续我国历史文化的母版,不是简单套用马克思主义经典作家设想的模板,不是其他国家社会主义实践的再版,也不是国外现代化发展的翻版"②。改革开放精神蕴含着中国人民砥砺奋进的精神密码,体现了新的历史时期党和国家发展的新气象,是我们党和国家事业不断取得胜利的精神动力。

### (三) 创新之维:改革开放精神生动体现了以改革创新为核心的时代精神

改革开放精神体现了强烈的创新性。中国人民在改革开放的伟大实践中所形成的改革开放精神,深刻体现和生动反映了以改革创新为核心的时代精神,是时代精神的集中体现。改革与创新紧密联系,改革需要创新,创新推动变革。改革开放精神成为激励新时代改革开放再出发、更好坚持和发展中国特色社会主义的强大精神动力。

不断实现理论创新和开拓创新是中国共产党百年奋斗的重要历史经验。中国共产党的成立,是开天辟地的大事变,是敢为人先的头一遭。新民主主义革命时期,中国共产党披荆斩棘、走向胜利,冲破旧社会旧制度的束缚,走出了一条崭新的符合中国实际的革命道路,靠的就是实事求是地认识和把握

---

① 中国共产党第十九届中央委员会第六次全体会议文件汇编[M]. 北京:人民出版社,2021:97.
② 习近平. 在纪念马克思诞辰200周年大会上的讲话[M]. 北京:人民出版社,2018:26-27.

本国国情,大胆实践、不断创新。社会主义革命和建设时期,党和国家在极其困难的条件下取得了不少成就,除了依靠自力更生、艰苦奋斗、发愤图强之外,就是用创新的思维开动脑筋,以勤劳、勇敢和智慧,不断攻克一个个艰难险阻,杀出一条血路,走出一条新路。

改革开放是一项全新的事业,需要不断开拓创新。创新是改革开放的鲜明特点,也是改革开放的生命。在社会主义国家搞改革开放,特别是在中国这样一个生产力水平相对落后的人口大国实行改革,在人类历史上没有先例可循,没有现成的经验和答案可供参考借鉴,可以说是前无古人的伟大创举。突破原有的思想观念和固有的模式并不容易,需要不断探索与实践,每一步的踏出都来之不易,既需要巨大的政治勇气,也需要政治智慧。邓小平形象地说:"改革开放胆子要大一些,敢于试验,不能像小脚女人一样。看准了的,就大胆地试,大胆地闯。没有一点'闯'的精神,没有一点'冒'的精神,没有一股气呀、劲呀,就走不出一条好路,就走不出一条新路,就干不出新的事业。"①改革开放精神,就包含和体现了开拓创新、锐意进取的意蕴。

改革开放只有进行时,没有完成时。新时代的新征程上,改革与发展的任务依然十分繁重,党和国家面临的矛盾和问题更加复杂,更需要以开拓创新的精神不断推动各项工作的开展,永葆敢为天下先的精神状态,才能勇立潮头、走在前列。今天,改革开放进入更深层次改革、更高水平开放、更高质量发展的阶段,要以改革和开放的眼光看待改革开放,充分认识新形势下全面深化改革开放的时代性、体系性、全局性问题,在更高起点、更高层次、更高目标上继续推进改革开放。

总而言之,一切伟大成就都是接续奋斗的结果,一切伟大事业都需要在继往开来中接续推进,一切伟大精神都值得大力弘扬。改革开放绘就了当代中国发展的新成就,书写了新时期中国共产党创新发展的新境界,是当代中国最显著的特征,改革开放精神是对改革开放以来理论与实践的精神概括。从伟大建党精神到改革开放精神,见证了中国共产党从无到有、从小到大、由弱到强,不断将革命理想化为现实的过程,也见证了中国共产党革命精神的不断生长和中国共产党人精神谱系的枝繁叶茂。伟大建党精神与改革开放精神一以贯之、接

---

① 邓小平. 邓小平文选(第3卷)[M]. 北京:人民出版社,1993:372.

续发展,体现了中国共产党革命精神的时代传承与实践特征,也必将成为新征程上全面建设社会主义现代化强国、实现中华民族伟大复兴的不竭精神动力。全面理解两者之间的关系,不仅能加深理解习近平总书记关于中国共产党革命精神的一系列论述,更好把握百年来中国共产党人精神谱系的整体脉络,而且对推进新时代全面深化改革具有重要启示,从而为奋进新时代、建功引领区提供强大力量。

**(作者:郑智鑫,中共上海市浦东新区区委党校,讲师)**

# 彰显中国共产党建设伟大成就的"浦东样本"

## ——开发开放 30 多年以来浦东党建工作的成绩及展望

**摘　要**：30 多年来，以"一流党建促一流开发"为指导思想，浦东不断经历着党建工作体制机制创新和实践探索，将 30 多年的党建史凝聚成一部创新史和探索史。党的建设与社会经济的发展相辅相成，党的建设为社会和经济的发展确保了正确的政治方向，社会和经济的发展又为党的建设提供了广阔天地。浦东 30 多年的党建创新历程有力地证明了党建引领在各个领域发挥的巨大作用，"浦东样本"彰显了中国共产党建设的伟大成就。

**关键词**：开发开放；党的建设；干部队伍；制度创新

开发开放浦东是党站在全局高度做出的一项跨时代的重大国家战略，是中国改革开放的一面标志性旗帜。2020 年 11 月 12 日，在浦东开发开放 30 周年庆祝大会上，习近平总书记充分肯定了浦东开发开放 30 年以来取得的显著成就。总书记指出，"浦东开发开放 30 年取得的显著成就，为中国特色社会主义制度优势提供了最鲜活的现实明证，为改革开放和社会主义现代化建设提供了最生动的实践写照"①。铸造这些成就的正是中国共产党。作为全国改革开放的前沿，在浦东新区开展党建工作，以党建工作引领浦东经济社会发展，是一项全新的挑战，极大地考验着中国共产党人的智慧。可以说，浦东开发开放 30 年在各方面取得的辉煌成绩，离不开党建工作引领的正确方向，也离不开党建工作提供的政治保障和组织保障。

浦东开发开放之初，就把党建工作放在重要位置予以高度重视。1993 年，刚刚成立的浦东新区党工委提出"一流党建促一流开发"的指导思想，在此思想

---

① 习近平. 在浦东开发开放 30 周年庆祝大会上的讲话[N]. 人民日报，2020－11－12.

的统领下,浦东将不断创新和提高党建工作水平作为推动浦东开发开放建设的一条主线,贯穿浦东开发开放全过程。30多年来,以"一流党建促一流开发"为指导思想,浦东的党建工作不断经历着体制机制创新和实践探索,将30多年的党建史凝聚成一部创新史和探索史。党的建设与社会经济的发展相辅相成,党的建设为社会和经济的发展确保了正确的政治方向,社会和经济的发展又为党的建设提供了广阔天地。浦东30多年的党建创新历程有力地证明了党建引领在各个领域发挥的巨大作用,"浦东样本"彰显了中国共产党建设的伟大成就。

## 一、新区发展的历史始终贯穿着党组织的坚强引领

中国共产党的领导是我国特色社会主义最本质的特征,是我国特色社会主义制度的最大优势。浦东新区是党中央和国务院共同决策建立的,也是在党的坚强领导下不断发展的。在浦东,党的领导从来都是具体的,而不是抽象的。从1988年4月24日上海市九届人大一次会议正式提到"开发浦东"到在邓小平同志和党中央的关心下,将开发开放浦东这一地方的振兴愿望迅速上升为国家战略,在新区改革发展的每一个关键时期和重大历史进程中,党始终在新区发展事业中发挥总揽全局、协调各方的领导核心作用。

在中央和上海市委坚强领导下,浦东开发开放从一开始就坚持"开发浦东、振兴上海、服务全国、面向世界"的国际化、高标准的发展规划和战略设计,坚持对标国际最高标准、最高水平,提升浦东开发开放的国际影响力,为浦东的发展奇迹打下了重要基础。例如提出"不搞经济技术开发区,搞功能开发区",注重形态与功能开发并举;提出"要在率先发展第三产业,服务长三角上有所突破",将浦东开发开放作为发展上海、辐射周边的重要突破口;提出"不满足单项改革,试点综合配套改革,在更高的起点上实现快速发展",充分赋予浦东先行先试窗口示范功能,让浦东播撒的制度创新良种在全国结出可复制可推广的改革硕果;提出"从要素驱动转向创新驱动的发展路径",将科技创新作为浦东发展的重要推动力,使张江科学城成为浦东重要的科技创新窗口;提出"发挥传统优势,金融先行,打造国际金融中心",使国际和国内众多金融要素落户浦东,服务上海和全国;提出"更新思路,由西向东,建设国际航运中心",使浦东成为覆盖

海陆空的重要交通枢纽和上海的东大门;提出"打造自由贸易试验区,以更高层次的开放倒逼改革",将自贸区作为全面深化改革和扩大开放的一项战略举措。

从 1990 年 4 月 28 日,党中央和国务院共同宣布开发开放浦东起,30 多年沧海桑田,浦东已经成为中国改革开放的鲜明旗帜和创新发展的试验田。进入新时代,浦东牢牢把握习近平总书记提出的"三个在于"的定位要求,勇当新时代全国改革开放和创新发展的标杆。如今,以习近平同志为核心的党中央在新的历史时期赋予浦东打造社会主义现代化建设引领区的新的历史使命。在创新发展、中国改革开放的关键时期,党和国家重要领导人都对浦东开发开放给予了重大期待和重要支持。正是在党的坚强领导下,总揽全局、协调各方,成功地应对各种挑战,破解各种发展难题,浦东才能始终当好改革开放排头兵中的排头兵,创新发展先行者中的先行者,为发展上海、服务国家战略持续做出浦东的贡献。

## 二、新区发展的历史始终贯穿着基层党组织建设的探索

基础不牢,地动山摇,党的全面领导要靠党的坚强组织体系实现。20 世纪90 年代初,新区的基本建设刚刚起步,新区党委就十分清醒地认识到,新区建设工作千头万绪,最重要的是要把党组织建设好。可以说,新区的历史有多长,新区党建特别是基层党组织建设的探索就有多久。作为改革开放先行先试的窗口试验田,市场经济在浦东的萌芽较早且发展迅速,"两新"组织更是成为当下浦东经济社会最活跃的细胞和最具活力的新生力量。"两新"组织作为新区经济建设和高科技发展的主力军,也是党建工作的主力军。如何在"两新"组织中增强党组织的覆盖面和凝聚力,如何更加科学地管理"两新"组织中的流动党员,是党的建设过程中从未遇到过的新课题,没有太多经验可以借鉴。

30 多年来,面对层出不清的新情况、新问题、新业态,新区坚持"经济细胞生长到哪里,党的工作就推进到哪里"的党组织建设原则,不断扩大党组织的覆盖面,增强党组织的凝聚力,将"三服务"(上级党组织为基层党组织服务、基层党组织为党员服务、各级党组织和党员为群众服务)的理念融入党建工作,逐渐

在不同的传统领域和新型行业内形成党建工作新模式和新方式①。例如在各开发区、街镇建立党群服务中心,解决流动党员党支部管理问题,搭建资源共享平台服务党员和群众。在陆家嘴金融贸易区、外高桥保税区、金桥出口加工区和张江高科技园区建立了四大开发区综合党委,探索解决开发区党建工作现实需要的党建。在市委领导下,浦东积极构建城市基层党建新格局。1999年成立的嘉兴大厦联合党支部,开创了"支部建在楼上"的党组织设置模式。20余年来,从阵地覆盖的1.0阶段到优化服务的2.0阶段再到增强功能的3.0阶段,楼宇党建异军突起,成为新区高质量发展的重要推动力量。如今,楼宇党建正在通过"楼事会"迈入建设体制的4.0阶段。作为城市资金流、人才流和信息流最集中的载体,商务楼宇所创造的楼宇经济及由此带来的产业集聚是浦东城市持续发展的重要驱动力。楼宇空间已不单是一个商务营运的经济空间,也是一个承载基层治理的政治空间。把党的政治优势、组织优势转化为楼宇的发展优势、治理优势,打造楼宇经济发展和社会治理同步生态圈,持续释放楼宇经济空间和能量,是探索"率先构建经济治理、社会治理、城市治理统筹推进和有机衔接的治理体系"这一新命题的应有之义。

30多年来,新区坚持党建工作无边界,在党组织设置上突破单位体制下的单一模式,形成了跨所有制、跨行业、跨区域党建工作互补、互联、互动新格局②。区域党建资源难以整合的问题是党建工作的"老大难",为鼓励行政资源、社会资源在党建平台上顺畅流动,新区坚持促进区属党建工作向区域党建工作转变,在基层逐渐形成条块结合、协调联动、优势互补、合作共享的党建工作格局。为了进一步构建区域党建网格化管理体系,从而为全区"两新"组织党建工作的统一指挥和有效协调提供坚实的制度保障,进而发挥区域党建工作的协同联动功能,新区根据属地、属业、属资、属人的不同,逐渐厘清"两新"党组织党建工作的指导和管理部门,将开发商的"两新"组织党建工作、社团和民间组织的党建工作以及其他的"两新"组织党建工作归属于开发区综合党委、社会组织综合党委以及社区综合党委分别管理,将"条块结合、以块为主"的原则执行

---

① 毛栋英.浦东基层党建30年[J].党政论坛,2020(5):15-19.

② 张华,陆沪根.把党的政治优势转化为开发开放强大动力——浦东新区加强"两新"组织党建工作的启示[N].解放日报,2009-10-13.

到底,通过整合行政、企业和社会等不同领域的党组织资源,发挥各类基层组织的协同作用,积极推动区域内党建工作的全面整合、积极磨合和有效融合。此外,为适应街道体制改革,浦东新区坚持"条块联动、以块为主"的原则,在街道层面,依托"1+2"新体制,发挥党工委领导核心作用,增强行政党组、社区党委的整体功能;在镇层面,主要通过发挥党建联席会议、在职党员理事会作用,加强条块联动;在各开发区层面,主要依托综合党委、园区党建联席会,加强与周边街镇的协调①。

## 三、新区发展的历史始终贯穿着党建工作体制机制的创新

开发开放以来,新区始终坚持分类指导、整体推进,认真落实党建工作责任制,在机关党建、事业单位党建、社区党建、国有企业党建、"两新"组织党建等方面探索新路子,总结新经验,建立新机制。30多年来,浦东不断推进党建创新,加强党的组织、工作、服务、管理覆盖,推进互联网、科创、文化创意等新兴领域的党建工作,形成了以区域化党建为依托的区域性党组织共同体,以行业党建为支撑的行业党组织共同体,以社区党建为支撑的社会领域党组织共同体。2017年6月16日,浦东正式下发《关于构建浦东新区城市基层党建新格局的实施意见》,明确了浦东基层党建工作的总体目标就是以党建引领基层社会治理为主线,以体系、功能、机制、载体和队伍"五大要素"建设为抓手,以各级党建服务中心阵地建设为切入点,努力构建"以区域化党建为引领、以社区党建为基础、行业党建为特色、非公经济和社会组织党建为关键、单位党建为基本"的城市基层党建新格局。党建创新,推动了浦东各行各业改革开放先行先试的进程。党的十八大以来,浦东深入贯彻落实习近平总书记关于党的建设方面的重要思想,有效提升党建质量和水平,为浦东在新时代继续开创各项事业发展新局面提供了坚实的组织保证。总体上,浦东构建基层党建新格局,其制度创新及路径选择始终与浦东开发开放的空间、规模、产业三大结构和生产、生活、生态三大布局相适应,其主要动因源自浦东的党员干部对开发开放国家重大战略

---

① 中共浦东新区区委组织部和区委党校联合课题组.构建城市党建工作新格局:问题与对策——基于浦东的实践[J].中国浦东干部学院学报,2017(2):85-93.

的使命担当,源自对传统体制羁绊的突破,源自党组织自身创新的实践自觉①。

　　"家门口"服务体系是浦东探索党建引领基层社会治理的一项创新,强调治理理念的转变和治理机制的优化,突出社区党组织的领导核心作用,推动社会治理重心下移,资源下沉,从而提升精细化治理水平。自 2017 年 5 月建立以来,"家门口"服务站(中心)已经成为汇集七大类服务资源(党群服务、政务服务、生活服务、法律服务、健康服务、文化服务、社区管理服务)的"一站式"服务平台,通过项目化的运行方式,开展"互联网＋"管理服务,实现服务群众的精准化、便利化,提升群众的获得感、幸福感、安全感。通过"家门口"服务体系这个平台,政府资源撬动和导入了社会资源,发动了社会力量、市场力量、专业力量共同参与社区治理。运用"三会"制度(听证会、协调会、评议会)等多种手段广泛调动群众开展自治。建立"全岗通"服务制度、志愿服务机制、联勤联动机制等一系列制度创新不断提升服务能力。经过近四年的实践,"家门口"服务站(中心)已成为群众需求汇集的"神经末梢"、服务集成供给的"前沿窗口"、公众有序参与的"公共空间"、社会协同治理的"共治平台"。在抗疫过程中,"家门口"服务平台迅速从常态化的基层社会治理平台转变为社区联防联控和群防群治的战时平台,为浦东筑牢社区防线发挥了极其重要的作用。2020 年 6 月 23日上海市委十一届九次全会通过的《关于深入贯彻落实"人民城市人民建,人民城市为人民"重要理念,谱写新时代人民城市新篇章的意见》指出,要"做实家门口服务体系",在全市推广"家门口服务体系"。

## 四、新区发展的历史始终贯穿着高素质干部队伍的锻造

　　浦东开发开放取得的巨大成就,离不开众多党员干部的无悔奉献和忘我奋斗,位于浦东大道 141 号的浦东开发办展览馆清晰地展示了当年的艰苦岁月。当时办公桌的每个抽屉都标着名字,那个时候一人一张办公桌是不可能的,只能保证一人一个抽屉,但在如此艰苦的条件下我们创造了很多人间奇迹,充分体现了上海干部敢跟全球顶级水平对话的志气、强烈渴望建功立业的心气、艰

---

　　① 中共浦东新区区委组织部和区委党校联合课题组.构建城市党建工作新格局:问题与对策——基于浦东的实践[J].中国浦东干部学院学报,2017(2):85-93.

苦奋斗忘我工作的朝气。作为推动浦东发展的基础性工作,浦东围绕"充满激情、富于创造、勇于担当"的总体目标,以增强凝聚力和执行力为重点,积极做好各级干部的培育、选拔、管理和使用,注重先进典型选树,营造了良好的干事创业氛围。30多年来,新区抓住领导班子和干部队伍建设这个关键,注重在实践中选拔干部,注重在艰苦的环境中历练干部,注重在多种渠道中培养干部,把一批在推动中心工作、重点项目建设中表现突出、政治过硬、充满潜力的年轻干部放到各级领导特别是主要领导的岗位上,为不断推进新区的伟大事业提供了坚实的组织保证和人才保证。

30多年来,浦东紧扣人员选配、素质提升、典型示范等环节,持续抓好社区、居村干部队伍建设。注重干部综合培训工作,依托"书记论坛"、社区党校等平台和资源,建立居村干部日常教育培训阵地。持续做好"班长"工程、"储备"工程、"基础"工程、"全岗通"工程"四大"工程培训,锻造了一支高素质、专业化、想干事、能干事的居村干部队伍,为提升党建引领基层社会治理专业化水平奠定了坚持的人才基础。通过推行社工"全岗通",打破社工工作原有的条线局限性,在基层培养了一批"一专多能、全岗都通"的优秀金牌社工,极大地提升了群众对基层服务的满意度和认同感。同时,浦东不断完善社区工作者专业化薪酬体系,在2015年建立"三岗十八级"薪酬制度,创新建立由基础工资、岗位津贴、专业能级津贴和绩效奖金构成的工资性薪酬,同时实施额度管理①,极大地激发了基层社区工作者的工作热情和工作效率,一定程度上减少了社工的流动性。

以上对新区30多年来党建成绩的大致梳理,没有也不可能对浦东新区开发开放30多年以来党的建设的丰富实践给予全面覆盖。但是不难看出,新区在党建理念、党组织建设、党建工作机制创新、党员干部队伍培养方面做出的持续努力,决定了新区在开发开放30多年取得的发展奇迹。30多年的成就,凸显了办好新区的事情关键在党,实现新区的跨越式发展关键在于始终坚持、加强和改善党的领导。

30多年来,新区牢牢抓住长期执政能力建设,先进性、纯洁性建设这条主线不偏离。党的长期执政能力建设关系着新区党的建设和党的事业的全局,先

---

① 杨婷.浦东社会治理创新的主要实践探索[J].社会治理,2020(4):30-35.

进性、纯洁性建设是马克思主义政党的生命所系、力量所在。对于党的地方和基层组织而言，这条主线主要体现为对党中央决策部署的执行力建设。党的十八大以来，新区持续加强高素质专业化干部队伍建设，深入开展干部调研，加快年轻干部培养，落实检举控告失实澄清保护等机制，不断激发干事创业的精气神；按照"两个全覆盖"的要求，推动广大党员干部扎实开展大调研工作，干部工作作风得到有效锤炼；加强基层党组织带头人建设，创新任前培训考核、资格审查等机制，开展党校集中统一培训，圆满完成居村换届。30多年以来，浦东坚持改革发展和反腐倡廉两手抓，坚持用监察工作约束行政权力，坚持审计工作跟进公共财政，坚持绩效监督覆盖政府公共服务，在新区形成良好的廉洁氛围。党的十八大以来，为推动全面从严治党向纵深发展，上海市构建了"四责协同"机制。在此基础上，浦东新区通过统筹推进"四个责任制"，基层党建、党风廉政、意识形态、法治建设工作互相融合、互相促进，进一步压实管党治党责任。率先构建"四个全覆盖"监督格局，加强纪律监督，"四种形态"第一种形态保持在较高水平；加强监察监督，实现对浦东所有行使公权力的公职人员监督全覆盖；加强派驻监督，10个派驻纪检组实现对各区管单位日常监督全覆盖；加强巡察监督，实现对被巡察部门下属单位巡察全覆盖。驰而不息纠正"四风"，严肃查处违反中央八项规定精神的行为，通过深化国家监察体制改革、进行党风廉政教育等方式，推动全面从严治党向纵深发展。可以说，没有反腐倡廉的成功，就没有新区改革发展的成功。

30多年来，新区牢牢抓住以改革精神推进党建这个动力不停步。用改革的思路研究党建工作的新情况和新问题，用改革的方法破解层出不穷的党建难题。在敢闯敢试、先行先试的全球化发展思路下，浦东积极探索资本、土地、劳动力、技术等生产要素的市场化配置，在先行先试中为改革积累了丰富经验。全国第一个以"金融贸易"命名的国家级开发区、第一个出口加工区、第一个保税区相继设立，张江高科技园区实现开园，为全国的经济工作起到了很好的示范作用。

30多年来，新区紧紧围绕中心工作创新党建这个原则不动摇。做好党建工作，归根到底是为了更好地服务中心工作。党建工作具有很强的时代性和现实性，每个发展阶段都会面临不同的发展形势和发展任务，但是发展经济、提高基层党组织的战斗力和凝聚力、提升党员干部的模范带头作用、服务群众等始终是新区建设的根本任务。与时俱进地将党建工作的成效反映到新区中心工作的各个方面,是新区党建工作的最大特色和亮点。面对建设社会主义现代化引领区这一新的历史使命,新区要继续勇于变革、勇于创新、永不僵化、永不停滞,在新的发展阶段,以新的发展理念推进新区党建,紧紧围绕中心工作需要,努力构建新时代党建工作新格局。

30多年来,浦东牢牢抓住党建制度变革这个保障不松劲。制度具有根本性、全局性、长期性的地位,决定了遵从制度是现代国家和现代政治组织最重要的特点。中国共产党不仅是一个政治组织,而且是中国特色社会主义的领导核心,要带领中国走向现代化,只有以制度建设为本,方能适应时代潮流,建设现代化国家。浦东作为国家探索社会主义现代化建设的试验区、排头兵,从来不局限于取得零碎的经验,而是始终坚持正确的理论指导,将新区党建创新实践取得的感性认识理性化、将零碎经验系统化、将成功做法制度化,一方面形成新区党建工作的长效机制,另一方面为全国党建工作提供经验借鉴。

改革开放已经40多年,浦东开发开放也已风雨兼程30多年。浦东的探索和经验充分证明,中央做出开发开放浦东的重大决策是完全正确的。如今,中央又赋予浦东打造社会主义现代化引领区的新使命,这不仅是推进中国特色社会主义伟大事业、实现"两个一百年"中国梦的重大历史性战略举措,也是新时期加强党的建设的又一个宝贵契机。新时代新起点新征程,三十而立的浦东改革不停步、开放不止步。浦东将根据习近平总书记对浦东未来发展的"一个引领区、三个成为、三个展示"的新定位,把总书记的重要讲话精神贯彻落实到浦东的党建工作中,深入谋划浦东"十四五"乃至未来更长时期的发展,全力推动总书记重要讲话精神在浦东落地生根,拿出新作为、再创新奇迹、展现新气象,不断将党的建设质量和水平推向新高峰。

(作者:王鲁亚,中共上海市浦东新区区委党校,讲师)

# 高水平改革开放中上海自贸试验区
# 党建的探索与建议

**摘　要:**上海自贸试验区承载着以习近平同志为核心的党中央的信任重托,承担着打造更高水平开放"试验田"的时代任务。正因如此,上海牢记战略使命,在高度市场化、日益国际化、全面法治化的自贸试验区,确保自贸试验区党建和自贸试验区建设同部署、同推进、同落实,促进各领域党建的融合与发展,建立起引领高度开放、全球挑战的党建新形态,保证了上海自贸试验区建设的正确方向。随着自贸试验区建设的深入推进,自贸试验区党建需要找到规则与创新、监管与自由、把握机遇与防范风险之间的结合点,继续加强政治引领、推进工作和服务的创新,突破思想认识的短板、工作机制的短板以及人才队伍的短板,为高质量推进自贸试验区建设提供政治保障。

**关键词:**自贸试验区;高水平开放;党建

习近平同志在浦东开发开放 30 周年庆祝大会上的讲话中指出:世界正经历百年未有之大变局,新冠肺炎疫情全球大流行使这个大变局加速演变,单边主义、保护主义上升,国际格局深刻调整,不稳定不确定因素明显增多,今后一个时期我们将面对更为复杂多变的外部环境。越是面对挑战,我们越是要遵循历史前进逻辑、顺应时代发展潮流、呼应人民群众期待,在更加开放的条件下实现更高质量的发展①。自贸试验区作为新时代改革开放的新高地,承载着重要国家战略,面临着全新的挑战。如何在高水平开放的热土上通过党的领导实现更高质量的发展,是自贸试验区党建工作面临的时代课题。

---

① 习近平.在浦东开发开放 30 周年庆祝大会上的讲话[EB/OL].[2020 - 11 - 12].https://baijiahao.baidu.com/s?id=16831516294537319355&wfr=spider&for=pc.

# 一、高水平开放中加强上海自贸试验区党建的重大意义

《中共中央国务院关于支持浦东新区高水平改革开放 打造社会主义现代化建设引领区的意见》指出:坚持和加强对浦东高水平改革开放各领域各方面各环节的领导,提高党把方向、谋大局、定政策、促改革的能力和定力①。上海自贸试验区是改革开放的新高地,自贸试验区党的建设必须服务好这一国家战略,全力保障自贸试验区建设的高水平推进和高质量发展。

## (一) 加强自贸试验区党建是贯彻落实习近平新时代中国特色社会主义思想的必然要求

习近平同志明确指出"坚持党对一切工作的领导"②,这是我们新时代坚持和发展中国特色社会主义的基本方略之一。自贸试验区建设必须坚持以习近平新时代中国特色社会主义思想为根本遵循,坚决贯彻总书记关于自由贸易试验区建设的一系列重要指示精神,大胆试、大胆闯、自主改,努力彰显全面深化改革和扩大开放的"试验田"作用,把党的领导贯彻始终。自贸试验区作为我国推动经济转型发展、社会主义建设向更高水平开放的重要平台,是特殊的经济功能承载区,是各种要素自由流动的区域,但它既不是"法外之地",也不是"党外之地",必须加强自贸试验区党的建设。只有通过党的领导,统一思想,围绕中心,服务大局,才能全力推动自贸试验区建设向中心聚焦、为大局聚力,确保自贸试验区建设的社会主义方向,服务和保障好国家战略的实施。

## (二) 加强自贸试验区党建是引领和保障自贸试验区建设的必然要求

自贸试验区党的建设是在高度国际化、全面市场化、高度法治化的环境中,健全党的领导体制机制,改进党的工作方式,确保党中央的重大决策部署在自贸试验区落地。《中共中央国务院关于支持浦东新区高水平改革开放 打造社

---

① 中共中央国务院关于支持浦东新区高水平改革开放 打造社会主义现代化建设引领区的意见[M].北京:人民出版社,2021:16.

② 习近平.习近平谈治国理政(第三卷)[M].北京:外文出版社,2020:16.

会主义现代化建设引领区的意见》明确指出"以一流党建引领浦东发展"。为此,自贸试验区党建的目标就是引领和保障自贸试验区建设高质量发展。自贸试验区党建开创了党在高度开放区域执政的新模式,具有引领性和创造性的特点,使党的建设更加适应自贸试验区建设和发展的需要;同时自贸试验区党建工作又具有原则性和灵活性的特点,既要坚持贯彻落实党的基本理论、基本路线和基本方略,发挥自贸试验区各级党组织的战斗堡垒和党员的先锋模范作用,又要灵活适应自贸试验区区域各主体的特点和需求,营造良好的营商环境,为区域内各类主体做好服务和保障措施。

### (三) 加强自贸试验区党建是积极应对自贸试验区新变化的必然要求

自贸试验区党建的理念和实践逻辑起点源于开发区党建,但又高于一般的开发区党建,是各领域党建的融合与发展,本质上是开放型党建。具体而言,高度开放市场中的自贸试验区党建面临三个方面的挑战:一是推进自贸试验区建设需要建立高度协同的合作机制。在自贸试验区内,海关是中央垂直部门,工商、税务是条线管理,如何协调它们之间的关系?如何在事前事中事后的监管中形成工作合力?这就需要党建工作来统筹协调。与此同时,上海自贸试验区内有保税区、陆家嘴、张江、金桥和世博五个片区,还有临港新片区,这些片区之间的工作情况各有特色,如何形成党建合力,也需要加强自贸试验区党的建设。二是自贸试验区在贸易、金融、航运等领域探索制度型开放,大量的独立外资企业,特别是跨国总部机构进入,出现许多党建工作空白点,这给自贸试验区党建工作带来前所未有的挑战,不同于以往的小微外企或者合资企业,这些企业在全球都有影响力,它们更关注政策、法律和国际准则,而不关心政治,如何在这些企业建立党组织?如何让党组织发声、占领新高地?三是随着数字中国建设的推进,自贸试验区数字化转型将推动服务贸易发展,由此带来了新业态新模式的变化,同时引发数据安全流通和压力测试等问题,都需要党组织加以引领和保障。

## 二、上海自贸试验区党建的实践探索

上海自贸试验区认真学习贯彻习近平新时代中国特色社会主义思想,把习近平总书记关于自贸区建设的重要论述作为自贸试验区党建工作的根本遵循，在统一思想凝聚共识、加强政治引领、创新组织设置方式以及加强干部人才队伍建设等方面进行了积极探索，为推进上海自贸区建设提供了坚强有力的政治思想与组织保障。

### (一) 提高站位，统一自贸试验区党建工作的思想认识

自贸试验区是改革开放最前沿阵地，是新生事物，在这样一个全新的特殊区域，党的工作如何嵌入与开展，迫切需要提高站位、统一思想认识。

一是深刻领会中央决策意图，以国家战略为己任。市委明确提出"三是三不"，即自贸试验区是国家的试验田，不是地方的自留地；是制度创新的高地，不能成为优惠政策的洼地；是"苗圃"，不是"盆景"，切实增强全市上下贯彻中央决策意图的自觉性，举全市之力谋划推进自贸试验区建设。

二是认识到党的工作在自贸试验区建设中的重要性。在这一全新又富有挑战的区域内，党的工作嵌入、开展并取得实效，是对我们党执政能力的考验。如果在自贸试验区如此复杂的区域，党建工作都能稳步推进，那么党就有能力应对任何新情况新问题的挑战。

三是认识到自贸试验区党建工作的特殊性。上海自贸试验区党建源于园区党建，但又不同以往的园区党建或者"两新"党建。面对自贸试验区开放程度大、主体更加多元、市场化和法治化程度高等特点，党的工作没有照搬原来园区党建的工作模式，而是有意识地建立一个与自贸试验区特点相适应的领导体制和组织机制。

四是提高风险防范的意识。自贸试验区是与国际对标的区域，上海自贸试验区开展压力测试，做好风险防范，特别是党提高了自身的风险驾驭能力。

### (二) 突出功能，加强对自贸试验区建设的政治引领

越是高度开放的区域，越要坚持把党的领导贯彻始终，确保社会主义方向，确保国家战略得到落实。自贸试验区党组织的政治功能就是要保证自贸试验区建设坚持正确的中国特色社会主义方向。自贸试验区国际化、市场化程度高，更加开放和包容，外资企业的占比非常高，区域内的员工思想多元、需求各

异,党员流动非常频繁,这些都给自贸试验区的党建工作带来巨大的挑战。为此,上海自贸试验区坚持把政治建设放在首要位置,强化政治引领,为自贸试验区建设提供强有力的政治保证。

一是通过加强政治理论宣传和学习习近平新时代中国特色社会主义思想,学习习近平同志关于自贸区建设和党的建设方面的一系列讲话精神,教育自贸试验区区域内的党员和群众提高政治站位,增强"四个意识",坚定"四个自信",做到"两个维护",以身作则,自觉融入自贸试验区建设的大局之中。

二是规范党内政治生活。自贸试验区综合党委通过搭建党内政治教育平台,增强党员干部的党性意识,如在自贸试验区建立党员政治生活馆,打造全景式党员政治生活微社区,通过党员仪式教育,不断增强党性意识,还依托互联网平台建立党员政治生活积分激励机制,激发党员参与政治生活的内动力,充分发挥党员的先锋模范作用,让他们积极投身于自贸试验区的建设发展之中。

三是以政治引领凝聚力量。如实施"双培"工程,推进党组织和群团组织的"推优"工作,把自贸试验区内的精英吸引到党组织周围,把这些精英、骨干培养成党员,或把党员培养成区域内的骨干,不断增强他们的政治觉悟和大局意识,扩大自贸试验区党的工作影响力。

四是以党内政治文化引领自贸试验区文化建设,让党内优秀的文化理念融入自贸试验区员工的思想里,落实到他们的岗位上,体现在他们的行动中,弘扬专业精神和工匠精神,让党内政治文化的优势转化为自贸试验区发展的优势。

### (三) 扩大覆盖,把党的组织建在自贸试验区最活跃的经络上

随着自贸试验区的发展,各类投资主体大量涌入,小微企业爆发式增长,跨国公司地区总部、营运中心加快集聚,外资企业尤其是外商独资企业不断涌入,新组织、新行业和新业态不断滋生,企业注册地与经营地相分离的情况突出,党的组织覆盖和工作覆盖不断出现"真空"地带。这就要求加强组织覆盖和工作覆盖,实现传统领域党建和新兴领域党建工作的融合,构建更具弹性的组织体系以适应快速发展态势。

一是完善了自贸试验区组织架构。设立了五大片区管理局党组,建立了区域化党建促进会片区委员会和"两新"党建工作的综合党委等,形成了以"管理

局党组为领导、以片区综合党委为枢纽、以区域化党建为依托、以党建带群建为路径"的自贸试验区党建工作格局。在临港新片区,采取了市级市管的组织架构。

二是探索了行业党建模式。自贸试验区原来主要有四个行业,即金融服务、国际贸易、航运物流和制造加工,通过建立枢纽型党组织,提升行业党建工作的针对性和有效性,推动行业的融合发展。随着"在线新经济"在自贸试验区迅猛发展,自贸试验区建立了互联网企业党建联盟"红色拼团",吸引了喜马拉雅、咪咕视讯、趣头条等百家互联网企业加入,在"实现共学、资源共享、项目共创、人才共育、文化共兴、发展共促"上加强党建联建,把互联网这个最大变量转化为事业发展的最大增量。

三是探索新兴领域党建工作新模式。在孵化器、创客空间等新兴领域内建立党组织,实现组织覆盖,通过建立网上党建社区,实现工作和活动全覆盖,让党员在哪里都能找到组织找到家。围绕"中国芯""蓝天梦""未来车""创新药""智能造"和"数据港"六大硬核产业,先后建立张江药谷党委、人工智能岛联合党总支、国际创新港联合党支部等,将党的组织和工作覆盖到产业集聚、企业汇聚、人才广聚的领域,助推高科技企业发展。

四是积极探索开放型工作方式。在陆家嘴建立金融城党群服务中心,形成了开放性、加盟型、连锁式,具有辐射效应的楼宇党建升级版。通过这些探索,自贸试验区党建实现了组织全覆盖和真覆盖,彰显了党建工作的强大吸引力。

## (四) 精准对接,构建自贸试验区党建工作服务体系

自贸试验区建设任务艰巨,其核心任务是要实现制度创新,并能在国际规则的环境下抵御系统性风险。面对复杂的环境,党建工作要实现精准对接,与自贸试验区建设同步部署、同步推进和同步落实,探索与开放型经济体制相适应的党建工作模式,推进资源整合,从而服务于自贸试验区建设与发展。

一是服务于自贸试验区建设的制度创新。自贸试验区党建工作要同向发力,党建工作机制不断创新,通过党建联建聚集资源,保障组织之间的协同协作,推动机关党建、"两新"党建、行业党建在自贸试验区建设中融合发展,共同发力。

二是服务于自贸试验区建设的风险防控。自贸试验区不仅是经济领域的压力测试,同时也是党领导能力的压力测试。针对自贸试验区改革中出现的监管方式的变化,梳理审批和监管环节的新型廉政风险点,加强对重点领域的监管。自贸试验区党建工作要切实发挥党在防范风险、驾驭风险方面的能力,提高党员干部的法治意识,加强自贸试验区党员干部的作风廉政建设,提高党员干部拒腐防变的能力。

三是服务于自贸试验区"放管服"改革。自贸试验区里有驻区行政和监管单位,也有开发公司和大量的"两新"企业,体制有差异,条线也不统一,隶属关系也不同,自贸试验区党建工作转变了工作方式,实现多向服务对接,构建区域化党建工作格局,为自贸试验区发展助力。

### (五) 配强选优,为自贸试验区建设提供干部人才保障

事业成败,关键在人,自贸试验区的建设发展离不开干部与人才。为此,自贸试验区党建工作要让优秀的干部人才凝聚到党的周围,上海市委出台《进一步加强干部队伍建设奋力担当新时代新使命的若干意见》,通过打造充满激情、富于创造、勇于担当的干部队伍,为自贸试验区建设输送优秀的人才。同时,上海自贸试验区通过吸引国内和国际两方面人才,实行更加积极、更加开放、更有针对性的人才政策。

一是通过干部专项调研,集中力量、选强配优自贸试验区及相关职能局、片区局领导班子,让他们在"游泳中学习游泳",通过自贸试验区建设锻炼自己、提升自己。在自贸试验区临港新片区,开展干部管理模式新探索,着力打破身份固化,拓宽用人视野,拉开距离差距,以干部最大活力激发发展的最大动力。

二是聚集最优质资源,加强自贸试验区干部教育培训工作。如举全市之力,开展高规格专题培训;集全球智慧,开展外向型培训等。上海已连续六年举办"自贸试验区通才培训班",累计培训 300 多名干部。

三是打造"人才蓄水池",即通过人才政策和制度创新,吸引大量优秀国际国内人才到自贸试验区建设中。上海持续推出人才新政,其中 10 项制度创新全国领先,率先设立全国首个海外人才局,率先试点自贸试验区永久居留推荐直通车制度、外籍人才永居证和全国首批外国创业人才工作许可证等,打破了

外籍人才在工作、创业等方面的诸多准入限制,体现了上海自贸试验区对标国际最高标准、最好水平的人才政策和人才服务,有效凝聚了世界高、精、尖人才,有力保障了自贸试验区建设对人才的需求。

四是加强党务工作者队伍建设,通过推出区财政保障的 100 个专职党务工作者编制,解决了自贸试验区党建工作人员缺乏的问题,有力保障了自贸试验区党建工作的高效运转。

## 三、以高质量党建推动自贸试验区高质量发展

总体来说,上海自贸试验区党的工作在深入贯彻党中央决策部署、服务保障国家战略和推动高水平开发上取得了一系列有益经验和启示。与此同时,自贸试验区党建工作还面临着一些问题,如对自贸试验区党建工作的规律和特点研究还不透彻,对自贸试验区建设带来的严峻挑战认识不够深刻;在党建工作思路上按部就班推进,创新性、前瞻性不够,主动适应自贸试验区特点的意识不强;自贸试验区党务工作者缺乏专业知识储备,难以与服务对象进行深入交流,不利于推进党的工作等。对照习近平总书记"把自由贸易试验区建设成为新时代改革开放的新高地"①的要求,新时代加强自贸试验区党建必须立足当下、放眼全球、面向未来,不断增强各级党组织建设,为自贸试验区高质量发展提供坚强政治保证和组织保证。

### (一) 把抓好党建作为最大的政绩,服务保障国家战略的实施

上海自贸试验区党建工作必须在以习近平同志为核心的党中央集中统一领导下,坚持把抓好党建作为最大的政绩,保障自贸试验区的建设和高质量发展。

一是强化意识形态的底线思维,保障自贸试验区建设的社会主义方向。要继续深入贯彻落实习近平同志关于加强自贸试验区建设基层党建重要指示精神,充分认识意识形态斗争与政治安全工作的长期性、复杂性和尖锐性,严守意

---

① 习近平对自由贸易试验区建设作出重要指示[EB/OL]. (2018 - 10 - 24)[2021 - 10 - 18]. http://www.xinhuanet.com/politics/2018-10/24/c_1123608494.htm.

识形态底线,强化舆论引导和舆情管控,在多元意识形态交汇的自贸试验区开展社会主义宣传和党建活动,在自贸试验区讲好中国故事,进一步增强政治领导力、思想引领力和社会号召力。

二是把服务和保障国家战略作为党建工作第一要务,不断促进自贸试验区高质量发展。坚持从全局和战略的高度思考谋划自贸试验区党建工作,充分发挥党的政治优势,统一思想、总揽全局、协调各方,妥善处置全局与局部、部门与地方、长期与短期等关系,通过各片区党组织之间的协同合作,切实把党的领导落实到自贸试验区建设的各个方面。

三是落实和加强自贸试验区"四个责任制",落实各片区管委会为自贸试验区建设和党建工作的责任主体。在自贸试验区党建工作责任制方面,把政治建设放在首位,推动自贸试验区党建工作的高质量创新发展;在意识形态工作责任制方面,深入学习习近平同志在上海的重要讲话精神,在宣传贯彻方面下真功夫,落实主体责任;在法治建设和党风廉政责任制方面,进一步优化自贸试验区法治化、国际化、便利化的营商环境,继续倡导"廉政也是重要的投资环境"的理念,推动自贸试验区合法合规运行。

### (二) 深化党组织系统集成,推进自贸试验区改革创新

上海自贸试验区党建工作在面对开放型经济体制过程中不断摸索形成。随着自贸试验区建设深入推进,开放程度越来越高,面临的新问题也愈加突出。更好地超强谋划、提前布局,不断创新工作内容、转变工作方式,是对自贸试验区党建工作的必然要求。

一是强化系统思维,推进工作协同创新。目前上海自贸试验区各个片区党建工作各有特色,建议成立自贸试验区党建联席会,由组织部牵头,加强顶层设计、系统谋划和整体推进,协同推进自贸试验区党建工作,实现组织共建、干部共选、人才互推、资源共享和功能优化,最大限度激发自贸试验区党建工作的创新动力。

二是创新体外建组织,着力推进全覆盖。在自贸试验区坚持党组织应建尽建和全覆盖的原则,除了在新领域新业态建立党组织外,还要根据各自贸试验区产业特色,积极在产业链上建立党组织,加快推进产业集群党建工作;针对大

型外企党的组织建立难的问题,可以采取体制外建党组织的方式,把党员组织、凝聚起来,发挥党员在外企中的先锋模范作用,以党的先进性赢得工作的主动性。

三是构建活动新平台,提升组织力。在新兴领域创新工作方式,增强党组织的吸引力和影响力。如在建立互联网党建联盟的基础上,构建开放的学习交流平台,通过召开轮值成员工作例会、沙龙讲座、参观见学、文体活动等形式,引导互联网党组织做好企业党建联建工作,为推进交流合作、行业自律以及公平竞争提供重要保障。

### (三) 激发干部人才干事创业活力,助力开放型经济高质量发展

硬实力、软实力,归根到底要靠人才实力[①]。办好中国的事情,关键在党,关键在人,关键在人才。牢牢抓住人这一决定性因素,把改革开放高地变成高端专业干部人才的集聚地。承担国家战略任务的上海自贸试验区,要经历一场前所未有的改革试验,责任大、任务重,最关键的问题就是干部人才短板问题。为此,创新干部人才政策和机制是吸引具有国际视野的专业化干部以及全球"高精尖缺"人才到自贸试验区干事创业的必然要求。

一是建立健全干部担当作为的激励和保护机制,激发他们干事创业的热情。前期根据自贸试验区建设的要求吸引了大批富有创新精神、具有国际视野的高素质管理干部,除了给干部提供思想淬炼、政治历练、实践锻炼的舞台外,还要建立激励和容错机制,明确激励措施和容错清单,切实为勇于负责的干部负责、为勇于担当的干部担当、为敢抓敢管的干部撑腰,解决干部的后顾之忧,大力营造敢担当、勇负责、善创新的良好氛围,激发干部敢闯敢干的内动力。同时,建立自贸试验区干部退出机制,以免出现"劣币驱逐良币"的现象,这也可以激励好干部干事创业的热情。

二是搭建自贸试验区干部培训新平台,更好对接自贸试验区发展需求。建议建立自贸试验区党校或依托浦东党校平台设立自贸试验区教学研究中心,提高对党员干部和党务干部培训的针对性,特别是提高他们对国家相关政策、自贸区基本知识、国际贸易规则以及自贸试验区党建工作的熟悉了解程度和把握

---

① 习近平.努力成为世界主要科学中心和创新高地[J].求是,2021(6):1-3.

运用能力,助力自贸试验区更快发展。

三是建立更具吸引力和国际竞争力的人才制度体系,彰显自贸试验区更开放视野的人才观。习近平同志曾说过:"人才是创新的根基,创新驱动实质上是人才驱动。"①上海自贸试验区一直以来择天下英才而用之,集聚了一批站在行业前沿、具有国际视野和能力的领军人才。现阶段要抓好国际职业资格证书认可清单制度和建立人才服务体系,如建立外籍人才职业负面清单制度、外籍人才征信系统、知识产权保护制度和数据安全流通系统等,实现国内外高端人才更有效地集聚。

**参考文献**

[1] 习近平.在庆祝中国共产党成立 100 周年大会上的讲话[M].北京:人民出版社,2021.
[2] 习近平.走好科技创新先手棋 就能占领先机赢得优势[EB/OL].(2014 - 05 - 24)
   [2021 - 12 - 24].http://www.xinhuanet.com//politics/2014-05/24/c_1110843342.htm.
[3] 中共中央宣传部.中国共产党的历史使命与行动价值[M].北京:人民出版社,2021.

**(作者:毛栋英,中共上海市浦东新区区委党校,讲师)**

---

① 习近平.在中国科学院第十九次院士大会、中国工程院第十四次院士大会上的讲话[N].中国青年报,2018 - 05 - 29.

# 社会治理共同体视域下楼宇党建的模式创新

## ——以上海市陆家嘴金融城为例

**摘　要：**党的十九届五中全会指出要建设"人人有责、人人尽责、人人享有的社会治理共同体"，"推进市域社会治理现代化"。社会治理共同体以"以人民为中心"的价值导向、"一元多核"的治理结构、"共建共治共享"的治理机制、"科技支撑"的治理方式为特征。构建楼宇社区治理共同体是新形势下创新楼宇党建模式的一种思维转向，体现了党在新社会空间的治理理念、组织结构、领导方式、行动策略等方面的变革，对于加强党对商务楼宇的整合与引领、夯实党在新社会空间的执政基础具有重要意义。

**关键词：**社会治理共同体；楼宇党建；模式创新

随着市场经济的发展和城市化进程的推进，楼宇经济成为现代都市极具生命力的一种经济形态。楼宇经济的高度发展催生出大量游离于党组织体系之外的新社会空间，如何对商务楼宇这一新社会空间进行组织、整合与引领，成为城市基层党建的一项重要议题。党的十九届五中全会指出要建设"人人有责、人人尽责、人人享有的社会治理共同体"，这一提法标志着党对于加强和创新社会治理有了更高标准的战略目标。同时，《中共中央国务院关于支持浦东新区高水平改革开放　打造社会主义现代化建设引领区的意见》指出，"要推动治理手段、治理模式、治理理念创新，率先构建经济治理、社会治理、城市治理统筹推进和有机衔接的治理体系"，这对党建引领楼宇空间治理提出了新要求，同时也提供了新的视角和路径。

## 一、构建楼宇社区治理共同体:楼宇党建发展的思维转向

从 20 世纪 90 年代开始,上海楼宇党建先后经历了从"建组织"到"送服务",再到"强功能"的升级蜕变。1999 年浦东嘉兴大厦建立全国第一个楼宇联合党支部,开创了"支部建在楼上"的党建工作新形式,突破了党的组织必须建立在基层单位的传统模式,推动了"单位建党"向"区域建党"的转变。但在楼宇中建立党组织的初衷是为了实现党对楼宇空间的组织覆盖和有效管理,因此在发展初期楼宇党建主要侧重于党务工作,包括组织关系的转接、流动党员的教育和管理等。然而,由于楼宇空间的体制外性,约束型和管理式的传统党建工作方式很难发挥作用。在此背景下,提升党组织的服务功能,以服务来吸引和凝聚楼宇企业及从业人员逐渐成为楼宇党建的工作重点。党务转向服务,为无行政依托条件下执政党在商务楼宇中获得合法性提供了手段和方式,但仍无法改变楼宇空间弱政治强经济以及低度整合高度离散的场域特质。在此背景下,将治理理念和共同体概念引入楼宇党建,构建楼宇社区治理共同体,实现党建引领楼宇空间"善治",成为破解楼宇党建发展困境的有效路径。

构建社会治理共同体是党的十九届四中和五中全会就创新社会治理提出的新理念,为党建引领城市基层治理提供了新方向。社会治理共同体是指"政府、社会组织、公众等基于互动协商、权责对等的原则,以解决社会问题、回应治理需求为共同目标,自觉形成的相互关联、相互促进且关系稳定的群体"[①]。社会治理共同体是在社会的组织方式和秩序建构模式发生变化的情况下,对社会治理认识的深入和具体化,强调"治理主体的多元化、治理过程协同化、治理手段多样化和治理结果的共享化"[②]。具体来说,社会治理共同体有以下特点。

一是"以人民为中心"的价值导向。构建社会治理共同体是一种有意识的实践活动,蕴含了治理主体的价值认知、价值判断、价值选择与价值诉求,这意味着构建社会治理共同体应当以人民为中心,坚持人民至上的价值导向。坚持以人民为中心的价值理念既要考虑"人"的社会性规定,满足人民对美好生活向

① 郁建兴.社会治理共同体及其建设路径[J].公共管理评论,2019(1):59 - 65.
② 李青.社会变迁背景下中国社会治理共同体的构建理路[J].山东社会科学,2020(6):77 - 82.

往的各类需求;又要注重"民"的本质性规定,强调人民在社会治理中的主体地位;还要重视"人民"的实践性规定,从具体需求出发调动人民的参与积极性,把主体性、获得感和参与感紧密融合,形成"人人有责、人人尽责、人人享有"的责任共担意识和社会治理、社会参与的最大公约数,这是构建社会治理共同体的根基所在。

二是"一核多元"的治理结构。社会治理共同体是通过集体行动来解决人们日常社会生活中的公共议题,满足人民对美好生活的需求。人民的美好生活需求与公共服务的有效供给之间要实现精准匹配不可能由单一主体来实现,必须由多元主体协同合作来共同促成。多元主体的协同合作不是无差别的平等并列结构,而是党委领导、政府负责、社会协同、公众参与的"一核多元"治理结构。党委作为社会治理的核心力量,起到统领全局、把控方向和协调关系的作用,政府负责为公共产品、公共服务及公共活动空间提供经济性和制度性保障,市场针对不同社会阶层的群体提供个性化、高层次的服务,社会组织主要为社区内弱势群体提供适宜的公共服务以克服政府失灵和市场失灵问题。不同社会治理主体在责任划分的基础上进退有舍、互相助益,进而形成治理的有机合力而非简单的机械组合,是构建社会治理共同体的内在要求。

三是"共建共治共享"的治理机制。多元主体在参与社会治理时,要形成功能有序、比较稳定的相互关系模式,就要"构建共同解决社会问题的体制机制和规则规范,完善共建共治共享的社会治理制度"①。一是要建立多元主体协商机制,给予各个治理主体平等发言、表达偏好的权利,建立让各方主体充分对话、交流沟通的平台,通过民主协商来调和客观资源的有限性与个体需求的无限性之间的矛盾,使治理结果能够为更广泛的群体接受。二是要建立供需匹配对接机制,通过建立"社会需求的识别机制、整合机制、传递机制和吸纳机制"②以及项目化的运作方式,促进自上而下的供给服务与自下而上的多元需求之间的精准匹配。三是要建立合理有效的共享机制,在制定法律规范进行约束、防止个人利益侵占集体利益的基础上,可以引入第三方评估机构或运用大

---

① 李友梅,相凤. 我国社会治理共同体建设的实践意义与理论思考[J]. 江苏行政学院学报,2020(3):51-60.

② 李永娜,袁校卫. 新时代城市社区治理共同体的构建逻辑与实现路径[J]. 云南社会科学,2020(1):18-23.

数据方式对集体成果的分配进行检测和监管,以最大限度保障治理成果的共同享有。

四是"科技支撑"的治理方式。技术平台"既是一种塑造共同体的重要力量,某种程度上甚至已经成为共同体的重要承载体和表现场域"①。信息技术和大数据计算使社会治理主体之间的互动模式和互动关系发生显著改变。首先,信息技术的广泛运用,可以打破治理主体之间在空间和时间上的交流限制,丰富公众参与社会治理的渠道,降低交流互动成本,同时有助于实现不同主体之间的信息共享和协同。其次,互联网和大数据技术可以让数据驱动的需求识别成为可能,通过充分探测和挖掘不同主体的个体特征和集体偏好,从而提升决策的科学性。最后,数字技术的引入还可以"一定程度解决社会治理责任权属划分的难题,当社会治理的内容和行为被最大限度数字化之后,许多原本不可切割的社会治理责任或将变得可以被细分"②,从而使治理主体与治理责任的对应成为可能。

总之,面对当前社会治理所凸显的目标公共化、主体多元化、结构网络网、资源共享化、机制协同化、手段智能化等特点,构建社会治理共同体是加强党对社会的整合功能、增强社会黏性的一种理性选择。同时,社会治理共同体是具体而非抽象的,要以一定治理空间为载体。商务楼宇治理共同体是以楼宇社区为空间载体,以区域化的组织架构为支撑,以对话与合作为规范框架,以楼内楼外的有机联动为运行特征,以党对楼宇社区的有效引领与楼宇社区的良性发展为目标,在利益、责任和命运方面形成的有机统一体。从本质上来讲,构建楼宇社区治理共同体是超越楼宇的固有利益原则与功能定位,从创新城市基层治理、巩固党在城市的执政基础的角度,实现商务楼宇空间再造的过程。

## 二、构建楼宇社区治理共同体的路径探索:基于上海陆家嘴金融城的样本分析

上海陆家嘴地区是上海建设国际经济中心和金融中心的核心承载区,也是

---

① 李友梅,相凤.我国社会治理共同体建设的实践意义与理论思考[J].江苏行政学院学报,2020(3):51-60.

② 郁建兴.社会治理共同体及其建设路径[J].公共管理评论,2019(1):59-65.

上海楼宇经济发展的高地,其区域特点主要包括三个方面。一是资本的高密度性。楼宇经济是一种集约型的经济形态,在寸土寸金的中心城区,商务楼宇以其有限的占地空间创造着巨额财富。以陆家嘴金融城为例,在31.78平方千米范围内,集中了285幢商务楼宇和43211家企业。2021年,陆家嘴金融城经济总量突破5700亿元,税收超亿元的楼宇达113幢。楼宇经济所释放的巨大能量使其成为城市生产力发展最活跃的地方。二是人员的高端性。楼宇经济与知识经济结合紧密,其从业者往往具备较高的知识水平和文化素养。以陆家嘴金融城为例,楼宇从业人员平均年龄为29岁,具有硕士以上学历的人员占从业人员总数的70%以上,具有海外学习工作经历人员占从业人员总数的32%。人员结构的高端性使商务楼宇成为文化多元、联结松散的低度政治化空间。三是组织的体制外性。在工业、制造业领域,与外资企业、民营企业相比,国有企业占据一定优势,但在以服务业、商业为主的楼宇经济中,民营企业和外资企业往往占有很高比例。以陆家嘴金融城为例,截至2019年,注册企业数量为42142家,其中民营企业23734家,外资企业6865家,所有制结构上的差异导致楼宇经济具有很强的体制外性。

基于经济发展活跃、文化价值多元、社会联结松散的特点,陆家嘴金融城创新楼宇党建模式,通过构建楼宇社区治理共同体,将党建工作与社会治理相互融合,在治理主体上从一元主导转为多方参与,在治理空间上从楼内循环转向区域联动,在治理路径上从单体推进变为共建共享,把价值引领的政治需求、安商稳商的经济需求和公共服务的社会需求有机结合,形成了一种更具开放性和整合性的楼宇党建新模式。

### (一) 构建区域化的组织架构,实现网格化的精细管理

陆家嘴金融城针对区域内社会主体多元的特征,以区域化党建为引领构建了"1+5+X"的组织架构。"1"是陆家嘴金融贸易区综合党委,"5"是5个街道党工委,"X"是各类驻区单位党组织,实现"两新"党建、社区党建和区域党建"三建"融合。在"1+5+X"的组织架构下,金融城综合党委通过布点划片的网格化管理方式,把所辖的商务楼宇划分为10个片区和30个楼宇党群服务中心站点,覆盖402个"两新"组织党组织、1万多名党员,每个片区成立一个党群工

作站,工作站配有党总支书记、团总支书记、工会联合会主席,分管 4~12 幢楼宇的党群工作,以此对所辖楼宇内的企业进行组织覆盖。在做实"1+10+30"党群服务阵地的基础上,2021 年陆家嘴金融贸易区综合党委在 50 幢税收亿元的商务楼宇成立了"楼事会",在楼事会覆盖楼宇打造政务服务的端口、社会服务的入口、志愿者服务的家门口,形成"区域旗舰站、网格分中心、楼门口服务站"三位一体的党群服务矩阵,确保党员群众不论到哪儿都能找到组织、找到家。

综合党委对楼宇企业实现组织覆盖的方式主要有三种:一是隶属于陆家嘴综合党委的党组织,全部按照组织条线管理模式实现组织活动全覆盖;二是总部在陆家嘴但其他各个分支机构分散在全国各地的,采用备案制,即总部党组织纳入陆家嘴综合党委管理,而分散在全国各地的支部由总部党委或总支参照陆家嘴综合党委的模式来管理,实施属地化管理,党费收缴、三会一课、发展党员不列入陆家嘴综合党委的工作范围;三是企业在陆家嘴金融贸易区范围内,但党组织是属于上级党组织条线管理的,采用兼容制,即把这些党组织的活动纳入综合党委的工作范围,但三会一课、重点任务、岗位立功、爱心公益等,缴纳党费、发展党员等不列入综合党委的工作范围[①]。通过区域化的组织架构和多样化的覆盖方式,实现对所辖楼宇企业党组织的精细化管理。

### (二) 突出整体性的功能定位,实现服务与引领的有机结合

金融城综合党委以"交流、服务、凝聚、引领"作为楼宇党建工作的功能定位,以优化服务功能为基础,以增强政治功能为核心,实现党对楼宇空间的有机整合与有效引领。

一是以优化服务为抓手,团结凝聚党员群众,促进企业健康发展。在服务党员群众方面,建立了双向认领机制和"三张清单",汇集企业、党员、群众的需求形成需求清单,整合企业、政府和社会的资源形成资源清单,把资源与需求精准对接形成项目清单,以项目运作来落实企业和职工群众的需求。近年来共解决金融城巴士、白领食堂、人才公寓、楼宇医疗站、亲子暑托等 500 多项职工需

---

① 薛英平.上海市陆家嘴金融贸易区综合党委:开创金融城楼宇党建新格局[J].党建,2019(3):46-47.

求,把服务送到离党员白领最近的地方。在服务楼宇企业方面,切实为企业在市场开拓、技术升级、上市融资、完善生态等方面提供全方位服务,推动楼宇经济高质量发展。例如,在新冠肺炎疫情期间,积极解决企业复工备案、防疫物资筹措难题,推动星月集团、正大集团等16家楼宇业主为596家中小企业减免租金7 290多万元,协调交通银行、浦发银行等金融机构为餐饮企业等提供8 000多万元低息贷款;2020年依托楼事会平台,陆家嘴综合党委共组织楼宇与企业洽谈200余场,协助凤凰卫视、妙盈科技等169家企业顺利入驻陆家嘴,充分发挥了楼宇党建工作在招商安商稳商中的积极作用。

二是以政治引领为目标,严格党员教育管理,加强人才政治吸纳。在党员教育管理方面,陆家嘴金融城综合党委充分利用互联网和大数据,探索了党员政治生活管理与积分激励系统,通过采用积分制,在党费缴纳、三会一课、重点任务、政治学习、思想汇报、岗位立功、爱心公益等七个维度对党员参与政治生活的情况加以管理,极大提升了楼宇内党员参与政治生活的主动性和有效性。在人才引领和政治吸纳方面,综合党委实施了"双培工程",积极发挥组织育人功能,把骨干培养为党员,把党员培养成骨干。到目前为止,已有500余名骨干加入党组织,有160余名党员成长为企业骨干甚至高管,通过"双培工程"有效实现了党对精英人才的政治引领。

### (三) 探索共建共享的运行机制,实现楼内楼外的区域联动

楼宇空间既是需求集聚之地,也是资源集聚之地,能否将楼宇内外的企业、政府、社会资源整合起来形成共治格局是激发楼宇党建活力的关键。陆家嘴金融城积极探索楼事会和楼长制度,由楼宇联合党组织书记、入驻企业党组织书记、物业管理方负责人、党群服务站负责人、企业行政负责人及党员职工代表等组成楼事会;同时,协调招商、市场监管、消防等18个政府相关部门,下沉各类政府服务资源,建立楼宇联席会议机制,实现"楼事楼议、楼事楼办、楼事楼管"。在此基础上,由楼事会推选出一名政治意识强、综合素质高、熟悉楼宇情况并有志愿精神的成员担任楼长,让楼长成为对上打通政府职能部门沟通渠道,对下畅通企业及员工联系服务,对外联通各种社会资源的主要环节;同时明确楼宇服务专员,组团下沉到楼宇开展服务,让服务窗口通过楼长这一中枢前移,做到

诉求"一口式"受理、问题"一条龙"对接,形成"有楼事找楼长"的共识。截至目前楼事会共收集楼宇企业问题 150 余项,已解决 50 项,正在推进 92 项,专项协调 10 项,解决并形成了上海中心等 18 幢楼宇电子废弃物垃圾清运、太平金融大厦港湾式停车带、东方金融广场加装新风系统等典型案例,获得楼宇企业的广泛好评。楼事会和楼长制有力促进了楼宇治理主体之间、楼宇与开发区、街镇及各职能部门之间的联动,成为构建楼宇社区治理共同体的重要枢纽。

除了盘活楼宇内的资源之外,金融城综合党委还把社会效益和社会责任纳入楼宇治理的价值准则当中,将楼宇和社区全方位打通。一方面通过"爱心牛奶"计划、帮困助学、垃圾分类志愿活动、金融知识进社区等社会公益活动为楼宇企业及员工参与社区治理提供平台;另一方面将社区事务受理事项通过现场办理、现场代办、现场咨询的形式引进楼宇,解决楼宇企业职工的"最后一公里"问题,通过共建共享的运作方式,形成了党建引领下的楼宇社区共治格局。

### (四) 创建虚实结合的工作平台,实现线上线下的智能联通

陆家嘴金融城通过有机整合各类资源和力量,充分利用现代网络信息技术,打造了实体与虚拟、线上与线下相结合的楼宇党群服务平台。就线下平台而言,金融城综合党委通过与楼宇物业企业合作共建,在场地兼用、人员兼职、资金众筹的基础上打造了 30 个集约化、开放式、共享性的楼宇党群服务阵地——陆家嘴金融城党群服务站。每个党群服务站都包含咨询服务台、信息发布屏、政治生活厅、风采展示墙、学习充电区、白领微医院、爱心公益站、员工健身点和妈咪小屋九项基本配置,解决了没有政府投入情况下楼宇服务阵地的来源问题。目前,30 个楼宇党群服务站已经成为陆家嘴商务楼宇党群服务的窗口、政务服务的端口、社会服务的入口、志愿者服务的门口、治理服务的要口。

就线上平台而言,陆家嘴金融城充分考虑楼宇中"两新"组织的产业特征和互联网时代的需要,通过线上线下联动方式突破时间和空间限制,使楼宇党建工作得到极大拓展。一方面,推出了陆家嘴"金领驿站"微信公众号,将政策解读、人才服务、活动发布、需求征集、场地预约、党员积分、党务管理等多项功能囊括其中,使党建工作内容更丰富、互动更充分、运行更高效、服务更精准;另一方面,将一网通办引入商务楼宇当中,建设"楼信通"智慧楼宇系统,提供党群、

金融、人才等全方位资源。依托陆家嘴管理局工作平台,通过"楼信通"智慧楼宇系统整合陆家嘴楼宇协会、楼宇发展专委会、楼宇促进会等各类资源,提升楼宇企业信息管理、税收税源信息管理、招商稳商信息管理、企业跟踪服务管理效能,动态掌控楼宇租金、出租率、企业数、企业税收和营收等数据,动态跟踪楼宇企业出租、退租情况,通过互联网和大数据对楼宇和企业精准画像,实现一体化楼宇经济综合服务。

### (五)采取党群协同的活动方式,实现党建带群建同步发展

以党建带群建、以群建促党建是陆家嘴金融城楼宇党建的显著特色。在组织架构上,陆家嘴综合党委书记同时兼任总工会主席,党工团活动一起开展,活动经费由上级党委划拨、党费返还、工会会费和企业赞助共同支撑;同时金融城综合党委还以业缘、趣缘为纽带,在摄影、阅读、瑜伽、足球、乐器、舞蹈等各类沙龙社团中建立功能型党支部,增强党组织对活动团队的政治引领。在平台支撑上,陆家嘴综合党委在商务楼宇中建立了党群组织联盟,把楼宇内不同隶属关系的党群组织通过联建联动的方式组织起来,探索楼宇党群组织联盟领导下的组织联动、活动联办、党员联学、干部联用、人才联引等方式,实现各类资源与活动在楼宇空间的集聚。在活动内容上,陆家嘴金融城很多活动都是党工团一起组织、策划、实施,根据楼宇职工的需求把文化艺术节、楼宇登高赛、时尚创新大赛、电竞大赛、名家讲座、人才培训等2 000多场活动引入楼宇,通过各类活动促进了楼宇从业人员之间的沟通交流,增加了楼宇空间的社会资本。

## 三、构建楼宇社区治理共同体的实践逻辑

上海陆家嘴金融城围绕"人民城市人民建,人民城市为人民"的理念,通过构建楼宇社区治理共同体,在商务楼宇中实现了从单体循环到区域联动、从单一功能到复合功能、从物理嵌入到人本治理的转变,实现了经济治理、社会治理、城市治理在商务楼宇中的统筹推进和有效衔接。以商务楼宇为依托构建社会治理共同体,体现了新形势下党在新社会空间的治理理念、组织结构、领导方式、行动策略等方面的变革,这种变革有力推动了商务楼宇的公共空间再造、政

治空间再造和发展空间再造。

## （一）治理理念：从"单向供给"到"总体规划"

商务楼宇是一个有着自身运作逻辑的经济实体。国际著名学者大卫·哈维（David Harvey）教授把这种城市形态称之为建构出来的空间环境，"它是由于聚集产生出来的集中，有利于共同维持某种类型的经济活动，在这个区域内，因为交错的经济流动生产出足够的'机构一致性'，赋予了它某种特色"①。上海陆家嘴金融城的这一特色表现得非常明显，其主要以金融业为代表的第三产业为主，在区域范围内有持牌类金融机构 842 家，新兴金融机构近 6 000 家，是人流、物流、资金流和信息流的汇集地，楼宇内部的需求主要围绕经济利益展开，主体活动主要以营利和消费为目的。在这种情况下，如果楼宇党建只从楼宇内部需求出发采取供给思路，必然会导致党建工作只能在楼宇既有运作逻辑中打转。因此，构建楼宇社区治理共同体不应仅局限于满足楼宇空间的内部需求，而应从社会总体发展出发采取规划思路，这就要求执政党要从经济效益与社会效益、企业责任与社会责任相结合的角度对商务楼宇党建工作进行顶层设计。事实上，陆家嘴金融城楼宇党建从 1.0"建组织"到 2.0"送服务"，到 3.0"强功能"，再到 4.0"善治理"，从服务一幢楼到辐射一片区，再到融入整个城市基层党建大格局的发展历程，充分体现了商务楼宇党建工作从供给到规划的理念转变。在规划思路的指导下，楼宇党建工作应推动商务楼宇从单一的经济体转变为综合的社会体，在保障楼宇经济健康发展的同时，保证党对社会的有效协调以及对经济社会发展的引领作用。

## （二）组织结构：从"稳定固化"到"灵活多变"

组织结构是由规范结构和行动结构构成的统一体，规范结构侧重于组织的正式制度和规范，行动结构侧重于组织的行动策略和效果，规范结构强调稳定固化，而行动结构强调灵活多变。中国共产党在建党之初，就按照民主集中制原则建立了全国性的基层组织网络。革命战争年代的"支部建在连上"和计划

---

① 李锦峰."楼宇社区"：商务楼宇党建的观念重塑与空间再造——基于上海市淮海中路街道楼宇党建的经验分析[J].探索，2019(1)：101－107.

经济时代的"支部建在单位上",都是组织规范结构的典型体现,通过相对固定的组织设置、秩序化的价值理念和行动的高度一致在一定时期内夯实了党的执政基础,保证了国家政权的长期稳定。但在改革开放之后,国家经济社会结构发生深刻变化,"新的经济社会结构不再依靠行政线条串联起来,而是依靠市场的利益交换、社会的功能依赖关系进行自发的分化和组合"①,传统的组织建构模式在实际运行中产生困难,这就要求基层党组织的设置方式必须适应环境的变化,从侧重规范结构向侧重行动结构转变。作为楼宇社区治理共同体的引领者,楼宇党组织的设置必须足够灵活,才能防止游离于楼宇空间之外的尴尬处境。"支部建在楼上""支部建在活动团队上"以及在楼宇集中区域布点划片的组织设置方式是组织行动结构的典型体现,它以区域化、功能型、网状式的富有弹性的组织建构方式激发了基层组织的行动活性和决策活性,为楼宇党组织更为灵活地开展活动、更为敏锐地进行决策提供了必要基础。

### (三) 领导方式:从"控制动员"到"有机整合"

党的领导是指"政党率领、引导人民群众和各类社会组织实现特定目标的形式、方法、途径的总称"②。党的领导方式一般来说可以分为两种,一种是利用权力,一种是利用威望。在传统单位制社会中,党对行政资源、社会资源是高度垄断的,因此党的领导作用的发挥往往是通过权力实现的,属于控制动员的领导方式。随着市场经济的发展,基层党组织直接掌握权力的功能日益弱化,尤其是在以非公经济组织为主的商务楼宇中,因其产权关系带来的劳资关系和治理结构的变化,致使商务楼宇对党建工作的接纳空间缩小,党组织无法通过权力实现对楼宇空间的领导。此时,党的领导更多的是通过反映特定群体的利益和意志的政策和行动并由此赢得一定的威望来实现,核心在于得到被领导者的认可。这就要求党组织要放下身段,从单一的楼宇空间的政治引领者转变为楼宇经济发展、楼宇社区治理的促进者,从孤独的楼宇秩序维护者转变为"楼宇

---

① 上海市浦东新区党建研究会课题组."支部建在楼上"的理性思考[J].中国党政干部论坛,2006(10):21-23.

② 李友梅,等.静静的变革——上海浦东嘉兴大厦楼宇党建实证研究[M].上海:上海人民出版社,2005:187.

多元力量、多方资源的协调人和楼宇社区协同治理的塑造者"①。事实上,陆家嘴金融城综合党委在商务楼宇中建立楼事会、实行楼长制,在党组织牵头下依托楼事会这一共商共治平台整合企业、政府及社会组织等各类治理主体的资源,实现"楼事楼议、楼事楼办、楼事楼管",正是党组织扮演楼宇协同治理塑造者的生动体现,对于形成良性互动的楼宇治理共同体、增强党的社会整合功能具有重要意义。

### (四) 行动策略:从"服务保障"到"政治引领"

从政治社会学角度看,党组织是嵌入社会的政治性组织,政治性是其首要属性,政治功能是其要发挥的首要功能。《党章》规定:"非公有制经济组织中党的基层组织,贯彻党的方针政策,引导和监督企业遵守国家的法律法规,领导工会、共青团等群团组织,团结凝聚职工群众,维护各方的合法权益,促进企业健康发展。"但在具体执行中,如果机械地使用这些条文,很可能会面临实践上的难题。比如,对企业的监督问题,在党组织在企业法人治理结构中的地位没有制度化支撑的情况下,如果没有执行上的策略,不仅难以实现对企业的监督,党组织本身都可能在企业中被边缘化。事实上,政党组织的政治性从来就不是抽象的,政治生活的动力源从来都是利益,而普通群众判断一个政党是否代表其利益,主要看政党的活动是增进其利益还是侵犯其利益。因此,在构建楼宇社区治理共同体的过程中,作为治理核心的楼宇党组织要实现其政治功能就必须采取策略性行为,即选择服务作为切入口。陆家嘴金融城党群服务中心所坚持的"交流、服务、凝聚、引领"的党建工作理念,就是通过服务保障来实现政治引领的直观体现。当然,楼宇党组织的服务,是指服务党的工作大局,既包括满足楼宇企业职工的合理利益需求,也包含服务楼宇经济发展以及对楼宇中的复杂社会关系进行协调,在提供服务的过程中增强党执政的合法性,实现党对新社会空间的动员和引领。

**(作者:丁倩,中共上海市浦东新区区委党校,讲师)**

---

① 周俊,徐久娟.从嵌入到整合:商务楼宇党建新发展——基于上海市 H 镇的实证分析[J].东北大学学报(社会科学版),2020(1):58-64.

# 上海基层党组织贯彻落实"人民城市人民建，人民城市为人民"的创新实践及启示

## ——以上海徐汇区徐家汇乐山新村联合党支部为例

**摘　要**：为了进一步贯彻落实习近平总书记关于"以人民为中心"的思想，进一步提升老百姓的安全感、幸福感、获得感，上海各级党委政府进行了有益的探索。徐汇区根据老社区存在的普遍问题和特殊历史文化背景，在街道党工委的领导下，尝试以联合党支部为突破口和支撑点，创新引领城市社区治理一体化治理实践，形成了新的运行机制，创建了一套新的基层党建工作法，社区综合治理取得了一定成效，受到社会普遍关注和百姓的高度赞扬。

**关键词**：人民城市；建设创新；启示

2019年，习近平总书记在上海考察时指出：人民城市人民建，人民城市为人民[①]。上海市徐汇区委政府高度重视总书记的指示，在市委市政府的支持下，紧紧围绕这一重要思想，扎实践行"不忘初心、牢记使命"，充分发挥党的基层组织的凝聚力、向心力、行动力，以问题导向为起点，抓住发展中的突出问题，组织群众、发动群众，形成心往一处想、力往一处使的良好氛围，集中对老旧社区综合治理中的难题进行了有益的实践探索，取得了良好的成绩，受到了群众的赞扬。探索形成的典型经验也为超大型城市社区如何实现党建引领社区综合治理闯出了一条新路。

---

[①]　李琪.人民城市人民建，人民城市为人民[N].文汇报，2021－06－30.

## 一、"时代出卷"————乐山联合党支部的诞生

早在上海解放时,毛泽东同志就指出:解放上海,管理上海出不得一点差错,这是我们党管理大城市能力的考验[①]。70 余年过去了,上海这座国际化大都市管理得怎么样了? 上海的各级党组织一直在不懈地努力,特别是中国特色社会主义进入新时代以来,对于这份答卷需要做出更大的努力。众所周知,城市社区是社会的细胞,也是党的基层组织发挥作用最坚实的土壤。中国特色社会主义进入新时代,上海作为国际化大都市,作为改革开放的排头兵、创新发展的先行者,尤其是作为党的诞生地,如何把习近平总书记关于"人民城市人民建,人民城市为人民"重要指示精神落到实处,提升城区总体社会发展水平,书写中国特色社会主义新篇章,成为基层党组织建设新时代国际化现代化大都市一流城区的重要课题。

### (一) 人民的需要

作为徐汇区打响上海"四大品牌"的一张"金名片",随着 T20 的建设落成、徐家汇天桥连廊一期的建成、未来浦西第一高楼徐家汇中心的拔地而起,徐家汇商圈正朝着中央活动区的目标全面迈进。然而,在如此繁华的徐家汇商圈核心地段背后,有一个总建筑面积 29 万平方米的居民聚集区————乐山街坊,居住在这里的 6 458 户居民人均住房面积不足 4 平方米,最小户型 8 平方米,残疾人和困难家庭分别占住户总数的 29% 和 40%。长期以来,由于住房面积小、小区违建多、管理乱、环境差,曾是徐家汇地区最为薄弱的治理洼地,居民群众对改善居住环境的愿望十分强烈。

### (二) 现实的需要

徐家汇乐山街坊共有 8 个居民区,居民的房屋多建于 20 世纪六七十年代,由于当时社会发展和需求的历史原因,整个街坊内市民公共活动空间和服务设

---

① 中共上海市委党史研究室. 接管上海·文献资料(上卷)[M]. 北京:中国广播电视出版社,1993:59.

施现在来看明显不足。各小区本身的公共服务、公共娱乐休闲空间资源较少，小区之间的公共服务空间没有充分融合，社区居民对公共服务资源的需求十分强烈，社区公用设施管理权限不明等问题都十分突出。现有条块管理协调难度较大，对此，亟须一个跨区域、跨组织、跨街区的强有力的组织去解决这些问题。

### （三）党建的需要

针对上述矛盾问题，徐家汇街道党工委以问题为导向，对辖区内基层党组织进行了调研。调研发现辖区内有 5 个居民区党组织、8 个居民小区，各居民区党组织与其他社会组织和机关联系不紧密，组织设置比较单一，工作领域相对狭窄，总揽全局协调各方的领导能力、管理服务能力以及整合区域内各种资源的能力明显不足，领导核心作用难以充分发挥。社区内党的基层组织建设在创新工作思路、创新工作抓手、创新工作机制方面还有许多短板，尤其是基层党支部集中力量办大事制度方面的优势没有得到有效发挥，党的凝聚力、向心力、战斗力建设方面还存在一些差距，需要创新思路加以解决。

### （四）改革的需要

上海城市综合治理不断推进，城区面貌不断改进，但是城市管理中的一些顽症、矛盾、瓶颈严重阻碍了徐家汇乐山街坊片区综合治理能级的提升。调研发现，乐山街坊内 8 个小区空间具有布局相邻、周边环境相近、人群文化背景及生活习惯相似等特点，街道党工委据此在谋划定位上形成了"空间形态、物业管理、社区自治、生活服务"块区一体化治理思路，根据这一总体设计，梳理出乐山地区需要整合区、街两级资源，涉及 35 个改造项目。面对该地区繁重的治理任务，街道党工委需要拿出一套解决方案，来回应新时代书写中国特色社会主义新面貌的重大历史使命。

## 二、"我们答卷"——乐山联合党支部的创新实践

习近平总书记在党的十九大报告中提出要把"党建设成为始终走在时代前列、人民衷心拥护、勇于自我革命、经得起各种风浪考验、朝气蓬勃的马克思主

义执政党"①。徐家汇街道结合乐山街坊的实际,以问题为导向,决定在乐山街坊成立联合党支部,街道为此专门派出了一名年富力强的副处级领导干部到乐山街坊担任新组建的联合党支部任书记,牵头城市社区片区一体化综合治理工作,由此开启了联合党支部的创新实践。那么,这个片区联合党支部是如何带领党员、社区单位、社区组织和社区居民开展共商、共建、共享的社区治理使命工程,创新解题实践的呢?

### (一) 坚持问题导向,坚持问需于民

(1) 大调研找出真问题。2019 年 11 月,徐家汇街道组织开展了百名党员入户上门走访居民的专项调研,包括街道全体工作人员以及居民区党员在内的 202 人参加了乐山街坊的入户调研工作,向居民群众问需问计,了解民意。在入户调研过程中,街道坚持做有温度的走访,强调一对一实地上门,以"见上面、说上话,拉家常、谈谈心"的方式,实现了与居民交流更自然更真诚更贴心。为提升入户率,调研人员采取"白加黑""5+2""两班倒"方式,确保出租户、上班族和周末族的到访率。此外,街道把入户走访过程当作宣传政策、动员居民参与的机会,趁机深入排摸。通过大调研,初步掌握了三类人员清单:辖区共有 628 名党员,381 名社区骨干,197 户困难家庭,通过发掘社区自治资源、激发参与活力,为后期小区内生性自治提供可能。大调研共走访居民 5 494 户,实现了居民入户到访全覆盖,共收集居民问题和建议 1 670 条,为下一步改革打下了坚实的基础。

(2) 盯着急难愁认真改。联合党支部坚持直面问题,一个一个着力解决矛盾。"我们楼上有一户群租,一共 60 平方米,住了二三十个人,一开大门一股污浊臭气熏得人退避三舍,浴室水池大堵三六九,小堵天天有,由于人多每天吵到三更半夜,老年人整晚根本没办法睡觉,周边居民真的苦不堪言。"居民陈阿姨面对上门调研的乐山片区综合治理联合党支书记倒起了苦水。为此,陈书记第一时间联系城管徐家汇中队、街道房管所、街道市场所、派出所上门勘察进行

① 习近平.决胜全面建成小康社会　夺取新时代中国特色社会主义伟大胜利——在中国共产党第十九次全国代表大会上的报告[EB/OL].(2017 - 10 - 27)[2021 - 12 - 21].http://www.xinhuanet.com/politics/19cpcnc/2017-10/27/c_1121867529.htm.

联合整治。60 多平方米内共清理出床铺 28 张,同时委托居委干部和社区民警定期到此走访,防止群租回潮。在两千余条问题建议中,面对这样的"急难愁"问题,街道联合党支部坚持边梳理、边解决的原则,不等不靠,即知即改。例如,对小区管道疏通等已经解决的问题予以当场回应,对"邻里汇"建设等已有解决方案的问题当场介绍说明并加快推进落实,对电梯加装等需要进一步协调研究的问题,积极会同相关部门提出解决方案,让乐山居民切身感受到党和政府的关注、关心、关爱,理顺了部分居民的负面情绪,疏解了误解与怨气,为地区治理积累了正能量。

### (二) 探索长效机制,尝试跨界联动

(1) 探索"联治共治＋三驾马车"共同运作机制。联合党支部认识到小区的乱象和问题由来已久,治理不是一朝一夕的事情,要始终坚持联治共治和"三驾马车"自治,坚持长效机制,才能从根本上解决这些问题。如为了解决乱停车、乱堆物、乱充电、乱群租以及赌博等痛点、堵点及难点问题,联合党支部决定进一步发挥党员先锋模范作用,打造群防群治党员示范岗,建立常态化社区综合执法巡逻机制,成立由平安办、派出所、城管执法队、居委会、物业保安、管理办特保队伍组成的社区综合治理巡逻队,整治乱象、固守成效。在拆违过程中,徐家汇街道管理办牵头城管徐家汇中队、街道房管所、街道市场所、街道市容所、派出所等成立了专项工作组,对各类违法搭建进行联动整治、协同作战,目前来看效果比较好。

(2) 探索"党员引领＋居民共同"参与机制。城市的核心是人民,社区治理的主体是居民群众,只有群众接过综合治理的接力棒,社区治理的效能才能保持常态长效。那么如何激发群众参与自治的热情? 联合党支部在实践中形成了党员先锋引领治、居民领袖带动治、达人能人认领治、左邻右舍携手治"四治法"。通过引导和推动居民开展家园自治,居民们自发组织起了平安巡逻队、黄马甲美丽家园行动队,先后在乐山地区开展了"乐活社区""缘驿站""手'工艺'慧家园""美丽楼道"等一系列的自治项目。据统计,2018 年乐山地区共有志愿者 156 人,截至 2021 年志愿者已增至 427 人。这种党员引领居民参与协同运行机制的探索,让居民实现自己的事情自己管理,自己的问题自己解决,有种真

正当家作主的底气,也为共治共享共建打下了坚实的基础。

(3) 探索"红色物业+智慧社区"联席制度。调研发现,乐山社区治理最大的短板是物业管理的问题。由于物业管理费收缴率低,导致企业投入少、服务标准低,长期以来形成了恶性循环,物业管理的问题曾占市民服务热线 12345 投诉量的多半。通过引导,使乐山片区由国企下属的高建物业公司统一管理,并形成了"党建引领、市场运作、各方协同"的物业服务管理新模式,建立"三驾马车"联席会议制度,打造红色物业联盟及一站式管家生活服务平台,设立了物业工匠工作室,制定标准化、精细化、智能化、常态化物业管理流程和服务标准。同时,叠加智慧社区项目,倒逼物业精细化管理。通过改革,乐山地区物业费收缴率从 2018 年的 78% 提升至 2021 年 7 月底的 91%,物业管理成效已经显现。这种"红色物业+智慧社区"联席制度模式的探索,不仅得到了社区居民的肯定,也提升了物业管理的水平。

### (三) 践行使命担当,实现两心合一

改革开放以来,上海这座超大城市的发展成为新时代的典型,尤其是社区群众工作出现了许多新特点,给社区党的群众工作带来新的挑战。徐家汇街道乐山街坊的综合治理,难点多、矛盾多,街道党工委要求每一位党员以钉钉子的精神,发挥先锋模范作用,在乐山地区片区一体化综合治理中"敢啃硬骨",努力改变长期以来乐山地区的"痛、难、堵"现状。其成功的密码就是"践行初心使命,实现了党心民心两心合一"的良性机制。

(1) 党员先行。联合党支部首先在六、七村组建乐山地区党员先锋队,开展主题日、双结对活动,实施六大类党群公益项目,通过党员先锋模范作用带动更多居民参与乐山社区治理。在乐山推行服务型居委,让居民"走进来",变为居委干部"走出去",把办公空间变为公共客厅,培养居委干部全岗通,让居委干部真正做到走家串户、联系群众、了解民生,当好"连心桥""贴心人"。其次是重点问题专项解决。如对困难家庭、困难老人重点帮扶,重点为"一老一小"及困难家庭解决实际困难,组织开展便民服务及社区公益活动,丰富社区文化生活。再如,将加装电梯解决悬空老人的实事工程作为服务型居委的重要服务内容。2020 年以来,六、七村已有几十部电梯率先加装开工,为后来全市推进的加装

电梯工作积累了经验。对此成效，乐山居民纷纷予以点赞。

（2）党建联建。联合党支部充分发挥徐家汇区域大、驻区单位多、大企业多的资源优势，以党建为纽带，广泛整合街道区域化党建、商会、区人大代表、政协委员等近150家企事业资源，加强党建联建、共治共育，成立了乐山七彩服务队，开展了党建联建、结对帮困"微心愿"认领公益服务等，除每月将各类便民服务带到居民身边外，更为社区困难家庭长期提供助老慰问、助学结对、助困帮扶等服务。联合党支部组织开展了社区捐赠活动，一双运动鞋、一部电子词典、一台洗衣机……心愿使者们通过实物捐赠、现金捐赠基金会代为购买的方式，为乐山居民点亮心愿。这种党建联建活动也弘扬了社会主义核心价值观，进一步改善了党群关系，把"不忘初心、牢记使命"做到了实处，也把党心民心拉得更近了。

## 三、"人民阅卷"——乐山联合党支部的治理成效

自徐家汇乐山街坊联合党支部成立以来，在社区片区一体化综合治理方面进行了一系列探索，进行了大胆的党建联建创新实践，在"时代出题""政党解题"方面得到了群众的认可，在"百姓阅卷""进京赶考"方面交上了一份满意的答卷。

### （一）大爱在乐山——"阿拉心里暖和了"

徐家汇乐山地区的片区一体化治理实践，就是把坚持人民至上、集中力量办大事等制度优势转化为治理效能的完美写照，强化党建引领和多方共治，区各委办局积极联合、支撑保障，街道各部门加强联动、疏堵结合，区域单位共同联手、传递大爱，让社区居民切身感受到城市温度的同时，进一步提升了对乐山地区的归属感和认同感，增强了安全感、幸福感和获得感。

如在乐山拆违的筹备阶段，很多居民前来咨询能否为残疾人留出绿色通道，经过和区残联的商议，街道制定了一个标准：在肢体重残二级及以上居民家中保留绿色通道。就这样，在乐山六、七村的第三期违建点位中，20多户居民一户接着一户，一一同意拆违。拆违工作组在沟通的过程中也慢慢和居民们

熟悉了,成为会端茶递水的兄弟、阿姐。居民都说:"街道虽然在执法,但不是冷冰冰的一刀切,我们心里都感到很温暖。"

调研中,乐山六、七村西门几位居民说道:"街道领导干部和居委干部现在非常务实、办实事、接地气,越来越关心我们了,尤其是联合党支部陈书记,每天带着工作日记到小区走家串户,经常陪我们拉家常、问需求,礼拜天都要来乐山看看,对我们真的太好了!"

### (二) 大治在乐山——"弄堂米道回来了"

"绿化多了,停车规范了,住得更舒适了。""私搭乱建拆了,空间得到合理利用,出行方便了。""电梯装上了,多年不见的老邻居可以一起下楼聊天了。"说起居民区的变化,居民们你一言我一语,感触很多。如今,特色鲜明的主题植物景观、别具一格的墙绘、更新的雨水管道和供水阀门、新增的监控,使得小区的安全性、舒适性得到显著提升。"看看现在的小区,整洁又漂亮,我们都快想不起来以前小区的模样了。"居民张女士说。

如今车棚内引入了智能化、自动化管理系统,新增自助充电设施,上海的弄堂游戏、经典小吃、海派文化……这些原来只能在画册或是电视里才能看到的画面呈现在了车棚的墙壁上,勾起了居民对老上海的怀旧情结,"小时候热热闹闹的弄堂文化又回来了。"老陈说。

在乐山联合党支部的努力下,乐山的"新式武器"还有很多。楼栋口装上了人脸识别智能装置让小区更加安全;非机动车库加装充电桩,让早期的"飞线"充电得以"导流";小区出入口人车分离、疏通小区安全道路让小区更加有序……

"早在一个月前,我们就已经来体验过了,这里的活动内容丰富,能够学到很多新知识、新技能。虽然我们房子的面积不能增加,但这里相当于我们每个居民多了间400平方米的大客厅。"乐山二、三村的老党员王阿根在邻里汇内笑得合不拢嘴。居民之间变得互相体谅,老人爱笑了,孩子爱跑了,乐山居民"向往乐"变成了"真正乐"。

### (三) 靓丽在乐山——"阿拉弯道超车了"

2021年7月,六、七村一位姓曾的老先生主动去物业公司把物业费交了,大家都很诧异，这个十年来从不交物业费的人怎么突然就变了呢？陈书记赶紧上门了解，这位老先生诉说起来缘由，"小区原来垃圾成山，不开门都能闻到臭味；小区大门到家门口仅 20 米的距离，车根本就骑不进来；现在好了，路宽敞有序了，自行车一下子就能蹬进车棚了，垃圾厢房不仅没有异味，就连垃圾也看不见了，小区现在管得这么好，不交物业费我就不讲道理了。"

"我在乐山住了 20 多年了，刚来这里的时候，整个小区脏乱无序、杂乱无章，一眼望去破旧不堪，救护车也开不进小区，关键时刻能急死人。从 2018 年开始的综合治理让小区发生了很大的变化，小区道路和门头都拓宽了，实现了人车分离，居民进出小区更加方便安全，楼房外墙变得鲜亮了，绿化地再也不是黄土裸露，现在真的是好看！"乐山六、七村居民方贵华说起小区的变化满心欢喜，"以前，居民在楼道里随意堆物、高空抛物、麻将赌博，还时不时有争吵斗殴。现在聚众打牌、飞线充电、乱扔垃圾的现象已经很少了。"

从乐山六、七村小区西门走进去，你一定会被一处处休闲小苑所吸引。你很难相信这个精心布置的"缘驿站"原本是个破旧不堪、堆满杂物的垃圾场，是小区长期以来的治理难题。如今，小区的旧貌换新颜，居民的感受度激发了他们自治的积极性，自治的潜能被挖掘了出来。热心居民和党员发挥各自特长，有的居民自费购买了休息的桌子，有的居民从家里搬来了椅子，有的居民为桂花树挂上了装饰彩灯，小小场地被大家取名为"缘驿站"，成为居民们聊天议事的好地方。居民们自发组织了"缘汇邻里　和谐家园"纳凉晚会等活动，活动最后，居民们自发合唱了《没有共产党就没有新中国》，唱到激动处，不少居民热泪盈眶。一些居民高兴地说："阿拉乐山要开始'弯道超车'了！"

现在乐山地区综合治理最大的改善，在于居民群众的精神面貌发生了巨大的变化，从以前对小区事务失望或漠不关心，到现在积极参与和支持，从原来围着你发难到如今围着你点赞，群众的脸上充满了热情和快乐。现在，居民们也为自己生活在乐山社区感到自豪和开心。

## 四、上海徐家汇街道乐山联合党支部创新实践的启示

目前，以徐汇区的徐家汇、漕河泾、凌云街道为代表的多个社区综合治理实

践还在进行当中,不仅要看到已取得的成绩,也应看到其中还有一些诸如社区治理长效机制的创新完善、特定条件下的创新办法、做法可复制可推广的条件等问题,还需要进一步探索。徐家汇乐山联合党支部在上海国际化大都市老城区社区改造升级的综合治理实践中,进行了不懈的探索,取得了较好成效,具有一定的借鉴意义。对此,我们得出三点启示。

### (一) 新时代加强基层党组织建设刻不容缓

习近平总书记指出"时代是出卷人,我们是答卷人,人民是阅卷人"[①],为我们"不忘初心、牢记使命",实现中华民族伟大复兴指明了方向。从延安窑洞民主人士黄炎培提出"历史周期律"到 1949 年上海解放前夕,毛泽东曾将进入上海、接收上海、管理上海称为"中国革命过一难关,它带有全党全世界性质"[②],认为这将是对中国共产党执政大城市的能力的考验,再到我们党的领导人提出"进京赶考"重大课题,其中蕴含着一个重大的实践标准,"政党解题"这个标准也是考量一个政党执政能力水平的实践逻辑,基层党组织是践行"不忘初心、牢记使命"的引领者,是解题的主力军和践行者。进入新时代,以问题为导向,结合实际,在实践中加强党的建设只有进行式。

### (二) 新时代发挥基层党组织作用刻不容缓

徐家汇街道乐山新村联合党支部的创新实践证明,加强组织建设,发挥组织优势,确保党的事业发展到哪里,党组织和党员的作用就发挥到哪里,这是发挥党支部战斗堡垒和先锋模范作用的宝贵经验,在新时代依然需要发扬光大。尽管徐家汇乐山街坊具有独特的历史人文特色,但城市发展中暴露出的共同矛盾、问题、瓶颈和桎梏,无不凸显出我国老城区发展过程中存在的共同特点,都需要一个不同于传统政府的组织来领导,统筹协调,整合资源。联合党支部在城市综合治理中的创新实践,拉近了党心和民心的距离,整合了各项资源,形成了城市治理攻坚克难的合力。

---

① 中共中央关于党的百年奋斗重大成就和历史经验的决议[M].北京:人民出版社,2021:71.
② 中共上海市委党史研究室.接管上海·文献资料(上卷)[M].北京:中国广播电视出版社,1993:59.

## （三）新时代基层党组织改革创新刻不容缓

徐家汇街道乐山联合党支部的创新实践证明，进入新时代，必须要进一步加强党的自身建设，尤其要加强组织建设，发挥组织优势，确保党的事业发展到哪里，组织建设就跟进到哪里，党的组织改革创新到哪里，保持党的组织建设与时俱进，一刻不能放松，必须高度重视。党的组织建设要不断围绕党在不同历史时期的任务重点，不断进行与时俱进的创新，以践行党的伟大使命。通过在国际化一流中心城区的老社区建立联合党支部这种自我革命的组织创新，来完成解决城市片区一体化治理突出矛盾和问题的使命，谱写了中国特色社会主义建设的新篇章。

（作者：张建国，中共上海市徐汇区委党校、徐汇区行政学院，副教授；陈奎友，上海市徐汇区徐家汇街道，副主任）

# 上海张江"两新"党建引领科技创新的启示

**摘　要**：本文基于改革开放精神与新时代浦东开发开放的背景，针对上海张江"两新"党建引领科技创新的基本情况，对"两新"党建引领科技创新做了深入的思考，从中得出三点重要启示：一是"两新"党建引领科技创新，必须夯实党的执政基础，改革创新"两新"党建；二是"两新"党建引领科技创新，不能就党建抓党建，必须代表先进生产力发展方向；三是"两新"党建引领科技创新，要体现全心全意为人民服务的根本宗旨。

**关键词**：党建；引领；科技创新

## 一、上海张江"两新"党建引领科技创新的基本情况

2006 年张江高科技园区跨入加速发展期，经国务院批准，张江园区成为张江高新技术产业开发区，凸现张江品牌效应。园区综合党委以党建创新综合实验基地为载体，依照"三年两目标"的工作要求，推进以自主创新为核心的二次创业。2006 年 6 月，张江园区综合党委荣获"全国先进基层党组织"和"上海市先进基层党组织"光荣称号。《解放日报》《文汇报》在头版头条分别以《99 朵玫瑰绽放》《99 朵玫瑰芬芳满园》为题，连续三天系列报道张江园区"两新"党建的成果。"99 朵玫瑰"成为园区"两新"党组织覆盖的代名词。到 2010 年，基本实现党的组织和党的工作全覆盖，园区"两新"党组织数量得到快速增长。

2011 年，以国务院正式批复张江高新区创建国家自主创新示范区为标志，张江园区进入新的跨越期。伴随着园区"两新"组织的创新驱动、转型发展及不断做大做强，党的组织覆盖进科研孵化楼，进产业小园区，进规模以下"两新"组织，使组织覆盖全面推进。园区综合党委围绕"两新"组织的特点，遵循"两新"

组织生存和发展的规律,紧紧围绕"聚焦张江"战略,以党的组织覆盖为抓手,着力布点划片无缝对接,加强与企业高层沟通,创新组织设置模式,竭诚服务企业发展,夯实基层基础工作,全力推进"两新"企业建党工作,努力使党的组织建设与园区建设同步,党组织的设置与园区经济组织的布局和特点相匹配,基本实现了建党和党建工作的全覆盖,2013 年获得全国基层党建典型案例最佳奖第一名。2015 年 1 月 8 日,开通了张江园区综合党委微信公众平台,成为上海"两新"党建工作首家网络平台。在形成党群工作一体化联动联建机制的过程中,党工、党团同步进行,形成联建,注重互动,共同推进,与工、团建立"双建"工作小组,园区 70% 的"两新"企业建了"两新"工会,经过 10 多年的探索实践,总结提炼,成为课题,不断完善,形成品牌,分别被中组部、市组织部、市社工会评为"两新"党建工作联系点、党建示范点和党建创新基地,并被浦东新区区委组织部命名为先进综合党委。党的十九大以来,在市、区委组织部,市、区社会工作党委及管委会领导下,张江高科技园区遵照习近平同志在上海调研的讲话精神,在加强服务践行党的群众路线的同时,推动服务型党组织建设更上一层楼。《中共中央国务院关于支持浦东新区高水平改革开放 打造社会主义现代化建设引领区的意见》的发布为张江科学城进一步推进国际科技创新中心建设带来了历史性机遇,在"十四五"开局之年,张江科学城在新的起点上积极推进具有全球影响力的国际科技创新中心建设。

## 二、"两新"党建引领科技创新,必须夯实党的执政基础

《中共中央国务院关于支持浦东新区高水平改革开放 打造社会主义现代化建设引领区的意见》提出,浦东应找准政府和市场在推动科技创新、提升产业链水平中的着力点,建设国际科技创新中心核心区,成为自主创新发展的时代标杆。这就要求浦东充分发挥制度优势,集中高端创新资源,聚焦基础研究能力提升和关键核心技术突破两个环节,全力做强创新引擎。而在"两新"组织中开展党建工作,这是我们党确立和巩固社会主义初级阶段基本经济制度,引导非公有制经济健康发展的需要,也是加强党同在非公有制企业劳动的广大职工群众的联系,巩固党在新形势下执政基础的需要,也是保护非公有制经济组织

中广大职工合法权益和引导非公有制经济健康发展的需要。当前经济社会正在发生深刻变化,社会组织形式更加多样,新时期党建工作同时也面临诸多始料未及的问题,这就决定了改革创新"两新"党建,事关党的执政基础的巩固。非公经济组织的特殊性,决定了"两新"党建工作既没有固有模式可以效仿,也没有现成经验可以借鉴,对于这一领域的党建工作进行改革创新,是新时期党建工作的战略任务。

从园区情况来看,园区进驻企业大部分为非公有制经济组织。非公有制经济组织和体制内、传统领域党建最大的不同,就在于缺乏行政资源依托,管理上无行政隶属,产权上无资产联系,人事上无任免制约。也就是说,园区内非公企业存在"三无"特征,即党委与"两新"企业无资产纽带关系、无行政隶属关系、无人事管理关系。"两新"组织党建工作和党组织设置面临新的问题,主要表现为:党组织的覆盖广度与企业的创立、发展怎样同步;党组织的管理幅度与"两新"区域创新发展的步伐怎样同步;党组织的建制设置与增强党的工作有效性的要求怎样同步。在"三无"条件下,怎么按照"巩固立足点、拓展增长点、占领制高点"和"开发建设到哪里,党的建设就推进到哪里"的要求,把流动的、分散的、隐性的党员有效地纳入我们的工作视野、组织网络、服务体系?如何适应非公有制经济组织及其从业人员的特点和需求来开展党建工作?如何通过党建工作,为"两新"区域的开发建设提供可靠的政治和组织保障?这些都是"两新"党建需要解决的难题。

"两新"党建与长期形成的传统意义上的党建工作特点截然不同。可以说,从物理形态上讲,"两新"党建是一片荒地,"两新"党建工作者是垦荒、实践的志愿者;从意识形态上讲,"两新"党建是多种所有机制并存,各种价值观碰撞,多国文化交汇的诉求多元化的政治生态区域,是"两新"科技企业、高科技人才、高新技术产业高度密集的地方,面对"两新"党建的现状特征,可以说是在一张白纸上去绘画、去写字,称作为"垦荒"不为过。在这种情况下,"两新"组织的党委应该审时度势、迎难而上,改革创新"两新"党建,以夯实党的执政基础。

为夯实党的执政基础,"两新"党建的改革创新必须从以下几个思路着手(结合张江的实际):

(1)建立高层沟通机制,形成共识,变"要我建"为"我要建",突破组织建设中的难点。

(2) 实施布点划片,打造铁打营盘,发挥孵化器功能,提高组织覆盖的辐射力。

(3) 建设班长工程,强化带头人队伍建设,配强党组织班子,夯实组织覆盖基础。

## 三、"两新"党建引领科技创新,必须代表先进生产力发展方向

作为改革开放深化推进的前沿,"两新"组织是代表先进生产力发展方向的区域,党建工作不能就党建抓党建,必须代表先进生产力发展方向。为代表先进生产力发展方向,"两新"党建的改革创新必须从以下几个思路着手(结合张江的实际)。

(1) 创新方法、创新设置,努力把党的组织建在经济社会发展最活跃的细胞上。根据《中共中央国务院关于支持浦东新区高水平改革开放 打造社会主义现代化建设引领区的意见》,要充分发挥硬科技企业的带动作用,培育核心技术攻坚的"尖刀兵",打好关键核心技术攻坚战。为此,可以依托大型外企、行业协会、投资管理公司,积极探索建立特色鲜明、务实多样的党组织,如成立大型外资企业党委、行业协会党支部、海外科技创新园党支部、综合党支部、以投资管理公司为依托的党支部等,不断创新方法、创新组织设置,实现把党的组织建在经济社会发展最活跃的细胞上。一方面通过布点划片,实现组织覆盖;另一方面通过创新理念,提供组织保障,利用浦东在大科学基础设施和创新产业集群上的优势,支持和鼓励高水平科创企业承担国家重大战略任务,做好基础性研究的前瞻性布局,力争早日在集成电路、人工智能、生物医药等重点领域实现更多核心技术的自主可控,力争在区块链、工业互联网和量子通信等新一代信息通信技术发展中取得先机。

(2) 努力把党的工作做到代表未来、代表先进生产力的人群中。"两新"组织党建要紧紧围绕各主体对象的实际,努力在服务中发挥动员、激励、引领、凝聚等作用,切实把党的工作做到代表未来、代表先进生产力的人群中。要围绕推动发展,发挥服务保障作用;要围绕党员岗位建功、奉献社会,发挥动员激励

作用;要围绕企业主和管理层政治参与,发挥引导举荐作用;要围绕企业人才成长,发挥引领凝聚作用;要围绕促进和谐,发挥利益协调作用。

## 四、"两新"党建引领科技创新,要体现全心全意为人民服务的根本宗旨

我们党的执政理念是立党为公、执政为民,党组织的凝聚力、领导力应体现在为人民群众服务当中。党章规定我们党的建设必须坚决实现的五项基本要求之一就是坚持全心全意为人民服务。我们党一贯认为,一切工作的出发点和落脚点都是为了最大限度地服务于人民,当好人民公仆。因此我们党的凝聚力、领导力就要体现在为人民群众服务当中,要让人民群众从具体的服务当中切实感受到党的存在、党组织的存在、党员的存在,感受到党的力量。这是我们党政治核心作用的实质内涵。

基层党组织以服务为重要功能之一,并把党的领导寓于服务之中,是市场经济和社会主义民主政治的必然反映,也是社会转型时期党组织应该重视和提倡的工作方式。在行政权力不能达到的地方,党组织只能以非权力的方式实现领导,而服务功能是实现政党政治功能的有效途径。从社会层面来讲,党组织不能依靠强制性权力去实现自己的领导,而应通过政策得人心,通过为社会、为群众服务来获得影响力,从而获得领导力,最终获得人民群众的认同而拥有执政的合法性。在以经济建设为中心和群众需求和谐、稳定的大环境下,非公经济组织的基层党组织的政治核心作用更多地体现在服务上,这是党的宗旨所决定的。这里所说的服务既包含为群众办实事,也包含表达群众的利益诉求、反映群众疾苦、解决群众困难等等。基层党组织唯有为最广大人民群众服务,有服务的行为、服务的形象,才能被人民群众认可为先进,才能在非公经济组织中获得群众的支持。在非公经济组织中,不服务的党组织是没有任何凝聚力的。可以这么说,中国共产党执政的根基来源于群众的认同,而群众的心理认同在很大程度上来源于各级党组织、各级政府和各级党员领导干部的真诚服务行为。在非公经济组织中,没有服务,基层党组织就没有生命力。这一论断已经不是理论的推演,而是被非公经济组织多年来的党建实践所证实。

党的十九大再次明确了建设服务型的执政党,明确要求以服务群众、做群众工作为主要任务,加强基层服务型党组织的建设。非公企业建立党组织干什么? 党组织在非公企业起什么作用? 这是不少出资人思想上的问号。"两新"党组织应当以服务企业为己任,强化党的根本宗旨,把竭诚为企业创新发展服务作为推进建党工作的无声动员令,以党组织的有效作为来增强出资人的认同。因此,"两新"党组织要在诚信服务中彰显党组织的影响力,坚持"围绕发展抓党建、抓好党建促发展"的工作理念,把党的工作贯穿于企业科研经营的全过程,通过"党员示范岗""一名党员一面旗"、党员承诺制、挂牌上岗等多种形式的创先争优活动鼓励党员增强先锋意识,立足岗位成才。具体来说,可以考虑这样两个思路。

一是不断强化服务功能,构建服务格局,推动服务型党组织建设。

(1) 服务人才,成就事业。"两新"党组织要坚持以良好的事业成就人才的服务理念,发挥党组织的牵头协调作用,积极为人才特别是为科技人才实现梦想提供各种服务支撑。

(2) 服务党员,争当先锋。党员队伍是加强基层服务型党组织建设的主体,党组织只有服务好党员,党员才能更好地发挥服务群众、服务企业的先锋模范作用。

(3) 服务企业,助推发展。"两新"党组织要以企业的发展为着力点,服务非公企业的需求,创新服务方式,拓展服务功能,提高服务效能,从而助推企业发展。

二是非公经济党建工作的范围和内容要从传统的党的基层组织向基层群众组织延伸和扩大。

"两新"党建工作不能就党建抓党建,"两新"党建工作的着力点要从党的自身组织建设、组织覆盖向党的群众工作、工作覆盖转变,群众在哪,党的工作就跟到哪;从体制内的小循环到体制外的大循环、从体制内部的权威到体制外部的整合,成为整体的合力,为"两新"经济发展、社会和谐提供开放式、社会化服务,扩大党的影响力和渗透力,体现有效性。为此,"两新"党建工作的视野要从传统的党的基层组织向基层群众组织转变,党组织要把各类基层群众组织看作是系统内的基层组织来开展工作,以党的基层组织建设带动其他各类基层组织建设,活跃基层,打牢基础。

（1）可以考虑把基层工会组织定位为党的系统内的基层组织,话语系统就得到了改变,变得更开放、更宽阔,使党建工作的影响力不断延伸,党建工作的作用进一步增强。

（2）服务党员要从创新组织设置着手,夯实政治引领的组织基础。"两新"党组织应当通过布点划片,按照"产业相关、地域相邻、行业相近"的原则,建立片区党组织,并通过创新支部建在产业园、科研楼宇、生产线、创业团队等组织设置方式,推进组织和工作全覆盖,确保人才流动到哪里、企业投资到哪里、项目落户到哪里,党的组织、工作和制度就覆盖到哪里,为实现对非公企业和人才的政治引领奠定组织基础。

（3）要对一些行业领军企业,具备一定规模和品牌、一定社会影响力和良好发展潜力,且出资人是党员的企业重点开展建党设置的孵化和筹建工作。

（4）要借助产业联盟的纽带和联动作用,在科技创新孵化楼、产业小园区和科技人文社区扩大建党覆盖。

**（作者：王晓斌,中共上海市浦东新区区委党校,副教授）**

# 创新发展

# 浦东新区贯彻落实全面深化改革战略的经验启示

**摘　要**：全面深化改革在"四个全面"战略布局中具有先导性地位，是实现"两个一百年"奋斗目标的关键抓手，是实现中华民族伟大复兴的根本路径。党的十八大以来，面对艰巨复杂的改革任务，以习近平同志为核心的党中央领导集体，以巨大的政治勇气和智慧全面深化改革，推动党和国家事业发生历史性变革，取得历史性成就，推动中国特色社会主义进入新时代。浦东新区作为中国改革开放的排头兵和先行者，勤于实践、勇于创新，形成了一系列行之有效的创新举措和经验做法，为全面深化改革提供了实践样本和丰富素材。

**关键词**：浦东新区；全面深化改革；经验启示

党的十八届三中全会审议通过《中共中央关于全面深化改革若干重大问题的决定》，作出全面深化改革的战略部署，成为我们党在新时代全面深化改革的行动纲领。党的十九大报告指出，要坚持全面深化改革，加快推进改革提速增效。作为改革开放的窗口和现代化建设的缩影，浦东新区开发开放的发展历程，特别是党的十八大以来经济社会改革创新的壮丽篇章，正是全面深化改革战略的生动诠释。

## 一、全面深化改革战略的重要意义

改革是当代中国的主旋律，是中国特色社会主义的内在特质。进入新时代，全面深化改革，既是为了应对挑战，也是为了把握机遇；既是时代要求，也是历史责任。

从历史发展趋势看，全面深化改革是推动经济社会发展的强大动力。世界历史发展规律昭示我们,变革既是主流,也是大势。以近 300 年的中国经济发展史为例,"从 1700 年至 1820 年,中国的 GDP 不但排名世界第一,占世界的比重也由 22.3% 增长到 32.9%,创有史以来单一经济体占世界 GDP 合计的最大比重"①。此后中国经济一路下滑,1840 年占 29%,1870 年占 16%,1900 年占 6%,1945 年占 4%。1950—1980 年约占 4.5%,改革开放正式启动后,经过短短 40 余年发展,2020 年我国 GDP 占世界的比重提升到 17%。数据的变化反映着国运的兴衰荣辱。回顾历史,清朝中后期,世界工业革命蓬勃兴起,推动西方资本主义社会的生产力水平实现总体跃升,极大地改变了世界面貌;中国却囿于传统封建社会制度出现政治僵化、闭关锁国、科技停滞,逐步落后于世界潮流,最终沦为半殖民地半封建社会。中华人民共和国成立后,我们确立了社会主义基本制度,社会生产力得到快速发展,特别是改革开放以来,我们坚持和发展中国特色社会主义,实现了经济社会发展的历史性转变,国力逐渐由弱变强。历史昭示我们,改革是大势所趋,是人心所向,必须坚定不移把改革推向前进。

从时代基本特征看,全面深化改革是我国主动适应全球政治经济新形势的必由之路。和 40 多年前相比,今日中国已是世界第二大经济体,已从低收入国家跃升至中等收入国家行列,即将进入高收入国家行列,中国同世界的发展关系越来越紧密,对世界的发展贡献也越来越显著。未来一个时期,国际投资和贸易规则加速重构,规则谈判平台和重心正在发生转移,由于全球经济治理格局依然处于非对称状态,导致新兴经济体在全球经济治理体系中的话语权严重不足,推进全球治理体制变革的呼声越来越强烈。中国是世界重要市场,正成为一些产业的创新枢纽,不仅要顺应形势变化,更要主动参与和引领国际规则的制定,在全球治理体系重构中争取主导权,促进国际经济秩序朝着平等公正、合作共赢的方向发展。

从政党执政规律看,全面深化改革是巩固我们党长期执政地位的根本途径,改革是我们党最鲜明的旗帜。改革有风险,不改革则有危险。世界一些大党大国的衰落,往往就在于执政者不愿改革或改革不彻底,让危机跑在改革前面,耽误了改革。中国共产党必须认真吸取经验教训,加快从革命型政党向现代执政型政党转变,通过全面深化改革不断扩大执政资源,巩固长期执政地位。

---

① 安格斯·麦迪森.世界经济千年史[M].伍晓鹰,译.北京:北京大学出版社,2003:261.

从国家治理方略看,全面深化改革是实现社会公平正义和国家长治久安的客观要求。改革开放以来,我国经济社会取得巨大成就,同时也不可避免地产生了一些不公平、不公正的现象。例如,地区之间、城乡之间、行业之间的收入差距不断扩大,贫富分化、利益失衡问题比较严重;一些地方和部门还存在有法不依、执法不严等问题,人民群众对这些问题反映强烈,深恶痛绝,由此引发诸多社会问题。只有通过全面深化改革解决这些深层次的长期积累的问题,才能实现国家的经济发展和社会稳定。

从改革实际进程看,全面深化改革是破解当前发展难题的重要条件。40多年来,我国采取由浅入深、由易到难、逐步深化的渐进式改革路径,有效破解了许多影响和制约发展的重大难题,取得了举世瞩目的成效。但是我们也看到,随着经济社会发展向纵深推进,一系列深层次矛盾和问题也逐步凸显出来。发展在解决问题的同时,也会产生新的问题,"发展起来以后的问题不比不发展时少"①。特别是我国正处在经济转轨、社会转型的关键阶段,进一步改革面临经济体制变革、社会结构变动、利益格局调整、思想观念变化等诸多纷扰与挑战。应对这些纷扰和挑战要求我们的改革必须向纵深推进。

## 二、全面深化改革战略的丰富内涵和精神实质

党的十八届三中全会提出全面深化改革的全新主张,出台《中共中央关于全面深化改革若干重大问题的决定》,是全面深化改革战略的纲领性文件,具有丰富的精神内涵。

全面深化改革的性质是中国特色社会主义制度的自我完善和发展。当今世界,社会主义和资本主义的制度竞争渐趋激烈,但是社会主义社会终将取代资本主义社会的历史总趋势不会改变。社会主义是我们的旗帜和方向,我们当前所取得的成绩主要源于社会主义制度的优越性,任何改革都不能偏离这个方向。坚持这条道路、高举这个旗帜,我们的事业就不会犯颠覆性错误,改革就不会出现方向性偏差,否则就会停滞不前、扰乱节奏。当然,社会主义制度也需要不断自我完善和发展。1890 年,恩格斯在致奥·伯克尼的信中说,社会主义不

---

① 中共中央文献研究室.邓小平年谱(下卷)[M].北京:中央文献出版社,2004:1364.

是一种一成不变的东西,而应当和其他社会制度一样,把它看成是经常变化和改革的社会。这种革命在解决社会基本矛盾的意义上,是一场革命。但是这场革命与暴力革命相比,是自我革命、自我完善和自我发展,是新的革命。在这种自我完善、自我发展的过程中,我们感到当今中国繁荣发展、安定团结的政治局面来之不易,对我们走出来的中国特色社会主义道路倍感自豪。

全面深化改革的根本保证是加强和改善党的领导。政党政治是现代文明的重要标志,中国共产党是领导党和执政党,是一个具有百年历史、执政70多年的马克思主义政党,是一个拥有9500多万党员、480多万个基层党组织的大党,这就决定了中国的问题关键在党。事实上,坚持中国共产党的领导,既是我们国家的政治特色,也是制度优势,这是历史所形成的,并且被历史所检验。作为一个曾经一盘散沙的国家,作为一个需要赶超发展的后发国家,我们需要一个强有力的核心领导力量。特别是当前我国各地政治经济文化发展还很不平衡,还处在一个剧烈的社会转型期,在这样的形势面前,党的领导地位只能加强不能削弱。与此同时,我们也需要根据国际形势的深刻变化,结合国内政治经济的发展需要,不断丰富和完善党的领导方式,着力思考引导和扩大公民有序政治参与、增强政治协商的针对性和有效性、规范权力阳光运行的途径和方式等问题。

全面深化改革的关键是结构性改革。当前我国发展的整体性越来越突出,所面临的突出问题是结构性问题,事关国家发展的协调性和可持续性。因此,全面深化改革不是对过去体制机制的修修补补,而是重构和建设;不是推进个别或局部领域的单项改革,而是推进所有领域的综合改革。从广度看,既有涉及党的国家工作全局的重大方针政策,也有涉及经济、政治、文化、社会、生态文明和党的建设等领域的重要原则问题,还有涉及国家安全、港澳台侨、军队国防等领域的重点关键事项。从深度看,经过长期持续改革,很多利益牵涉面小、改革推进阻力不大的问题都已经得到有效解决,留下来的往往是那些牵一发而动全身的大事难事,需要通过深化深层次的体制机制改革才能予以突破,改革进入深水区。从难度看,当前的改革往往涉及错综复杂的各方面利益关系,矛盾问题十分敏感,改革任务十分艰巨,改革进入攻坚期。这就要求我们的改革必须运用系统性思维,从国家整体利益出发深化结构性改革。

全面深化改革的重点是经济体制改革。当前,发展仍是解决我国所有问题的关键,经济建设仍是全党的中心工作。不发展,问题和矛盾会越积越多,最终积重难返,导致改革前功尽弃;发展慢了也不行,错过解决问题的窗口期,让危机跑过改革,同样面临危险。中国共产党当前的执政合法性在很大程度上源于经济绩效合法性,经济每增长一个点,能新增就业人口150万左右,这就要求我们把经济发展放在更加重要的位置。实际上,改革开放之初的成功首先就来自经济体制改革,中国改革所遵循的也是"经济改革—社会改革—政治改革"这样一条路径。经济体制改革对其他方面改革具有重要的影响和传导作用,抓住了经济体制改革这个重点,就抓住了全面深化改革的"牛鼻子"。

全面深化改革的出发点和落脚点是让全体人民受益。解决关系人民群众切身利益的生活、生产问题,维护好、实现好广大人民群众的切身权益,是我们党和国家一切工作的出发点和落脚点。全面深化改革就是要促进社会公平正义、增进人民福祉、让全体人民受益。改革开放以来,我国社会事业有了很大发展,城乡居民生活水平得到了很大提高。但与经济快速发展相比,群众关心的教育医疗、住房交通、就业公平、健康、食品安全、环境保护等方面仍然存在不少问题。只有很好解决这些问题,老百姓才会有获得感和幸福感,才会衷心拥护改革。

## 三、浦东新区贯彻落实全面深化改革战略的实践经验

浦东新区经过30多年开发开放,已成为上海现代化建设的缩影和中国改革开放的象征。近年来,浦东新区坚持新发展理念,按照高质量发展的要求,以供给侧结构性改革为主线,推动质量变革、效率变革、动力变革不断取得新成效。

围绕创新发展,以科创中心建设为契机,实施创新驱动发展战略。创新发展居于国家发展全局的核心位置。现代国家竞争,主要是综合国力的竞争,根本是创新能力的竞争。围绕创新发展,浦东新区以科创中心建设为契机,聚焦重点领域和关键环节,大力推进以科技创新为核心的全面改革。一是强化创新策源能力。以张江综合性国家科学中心建设为抓手,推动重大科技基础设施群

和协同创新网络建设,集聚了一批大科学设施;加快国家实验室等国家战略性科技力量的培育,引进了李政道研究所等一批高能级科技研发平台;高标准建设张江科学城,推动建设科学特征明显、科技要素集聚、环境人文生态、充满创新活力的世界一流科学城。二是积极深化科技体制机制改革。开展管理体制机制、财税政策、人才政策、科技金融、科技成果转化与股权激励等方面的先行先试,设立科创板并试点注册制,强化知识产权保护体系,实施药品上市许可持有人制度,加快构建"众创空间＋孵化器＋加速器"创新孵化体系,众创孵化载体的国际化、市场化、专业化水平不断提高。三是打造优势产业集群。聚焦新一代信息技术、智能制造装备、生物医药与高端医疗器械、航空航天等战略性新兴领域,突出对核心关键技术的攻坚力度,着力打造中国芯、创新药、智能造等六大硬核产业集群。统筹推进基础研究、应用开发、成果转化、产业发展的无缝衔接,打通产业链上下游,促进产业集群发展,形成了一批优势产业园区、优势行业和龙头企业,推动浦东产业迈向全球价值链的中高端。通过创新发展,保持了浦东全面深化改革的战略优势。

围绕开放发展,以深化自贸试验区建设为引领,探索以开放促改革的新路径。开放发展是观念,是体制,是格局。当前世界经济进入深度调整期,中国经济进入新常态,必须以新思路、新举措发展更高水平、更高层次的开放型经济。浦东顺应我国经济深度融入世界经济的趋势,以自贸试验区建设为引领,积极建立与国际通行规则相衔接的投资贸易制度体系,深化金融开放创新,加快政府职能转变,构筑开放型经济新体制。自贸试验区正式挂牌成立以来,以全区1/10 的面积创造了 3/4 的生产总值,有 300 多项制度创新成果在全国复制推广,并确立了以负面清单管理为核心的投资管理制度、符合高标准贸易便利化规则的贸易监管制度、适应更加开放环境和有效防范风险的金融创新制度、以规范市场主体为重点的事中事后监管制度,总体达到预期目标,实现了党中央的战略初衷。通过开放发展,优化了浦东全面深化改革的营商环境。

围绕协调发展,以城乡一体化发展为动力,构筑城乡要素有序流动的新格局。协调发展就是统筹兼顾、注重平衡、保持均势;协调发展就是要正确处理发展中的重大关系,补齐短板、缩小差距,努力推动各区域各领域全面发展。浦东始终把统筹城乡、区域发展和促进经济、社会协调作为转变经济发展方式的重大任务,着力补齐短板、强化底线约束。一是优化城市总体布局。统筹推进城市化地区、重点开发区域、城郊地区、农村地区等各类地区发展,推动全区资源深度整合。二是大力实施城乡一体化三年行动计划。重点推进郊区农村惠民工程以及基础设施建设,促进城乡公共服务资源和设施均衡发展。三是推动农村综合改革。扩大农村土地经营权流转,基本完成村级集体产权制度改革,试点镇级集体产权制度改革,构建新型农业经营体系,创新农村综合帮扶机制。四是统一社会保障标准。实现了制度统一、服务统一,并在此基础上逐年提高了保障标准。通过协调发展,弥补了浦东全面深化改革的短板弱项。

围绕绿色发展,以美丽宜居家园建设为目标,推进生态环境治理体系现代化。绿色发展是当今时代科技革命和产业变革的方向。守护绿水青山,归根到底要靠改革的办法转变经济发展方式,切实加强生态环境保护。近年来,浦东新区强化源头控制,深化污染治理和全过程监管,大力推进环境治理现代化。一是加大生态环境保护力度。完善资源节约集约利用机制,完善土地全生命周期管理机制,深化村庄改造和治理工作,建设美丽乡村示范村和示范区块。二是着力提升环境品质。聚焦沿江、沿河、沿路及重点产业园区等环境问题突出区域,大力推进环境综合整治,加强中小河道综合整治,全力消除黑臭水体。实施黄浦江东岸公共空间贯通开放工程,加快郊野公园、生态廊道、绿地林地建设。三是加快产业转型升级。加大镇级产业园区转型升级力度,提升都市现代农业水平,推动农业向提质增效、可持续发展转变。四是倡导绿色低碳生活理念。积极推广绿色低碳公共交通,加快配套设施建设,推广新能源车使用,开展低碳社区、低碳商业建设,形成全民共建低碳城区的良好氛围。通过绿色发展,守护了浦东全面深化改革的生态基础。

围绕共享发展,以公共服务均等化为重点,让人民群众共享更多改革红利。共享发展是中国特色社会主义的本质要求。共享发展就是围绕构建一种人人共建、人人共享的理想社会形态,实现发展成果由全体人民共享。近年来,浦东在收入分配、公共服务、社会保障、社会治理等领域加大改革力度,作出更有效的制度安排,让全体人民在共建共享发展中有更多获得感,增强发展动力,增进人民团结。一是积极推动"互联网+政务服务"。初步构建"1533"政务云框架体系,网上政务大厅、公共信用信息服务平台、综合监管平台和网上督查室上线运行,启动首席信息官制度试点,实施"三全工程"。二是深入推进政务公开。非涉密区级部门、街镇、开发区管委会的部门预决算和"三公"经费预决算实现全面公开。三是深化教育综合改革。进一步规范义务教育阶段的招生行为,深入推进中小学校章程建设,完善教师专业发展机制。四是积极推进医药卫生体制改革。深化社区卫生服务综合改革,推进区域医联体建设。五是建立更加公平更可持续的收入分配和社会保障制度。完善提高劳动者报酬的市场机制,深化完善基本社会保险制度,加强促进和谐劳动关系的机制建设。通过共享发展,增强了浦东全面深化改革的群众获得感。

## 四、全面深化改革战略"浦东样本"的启示思考

改革作为一场深刻的革命,既涉及重大利益关系的调整,又涉及各方面体制机制的完善。中国改革已进入攻坚期和深水区,改革如何突围已成为一个重大命题。浦东在全面深化改革过程中形成了一系列行之有效的先进经验和可资借鉴的成熟做法,具有很强的启示价值,主要体现在如下方面。

注重维护改革的权威性,始终坚持围绕中心、服务大局,坚定服从服务国家战略。浦东不仅是上海的,也是全国的,浦东的开发开放是一项跨世纪的战略任务。浦东新区主动承担国家和市委市政府先行先试的新使命新战略,已成为上海贯彻落实国家战略、建设上海"五个中心"的核心功能区和主战场。党的十八大以来,浦东重点聚焦国家战略任务,全力以赴抓落实,大胆闯、大胆试、自主改,着力建设高度开放的自由贸易试验区,为我国推进自由贸易区战略、参与全球经济治理探索新路;加快建设具有全球影响力的科创中心核心功能区,让创新活力竞相迸发,为城市可持续发展注入新动能;大力提升"五个中心"核心功能区的能级和水平,着力提高参与全球资源配置的能力;加快实现更高水平的城乡发展一体化,建设具有国际大都市风貌的新城区,取得了丰硕成果。浦东以实际行动拥护改革、支持改革、落实改革,切实维护了全面深化改革决策部署的权威性和严肃性。这些成绩启示我们,只有始终坚持把自身发展放在服从服务全国全市的大局中思考谋划,牢记国家战略使命,坚决与中央精神要求保持一致,保持改革的昂扬锐气、蓬勃朝气,才能在全面深化改革攻坚中不断取得新

的更大成绩。

注重把握改革的方向性，始终坚持有所作为、有所不为，努力当好探索中国特色社会主义道路的试验田和排头兵。改革是有风险有成本的，稍有不慎就可能前功尽弃。全面深化改革并不意味着什么都要改，必须坚持改革的社会主义方向。我们的改革要始终坚持以我为主，应该改又能够改的坚决改，不应改的坚决守住。浦东新区在全面深化改革的过程中，牢固树立改革的全局观，自觉坚守中国特色社会主义的实践载体的角色定位，大胆探索，积极作为，充分发挥试点对全局性改革的示范、突破、带动作用。同时，对涉及风险因素和敏感问题的改革试点，确保风险可控。在试点成功、总结经验的基础上再推广应用，避免了系统性风险。通过不断深化包括科技、文化、观念、制度等在内的改革创新，为改革发展提供新动力。突出制度创新，使创新成果更好地体现社会主义市场经济的一般规律，为建设中国特色社会主义提供重要的动力支持和制度保障。浦东的开发开放极大地丰富了中国改革开放的实践内涵，为探索中国特色社会主义道路提供了可借鉴的经验和范本。

注重提高改革的系统性，始终坚持前瞻思考、规划引导，站在地球仪旁思考浦东的开发开放。正如习近平总书记指出的，"浦东发展的意义在于窗口作用、示范意义，在于敢闯敢试、先行先试，在于排头兵的作用"①。浦东开发开放的决策者始终坚持前瞻性思考、高起点规划，推行基础设施先行、金融贸易先行、高新技术产业化先行策略，建立了陆家嘴金融贸易区、张江高科技园区、金桥出口加工区、外高桥保税区等重要开发区域，奠定了多心组团的空间格局，建成了多功能、外向型、现代化新城区。近年来，浦东新区围绕落实《上海市城市总体规划（2017—2035）》提出建设卓越全球城市的目标，通过全球视野和国际眼光开展规划研究和方案编制，形成发展蓝图，着力打造彰显卓越全球城市吸引力、创造力、竞争力的标杆区域，为浦东推进改革发展提供科学依据。当前，浦东新区正在按照打造社会主义现代化建设引领区的要求，加强改革举措的有机衔接和融会贯通，推动各项改革向更加完善的制度靠拢，努力当好更高水平改革开放的开路先锋。这些经验启示我们，只有以前瞻视野研判形势变化，认清发展机遇和挑战，立足自身实际，扬长避短、系统谋划，才能赢得改革发展的主动权。

---

① 权衡. 浦东开发开放：国家战略的先行先试与示范意义[N]. 光明日报，2020-04-24.

注重保持改革的规范性,始终坚持先行先试、于法有据,把各项改革纳入法制轨道。中国特色社会主义的改革,不仅是示范性的体制机制改革,更是规范性的制度化改革。人类所有的集体活动都依赖于特定的规范,改革只有遵循规范才可能实现稳定的预期,也就在相当大程度上为自己设定了正当性。浦东在改革过程中始终坚持完善重大行政决策程序规则,将公众参与、专家论证、风险评估、合法性审查、集体讨论决定作为重大行政决策的法定程序,并完善政府法律顾问和专家参与重大行政决策的工作机制,确保各项改革于法有据。同时充分利用法律法规提供的制度空间和条件,大胆探索和创新,大胆进行先行先试,不断积累基层改革经验。这些探索启示我们,只有在法治的轨道上推进各项改革,才能确保各项改革推进做到蹄疾而步稳,既生机勃勃又井然有序。

注重突出改革的"主心骨",始终坚持党建引领、不忘初心,开拓一流党建引领一流开发的新境界。改革开放本身就是在党的领导下开启的,坚持和完善党对全面深化改革的领导,是一条重要原则和任务。浦东开发开放所取得的历史性成就都是在党的领导下实现的。浦东始终坚持发挥党建的引领作用,不断提高党的执政能力,以一流党建带动一流开发。党的十八大以来,浦东牢固树立抓好党建是最大政绩的理念,充分发挥区委统揽全局、协调各方的领导核心作用,加强党对各方领导的制度化建设,把各方工作纳入党委工作布局,认真落实党建的主体责任。突出"关键少数"这个重点,以身作则、以上率下,严明纪律、严格要求,建章立制、着眼长远,推动全面从严治党向纵深发展。推动基层党建工作创新和实践,有效扩大党的组织覆盖和工作覆盖,不断丰富"三服务""互联网+党建""党建带群建"等理念,创新区域化党建、开发区党建、"走千听万"等模式,做强党群服务中心等平台。通过扎实深入的党建工作,营造了风清气正的政治生态,提高了干部群众干事创业的积极性和创造性,推动了中央和市委各项决策部署的贯彻落实。这些成绩启示我们,只有不断加强和改善党对全面深化改革的领导,牢牢把握改革的领导权和主动权,才能为全面深化改革提供坚强有力的组织领导保障,确保改革沿着有利于党和人民事业发展的方向前进。

**（作者：徐凌，中共上海市浦东新区区委党校，副教授）**

# 中国对外开放战略与浦东的角色担当

**摘　要**：正确处理中国和世界的关系，是事关党的事业成败的重大问题，而对外开放是中国面对"世界怎么了？我们怎么办？"的世界之问下，处理中国与世界关系的战略举措。从睁开眼看世界，到叩开世界的大门，再到逐步融入世界，直至向世界贡献中国方案，百年来，中国一步步走向世界舞台的中央。回溯中国对外开放的历程发现，中国共产党的领导是对外开放成功的重要保证。浦东，因改革开放而生，因改革开放而兴，浦东开发开放掀开了我国改革开放向纵深推进的崭新篇章。在"两个大局"的新时代，浦东将以高水平制度型开放践行高水平改革开放打造社会主义现代化建设引领区这一新的历史使命。

**关键词**：对外开放；中国和世界的关系；浦东；高水平制度性开放

"世界潮流，浩浩荡荡，顺之则昌，逆之则亡。"正确处理中国和世界的关系，是事关党的事业成败的重大问题[①]。随着中国特色社会主义进入新时代，我们党对中国与世界关系的定位与认知越发成熟。面对"世界怎么了？我们怎么办？"的世界之问，习近平总书记以卓越政治家和战略家的宏大视野和战略思维，高瞻远瞩地提出新时代中国特色社会主义思想，给出了富有中国智慧的解答和中国方案的路径，而对外开放就是这个"题眼"。浦东开发开放 30 年取得的显著成就，为中国特色社会主义制度优势提供了最鲜活的现实明证，为改革开放和社会主义现代化建设提供了最生动的实践写照！[②]

---

① 习近平.论中国共产党历史[M].北京:中央文献出版社,2021:17.
② 习近平.论中国共产党历史[M].北京:中央文献出版社,2021:307.

## 一、中国在对外开放战略中与世界的互动

### （一）叩开世界的大门

近代以来，中国第一次以近代民族国家的眼光审视世界，林则徐、魏源、徐继畲等最先"开眼看世界"，《海国图志》《瀛环志略》成为后来王韬、郭嵩焘、薛福成、康有为、梁启超等人了解西方的入门著作。洋务运动"师夷长技以制夷"，张之洞《劝学篇》"中学为体，西学为用"……回望历史和现实，有太多的唏嘘和感慨、太多的艰难和曲折。"从一八四〇年的鸦片战争到一九一九年的五四运动前夜，共计七十多年中，中国人没有什么思想武器可以抗御帝国主义。旧的顽固的封建主义的思想武器打了败仗了，抵不住，宣告破产了。不得已，中国人被迫从帝国主义的老家即西方资产阶级革命时代的武器库中学来了进化论、天赋人权论和资产阶级共和国等项思想武器和政治方案，组织过政党，举行过革命，以为可以外御列强，内建民国。但是这些东西也和封建主义的思想武器一样，软弱得很，又是抵不住，败下阵来，宣告破产了。一九一七年的俄国革命唤醒了中国人，中国人学得了一样新的东西，这就是马克思列宁主义。中国产生了共产党，这是开天辟地的大事变。"[1]中国共产党带领人民经过 28 年的浴血奋战，灾难深重的中华民族结束了长期受侵略、被压迫、遭凌辱的历史，从此站起来了。如何实现国家政治经济的完全独立成为中国共产党和全国人民最重要的考虑和最核心的目标，同时对外开放也在战略考虑之中。共和国前 30 年，新生政权坚定维护国家主权安全，努力建立和发展同世界各国友好合作关系，迎来两次建交高潮，同期在积极运筹下，大国关系也实现了重大突破。

### （二）重新进入世界舞台

1978—2012 年，改革开放和社会主义现代化建设新时期，中国进入全方位对外开放阶段。改革开放以来，我们充分运用经济全球化带来的机遇，不断扩大对外开放，实现了我国同世界关系的历史性变革。这一时期党的外事工作主要任务是配合国家经济建设，为改革开放营造良好的合作环境、周边环境、安全

---

[1]　毛泽东.唯心历史观的破产[M]//毛泽东选集（第四卷）.北京：人民出版社，1991：1514.

环境、舆论环境,构建对外关系新格局。

### 1. 中国特色对外开放战略

改革开放是怎么搞起来的? 很关键的一条是我们党正确判断世界大势。邓小平同志说:"根据对世界大势的这些分析,以及对我们周围环境的分析,我们改变了原来认为战争的危险很迫近的看法。"①由于对世界大势作出了准确判断,我们党确立了和平与发展是时代主题的认识,才有了党和国家工作中心的转移,才有了改革开放历史新时期的开启。

党的十一届三中全会以后,改革开放和现代化建设总设计师邓小平同志提出和平与发展是当代世界两大主题、世界大战打不起来的判断,把党的工作重心转移到经济建设上来。在东欧剧变关键时刻,邓小平同志强调要坚持四项基本原则,确保我国正确发展方向。邓小平同志曾深刻指出:"一个国家要取得真正的政治独立,必须努力摆脱贫困。而要摆脱贫困,在经济政策和对外政策上都要立足于自己的实际,不要给自己设置障碍,不要孤立于世界之外。"②邓小平把对外开放提到战略高度来认识,进而确立了中国对外开放的核心目标,并上升到基本国策的高度。他指出"尊重社会经济规律,搞两个开放,一个对外开放,一个对内开放。……对内开放就是改革……对内搞活也就是对内开放,实际上都叫开放政策"③。

党的十三届四中全会以后,我们打破西方国家制裁。江泽民同志提出推动建立公正合理的国际政治经济新秩序,倡导尊重世界文明多样性。胡锦涛同志提出同各国人民携手努力,推动建设持久和平、共同繁荣的和谐世界。我国新兴大国地位和影响力得到世界公认。

### 2. 探索改革开放必由之路

1978 年 12 月,具有伟大转折意义的党的十一届三中全会拉开了中国改革开放的时代大幕。

---

① 习近平.论中国共产党历史[M].北京:中央文献出版社,2021:18.
② 邓小平:中国的对外开放政策是坚定不移的,这不是短期的政策,是个长期的政策[EB/OL].(2018 - 09 - 07)[2021 - 09 - 01].http://cpc.people.com.cn/n1/2018/0907/c69113-30278510.html.
③ 邓小平.邓小平文选(第三卷)[M].北京:人民出版社,1994:113 - 117.

　　从经济角度来看,我国对外开放的时间点正好契合了以全球价值链发展为主要推动力的第三次全球化浪潮,以渐进式为主要特点的对外开放和以市场化为主要特征的国内改革相辅相成,使得我国逐步融入全球经贸体系①。综合考虑党的重要政治会议(如十一届三中全会、党的十四大、十六大)主要领导人的战略构想与实践、中国对外开放等重要节点(邓小平"南方谈话"、中国加入WTO)的标志性意义,这一时期的历程划分如下:

　　1978—1992年,梯次布局,确立外向型经济。1978年是中国对外开放的决策之年②,从此中国开启了由"经济特区、经济开放城市、沿海经济开发区、沿江和内陆开放城市、沿边开放城市"③构成的多形式、多层次的开放格局。其中1990年开发上海浦东是新的里程碑。

　　1992—2002年,扩大布局,发展开放型经济。邓小平"南方谈话"和党的十四大后,中国对外开放由沿海向内地纵深推进,并抓住经济全球化发展机遇加入WTO,由此建立起全方位(从沿海到内地)、多层次(由第一产业、第二产业到第三产业)的对外开放格局,强调"引进来"和"走出去"两个轮子必须同时转动起来。西部大开发战略标志着对内开放制度安排的完善。

　　2002—2012年,深化布局,构建开放型经济。中国对外开放的领域日益增加,空间逐步扩大,形成了从沿海到内地,从东部到中部、西部、东北地区的全方

---

　　①　1978年,中国进出口贸易总额仅占世界总贸易额的0.78%。中国出口仅占世界出口总额的0.75%,出口额在世界排名第34位。1978—1989年,在近12年时间里,中国贸易逆差年份就有9年,累计逆差额为468亿美元,年均逆差额为39亿美元。国家外汇储备资源告急,1979年外汇储备年余额仅为8.4亿美元。1978—1982年,我国新设外商投资企业数共920家,实际利用外资金额共17.69亿美元。

　　②　1978年5月开始的真理标准大讨论为彻底打破"两个凡是"束缚,确立对外开放政策奠定了重要基础。12月,党的十一届三中全会拉开对外开放的序幕。

　　③　经济特区作为一种战略尝试,成为中国改革开放的突破口。1980年,五届全国人大常委会批准深圳、珠海、汕头和厦门设立经济特区。1984年1月24日至2月15日邓小平同志视察后,当年5月4日,中共中央、国务院正式决定开放大连、秦皇岛、天津、烟台、青岛、连云港、南通、上海、宁波、温州、福州、广州、湛江、北海共14个沿海港口城市,形成了宽阔的沿海经济开放地带。1987年,邓小平首次完整阐述"三步走"的现代化发展战略后,党的十三大明确提出了社会主义初级阶段理论,基于以上理论创新和国情认识,国务院提出了实施沿海地区发展外向型经济的战略,主要以"三来一补"等形式引进外资、技术、原材料,做到"两头在外、大进大出"。党中央、国务院先后将长三角、珠三角、闽三角、辽东半岛、山东半岛开辟为经济开放区,沿海开放地带再度拓展。邓小平同志的"南方谈话"总结了十多年来改革开放的经验教训,冲破了传统概念的束缚,提出了"三个有利于"的标准,促进了思想解放,使得对外开放出现全面高潮。

位、多层次、宽领域的对外开放格局;层次不断提高,从解决储蓄和资金缺口到外向型经济再到开放型经济、社会的建立,从"引进来"到"引进来""走出去"并重,从政府决策主导到政府主体、市场主体共同参与,对外开放水平逐渐提高①。

从外交角度来看,这一阶段我国同主要各方关系走向深入,提出"大国是关键、周边是首要、发展中国家是基础、多边是重要舞台"的外交总体布局②。多边外交领域日趋活跃,深入参与或创建国际机制。2001 年 6 月,第一届上海合作组织峰会在上海举行。2001 年 10 月,亚太经合组织第九次领导人非正式会议在上海成功举办。2008 年 8 月,我国在北京成功主办第 29 届夏季奥运会。2010 年 5 月,我国在上海成功主办第 41 届世界博览会。

### (三) 走进世界舞台中央

面对当时同世界对比的落差,习近平总书记"心里很不是滋味"③。短短几十年,已是沧海桑田。"70 后、80 后、90 后、00 后,他们走出去看世界之前,中国已经可以平视这个世界了,也不像我们当年那么'土'了……"④今日之中国,不再是一个羸弱的以天朝上邦而自命的古老国家,今日之中国执技术之牛耳、敞开放之胸怀、秉共享之鸿志,已然成为世界和平的建设者、全球发展的贡献者和国际秩序的维护者。如何履行新兴大国应有的责任,打破"修昔底德陷阱"和"金德尔伯格陷阱",是进入新时代的中国对外开放所面临的重要命题。

一方面是推动形成全面开放新格局。以"一带一路"建设为重点,坚持"引进来"和"走出去"并重,遵循共商共建共享原则,加强创新能力开放合作,形成陆海内外联动、东西双向互济的开放格局。拓展对外贸易,培育贸易新业态新模式,推进贸易强国建设。实行高水平的贸易和投资自由化便利化政策,全面

---

① 我国于 2001 年加入世界贸易组织,妥善应对 1997 年亚洲金融危机和 2008 年全球金融危机,经济总量从 1978 年世界第 11 位跃居 2010 年世界第 2 位。

② 1979 年 1 月,中美建交。1978 年 8 月,中日签订《中日和平友好条约》。1989 年 5 月,中苏关系正常化。1991 年,中国同东盟开启对话进程。世纪之交,我国深入推动同主要大国建立面向 21 世纪双边关系,积极发展同周边国家睦邻友好关系,加强同其他发展中国家的友好合作关系。

③ 齐鹏飞.善用"大思政课"[N].人民日报,2021 - 03 - 19.

④ 徐文秀.坚定而自信地"平视世界"[EB/OL].(2021 - 03 - 23)[2021 - 09 - 01].http://www.xinhuanet.com/politics/2021-03/23/c_1127242722.htm.

实行准入前国民待遇加负面清单管理制度,大幅度放宽市场准入,扩大服务业对外开放,保护外商投资合法权益。凡是在我国境内注册的企业,都要一视同仁、平等对待。优化区域开放布局,加大西部开放力度。赋予自由贸易试验区更大改革自主权,探索建设自由贸易港。创新对外投资方式,促进国际产能合作,形成面向全球的贸易、投融资、生产、服务网络,加快培育国际经济合作和竞争新优势①。

党的十九届五中全会公报指出,实行高水平对外开放,开拓合作共赢新局面。坚持实施更大范围、更宽领域、更深层次对外开放,依托我国大市场优势,促进国际合作,实现互利共赢。"十四五"规划纲要更加明确,一是建设更高水平开放型经济新体制,全面提高对外开放水平,推动贸易和投资自由化便利化,推进贸易创新发展;二是推动共建"一带一路"高质量发展;三是积极参与全球治理体系改革和建设。

中国坚持对外开放的基本国策,坚持打开国门搞建设,积极促进"一带一路"国际合作,努力实现政策沟通、设施联通、贸易畅通、资金融通、民心相通,打造国际合作新平台,增添共同发展新动力。加大对发展中国家特别是最不发达国家的援助力度,促进缩小南北发展差距。中国支持多边贸易体制,促进自由贸易区建设,推动建设开放型世界经济。

另一方面是中国特色大国外交。中国特色大国外交的核心是构建人类命运共同体、构建新型国际关系和"一带一路"国际合作。我们统筹国内国际两个大局,始终不渝走和平发展道路,奉行互利共赢的开放战略,坚持正确义利观,树立共同、综合、合作、可持续的新安全观,谋求开放创新、包容互惠的发展前景,促进和而不同、兼收并蓄的文明交流,构筑尊崇自然、绿色发展的生态体系②。进入新时代,党的对外工作主要是:第一,充分发挥元首外交战略引领作用,积极开展主场外交和重大对外活动。第二,倡导推进共建"一带一路"重大倡议,全面开拓对外开放与国际合作新局面。第三,深化拓展全方位、多层次、宽领域、立体式对外工作布局,打造全球伙伴关系网络。第四,积极引领全球治理体系改革和建设,贡献中国智慧、中国理念、中国方案。第五,有效防范化解

---

① 习近平. 习近平谈治国理政(第三卷)[M]. 北京:外文出版社,2020:27.
② 习近平. 习近平谈治国理政(第三卷)[M]. 北京:外文出版社,2020:20.

各类风险挑战,坚定维护国家利益和民族尊严。在台湾、涉港、涉疆、涉藏、涉海、涉疫、人权等一系列重大问题上,敢斗善斗,坚定捍卫国家政治安全,坚定维护国家利益和民族尊严。第六,持续增进同世界各国交流互鉴。第七,坚持外交大权在党中央,加强党中央对外交外事工作的集中统一领导。

由此可见,"平视世界"是一种角度和态度,更是一种力量和底气。中国已经实现了从"站起来"到"富起来"再到迎接"强起来"的华丽转身,取得了历史性成就,从改天换地到翻天覆地,再到惊天动地的变化,使中国有实力、有底气和有资格"平视世界"①。

## 二、引领区新一轮开放的使命与探索

浦东开发开放 30 多年的历程,走的是一条解放思想、深化改革之路,是一条面向世界、扩大开放之路,是一条打破常规、创新突破之路。今天,在全面建设社会主义现代化国家的新征程上,浦东要站在中华民族伟大复兴战略全局和世界百年未有之大变局的历史方位承担新使命,"试"出中国改革开放的新高度②。

在新征程上,我们要把浦东新的历史方位和使命放在中华民族伟大复兴战略全局、世界百年未有之大变局这两个大局中加以谋划,放在构建以国内大循环为主体、国内国际双循环相互促进的新发展格局中予以考量和谋划,准确识变、科学应变、主动求变,在危机中育先机、于变局中开新局。浦东要抓住机遇、乘势而上,全面贯彻党的十九大和十九届二中、三中、四中、五中全会精神,科学把握新发展阶段,坚决贯彻新发展理念,服务构建新发展格局,坚持稳中求进工作总基调,勇于挑最重的担子、啃最硬的骨头,努力成为更高水平改革开放的开路先锋、全面建设社会主义现代化国家的排头兵、彰显"四个自信"的实践范例,

①　"平视世界"还可以读出另一层含义,即中国平视这个世界,世界亦需要平视中国。尤其是对于想要与中国真诚交往的国家,无需"美颜相机",也不要用"灰黑滤镜"。换言之,只需要平等互利,尊重彼此核心利益和重大关切。

②　在高水平改革开放上敢为天下先——浦东"引领区"建设述评之一[EB/OL]. (2021 - 08 - 09)[2021 - 09 - 01]. https://www. shanghai. gov. cn/nw4411/20210809/f1c5796e738b4b73ac00c98f42fd3835. html.

更好地向世界展示中国理念、中国精神、中国道路。

2020年11月12日,习近平总书记在浦东开发开放30周年庆祝大会上的讲话中对浦东新区的发展提出了"三个成为、三个展示、五个'新'"的定位①,浦东自此开始了大步向引领区迈进的新征程。2021年7月,《中共中央国务院关于支持浦东新区高水平改革开放 打造社会主义现代化建设引领区的意见》对浦东提出了新的要求:浦东到2035年要全面构建现代化经济体系,2050年建设成为在全球具有强大吸引力、创造力、竞争力、影响力的城市重要承载区,城市治理能力和治理成效的全球典范,社会主义现代化强国的璀璨明珠。同时提出要打造更高水平改革开放的开路先锋、自主创新发展的时代标杆、全球资源配置的功能高地、扩大国内需求的典范引领、现代城市治理的示范样板这五大战略定位。

因此,浦东正在围绕"两特四区一中心一样板一保障"推进引领区的建设步伐,力争在创新发展上,做突破关键技术和产业转化的新经济革命引领者;在深化改革上,做集成贯彻落实新发展理念的新结构改革先行者;在扩大开放上,做衔接国际高标准经贸规则的制度型开放开拓者;在城市治理上,做体现国家治理体系与治理能力现代化集大成者;在文化建设上,做满足人们高品质美好生活的城市软实力彰显者②。

在深入推进高水平制度开放的前提下,上海自贸试验区自设立后,浦东主要做了三方面工作:引进外资,探索负面清单管理,推进贸易自由化,在"一线放开、二线管住"等方面进行了有益尝试;推进投资便利化,改善营商环境,例如减少入关时间、实现六小时通关等;小心谨慎地放开金融等资本项目。接下来浦东的开放不能仅仅停留在要素开放层面,更要向制度开放全面拓展,这其中就包括知识产权保护、司法审查制度等关乎规则、规制、管理、标准的开放。开放方面,在打造双循环新发展格局的大背景下,浦东引领区要做更高水平的尝试,围绕对外开放的重点和难点,更大程度地进行压力测试。

正如党中央所要求,深入推进高水平制度型开放,需要增创国际合作和竞

---

① 习近平. 论中国共产党历史[M]. 北京:中央文献出版社,2021:308.

② 何建华. 浦东现代化建设引领区的使命担当[EB/OL].(2021-07-21)[2021-08-01].
https://www.pudong.gov.cn/shpd/news/20210721/006001_1f0165f7-db0b-461a-ba6b-3a81d39398ca.htm.

争新优势。浦东要着力推动规则、规制、管理、标准等制度型开放,提供高水平制度供给、高质量产品供给、高效率资金供给,更好参与国际合作和竞争。要更好发挥中国(上海)自由贸易试验区临港新片区的作用,对标最高标准、最高水平,实行更大程度的压力测试,在若干重点领域率先实现突破。要加快同长三角共建辐射全球的航运枢纽,提升整体竞争力和影响力。要率先实行更加开放更加便利的人才引进政策,积极引进高层次人才、拔尖人才和团队特别是青年才俊①。

## 三、浦东做好高水平制度型开放的引领者

在双循环新发展格局的大背景下,浦东引领区在内外循环方面都要率先做很多尝试和工作。外循环方面,浦东要进行更高水平的开放、更大力度的压力测试,在不熟悉、未开放的领域进行开放试点。比如说,考虑加入《全面与进步跨太平洋伙伴关系协定》(CPTPP),这份协定对环境标准、劳工标准、国有企业占国民经济的比重都有较高的要求,这就需要我们提高标准,适应新的规则。浦东引领区可以探索这件事,在符合标准的情况下保持竞争力,创造公开、公正、公平的环境,保证不同类型的企业竞争,这些都是外循环工作的重点。

着眼制度型开放,浦东需要提升投资自由化便利化,勇于剪断"制度藩篱"、放飞"市场小鸟"。制度型开放措施是基于规则的开放,通过一致性实施带来市场主体的可预见性。强调投资自由化便利化,不能松懈安全与监管。便利化要求便捷和快速,安全强调管理和把关。犹如高速路上开车时油门与刹车的配合。投资自由化和便利化既要"减负"又要"增亮",即提高政府行政透明度。公开透明有利于监督,以透明促规范、促监督、促廉洁。在市场准入方面还要进一步解决"准入不准营问题"②。

着眼制度型开放,浦东需要贯彻好金融为实体经济服务的核心理念,用好先行先试的政策红利,以发展多层次资本市场及其制度改革为契机,从优化金融市场建设、专业机构主导、国际业务创新等维度构建一流的全球金融生态体系。

---

① 习近平.论中国共产党历史[M].北京:中央文献出版社,2021:308.

② 高水平制度型开放,浦东如何当好引领者[EB/OL].(2021-09-03)[2021-12-01].https://fddi.fudan.edu.cn/3f/08/c18986a409352/page.htm.

着眼制度型开放,浦东正面临向以数字促进贸易的第三代贸易发展为主的国际贸易中心转型。随着数字技术的拓展,例如 3D 打印、无人机、虚拟现实产品等内嵌数字的货物主体以及数字化的服务贸易主体不断增加。在数字贸易中,除了基础设施即服务(IaaS)、平台即服务(PaaS)和软件即服务(SaaS)外,目前云服务进一步细分为软件即服务、业务流程即服务(BPaaS)、数据即服务(DaaS)、统一通信即服务(UCaaS)和安全即服务(SECaaS),还有物联网等新型业态,浦东要发挥在数字贸易集聚区的引领作用[①]。

着眼制度型开放,浦东对知识产权保护已经迈出制度供给的步伐。中国(浦东)知识产权保护中心 2018 年启动运行后,建立了集快速授权、快速确权、快速维权于一体的一站式服务。帮助企业缩短从专利申请到授权的周期,降低企业维权成本,探索多元化知识产权保护机制。

此外,围绕海外高层次人才的引进,浦东主动打破了限制,优化了规则。围绕国际机构总部设立所需,浦东发布支持打造"类海外"营商环境的"世博八条",世界核电运营者协会看好的前滩地区成了浦东国际经济组织集聚计划落地的主阵地。

浦东推进高水平改革开放,还要在长三角一体化发展中更好发挥龙头辐射作用。近年来浦东在建设长三角资本市场服务基地、推进长三角市场监管领域合作、成立长三角地区知识产权保护与服务联盟、推进长三角个人事项一网通办、举办长三角"文采会"等方面进行了积极探索。

作为国际国内双循环和国内大循环的关键节点,浦东将继续秉持开发开放初期"开发浦东、振兴上海、服务全国、面向世界"的初心,在践行国家战略使命和实现人民幸福期待的新征程中勇于挑最重的担子、啃最硬的骨头,以优异的成绩建设更高水平改革开放的开路先锋、自主创新发展的时代标杆、全球资源配置的功能高地、扩大国内需求的典范引领、现代城市治理的示范样板,打造全面建设社会主义现代化的国家窗口。

**(作者:王畅,中共上海市浦东新区区委党校,讲师)**

---

[①]　高水平制度型开放,浦东如何当好引领者[EB/OL].(2021-09-03)[2021-12-01].https://fddi.fudan.edu.cn/3f/08/c18986a409352/page.htm.

# 创新引领发展

## ——开发开放以来浦东科技创新的基本经验与价值意蕴

**摘　要:**作为上海乃至全国改革开放的前沿阵地,浦东新区是上海建设具有全球影响力科技创新中心的核心功能区和主战场。开发开放以来,浦东科技创新事业经历基础建设期(1990—1998 年)、转型发展期(1999—2004 年)、自主创新发展期(2005—2013 年)和科创中心建设期(2014 年至今)四个时期,在创新资源集聚、创新主体培育、创新氛围营造等多维度构建起符合浦东区域特色的科技创新体系,全球科技创新中心核心框架基本形成,并在科技创新事业发展中积累了丰厚经验,走出了一条符合中国国情的创新发展之路,是中国特色社会主义在科技创新领域的伟大实践,是现成的、可供后发地区直接复制推广的经验。研究认为,浦东科技创新发展之路具有多方面价值,其中最重要的价值是坚定不移走创新驱动发展之路以及对全国其他地区的示范、带动与引领作用。

**关键词:**科技创新;浦东新区;基本经验;主要成就

开发开放初期,浦东就把科技创新作为驱动经济发展的动力源泉,在同期规划设计的四大功能区中,张江高科技园区位列其中。但由于初期条件不足,张江高科技园区直到 1992 年 7 月才开工建设,这标志着浦东科技创新事业的正式起步。2014 年 5 月习近平总书记在上海考察时,提出并要求上海要建设具有全球影响力的科技创新中心①,这是继 2009 年 4 月提出建设国际经济中心、国际金融中心、国际贸易中心和国际航运中心后又一中心建设的重大艰巨

---

① 宋煦冬,潘旭海. 习近平在上海考察[EB/OL]. (2014 - 05 - 24)[2021 - 06 - 20]. http://politics. people. com. cn/n/2014/0524/c1001-25060582. html.

任务。作为上海乃至全国改革开放的前沿阵地,浦东自 1990 年开发开放以来一直肩负着国家及上海的重任高速发展。在建设具有全球影响力的科技创新中心这一重大国家战略背景下,浦东勇挑使命,成为上海建设具有全球影响力科技创新中心的核心功能区和主战场。可以说,浦东建设具有全球影响力科技创新中心的核心功能区之路就是上海建设具有全球影响力科技创新中心的典型代表和缩影。

# 一、开发开放以来浦东科技创新的主要成就

开发开放以来,浦东科技创新事业经历了基础建设期(1990—1998 年)、转型发展期(1999—2004 年)、自主创新发展期(2005—2013 年)和科创中心建设期(2014 年至今)四个时期,从创新资源集聚、创新主体培育、创新氛围营造等多维度构建起符合浦东区域特色的科技创新体系,科技创新中心核心承载区框架基本形成。

### (一) 构建起上下联动、层级清晰、内容完善的科创政策体系

在上海市科技创新总体政策框架下,浦东逐渐形成了上下联动、层级清晰、内容完善的科创政策体系(见图 1)。根据政策的行政能级,主要分为四个层次。

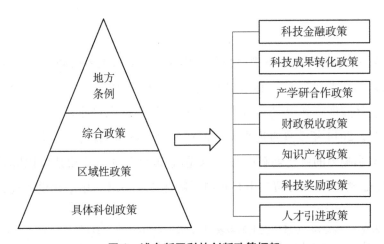

**图 1 浦东新区科技创新政策框架**

第一层是地方性法规,根据全国人大常委会授权,浦东立足改革创新实践需要,制定地方性法规,包括《上海市浦东新区深化"一业一证"改革规定》《上海市浦东新区建立高水平知识产权保护制度若干规定》《上海市浦东新区市场主体退出若干规定》等。

第二层是综合性政策文件、发展规划等,包括《上海建设具有全球影响力的科技创新中心浦东新区行动方案(2015—2020 年)》《浦东新区加快建设具有全球影响力的科技创新中心核心功能区 2020 行动方案》《深入推进张江—临港"双区联动",打造浦东"南北科技创新走廊"的行动方案》《浦东新区科技创新"十三五"规划》《浦东新区建设国际科技创新中心核心区"十四五"规划》等。

第三层次是重点区域政策方案,包括《张江科学城规划实施行动方案》《上海建设具有全球影响力科技创新中心临港行动方案》《上海张江综合性国家科学中心建设方案》《上海张江国家自主创新示范区发展规划纲要(2013—2020年)》等。

第四层次是具体科技政策创新,主要涉及科技金融、科技成果转化、产学研合作政策、财税扶持政策、知识产权政策、科学奖励政策以及人才引进政策,形成成立知识产权局和海外人才局、试点生物医药合同生产和药品器械上市许可持有人制度、启动创新券试点、推进自贸区海外人才创新创业离岸基地建设等一批可复制可推广的科技创新政策。

### (二) 集聚一大批门类丰富、层次较高的科技创新资源体系

2020 年底,浦东已经集聚了一批门类丰富、国际领先的科技创新资源体系。

(1) 推进重大科学基础设施建设。建成和正在建设一批国家综合性强、跨领域的大科学设施,包括上海光源二期、软 X 射线自由电子激光装置、国家蛋白质科学中心、上海超级计算中心、超强短光激光装置、活细胞结构与功能成像平台、硬 X 射线自由电子装置、SXFEL 用户站、国家两机专项高效低燃气轮机等。

(2) 建设专业性功能平台。建成上海市生物医药产业技术功能型平台、上海市集成电路产业创新服务功能型平台、上海市智能制造研发与转化功能型平

台、上海市工业互联网研发与转化型功能平台四家功能型平台。

（3）集聚高能级科研创新平台。2017年张江国家实验室正式揭牌，张江复旦国际创新中心、李政道研究所、国家量子中心等落户浦东。目前浦东新区有国家重点实验室6个，市重点实验室11个，国家工程中心7个，市工程中心56个，57个专业技术服务平台，汇聚本科院校累计16所、4家中科院体系研究院所、2家部属科研院所、3家央企科研院所、4家市科学院直属单位。

（4）培育聚集企业研发主体。经认定的高新技术企业共有3784家、科技小巨人企业593家、上海市先进型服务企业173家。拥有各级重点企业研发机构487家，其中国家级42家、上海市级192家。累积被认定的外资研发中心233家，其中世界500强企业在浦东设立研发中心的企业121家。拥有各类新型研发机构约17家，约占上海的四成，专精特新企业小巨人64家，占全市25％，市认定专精特新企业529家，占全市17％。

### （三）培育一个链条完整、高端引领的现代高新技术产业体系

浦东开发开放是在相当薄弱的产业基础上启动的，从传统农业、手工业和重化工业为主的产业结构，直接跨越到以六大硬核产业为核心的现代化高新技术产业。

（1）在"中国芯"上，浦东已经形成了国内综合技术水平最先进，自主创新能力最强、最为完备的集成电路产业链，聚集了中芯国际、华宏集团、新昇半导体、中微半导体、上海兆芯等一批在国内外有影响力的集成电路企业。在技术方面，中国芯先进设计进入6纳米水平，制造工艺14纳米芯片实现量产，5纳米刻蚀设备已应用于全球先进的集成电路生产线。

（2）在"创新药"上，目前集聚了1400余家生物医药创新主体，全球医药10强有7家入驻张江，全球医药20强在张江设立9家开放式创新中心，中国医药工业百强企业近三分之一将研发布局张江。产值超亿元的企业55家，从业人员超过5万人，归国留学人员5500多人，已经形成了完整的产业链、价值链和创新链。目前已有超过10个一类新药获批上市，研发上市国内首个PD-1产品、Car-T细胞治疗产品。

（3）在"蓝天梦"上，在雄厚的民用航空产业基础上，依托中国商飞、民航商

发等龙头项目以及国产大飞机 C919 大型客机和 CJ - 1000A 商用航空发动机的研制,在民用飞机关键技术和核心零部件的研发与创新上取得重大突破,逐步形成位于祝桥的民用飞机产业集聚区、位于临港的航空航天特色产业集聚区、位于张江南区的民用飞机设计研发集聚区和分布在外高桥、张江、世博等区域的上下游相关产业集群的空间布局。目前累计交付 ARJ21 机型近 60 架,累计安全载客超过 250 万人次。

(4) 在"未来车"上,随着 2018 年法雷奥智能工厂项目开工建设,2019 年上海临港智能网联汽车综合测试示范区成为全国首批智能网联汽车自动驾驶封闭场地测试基地,同年华域汽车系统股份有限公司技术研发中心开工建设,2020 年特斯拉上海超级工厂正式投产,浦东汽车产业朝着高端化、智能化方向发展。

(5) 在"智能造"上,浦东已汇聚国内外前沿的基础架构支撑、人工智能技术企业和聚焦专用领域的人工智能应用企业。目前,全区人工智能企业总量超过 380 家,约占全市总量的 1/3,基本形成人工智能、软件算法以及行业应用的产业链,并形成以张江园区为核心,金桥园区、临港园区、外高桥、陆家嘴联动发展的人工智能产业布局,推动传统优势产业与人工智能融合发展,成为全国首个人工智能创新应用先导区。

(6) 在"数据港"上,浦东已建成浦东软件园、陆家嘴软件园、临港软件园、银行卡产业园、张江国家数字出版基地、唐镇电子商务创新港、金桥由度创新园、莘泽智慧湾、宏慧—音悦湾 9 个国家级和市级信息服务业产业园区,全区集聚了全市 77％的软件和信息服务业企业。国内首个大规模无人驾驶动态体验场、国内首个大规模商业综合体内 AR 导航全覆盖的智慧商业、国内首个"5G＋AI"全场景商用示范园区、上海市首批"AI＋园区"试点应用场景——张江人工智能岛等相继在浦东落地,接下去浦东将加大银行卡产业园、浦东软件园、信息产业园的融合发展,推进 5G 新一代信息技术示范应用。

## (四) 吸引培育一大批高层次科技创新人才队伍

开发开放以来,浦东始终坚持"浦东开发首先是人才开发""一流的开发需要一流的人才"等理念,党委政府高度重视人才工作,由党委主要领导亲自部署、组织人事部门主管人才工作,发挥市场主体在人才资源配置中的基础性作用,积极培育人才中介组织,鼓励中介组织、人才主体广泛深度参与人才管理服务工作,加强培育人才软环境,吸引培育了一批老中青结合、梯度合理的科技创新人才队伍。目前浦东拥有人才资源总量约155万人,其中留学归国人才3万人,境外从业人员3.6万人。在高层次人才方面,浦东入选中央"千人计划"12批199人,其中创业类50人,占全市61%;入选上海市"千人计划"6批230人,其中创业类70人,占全市52%;建立工作联系的两院院士59人,入选上海市领军人才38人,享受国务院特殊津贴专家95人。同时,浦东还主动利用海外人才智力,率先在自贸试验区开展离岸基地海外服务点建设,截至2020年底,基地总部空间及合作空间落地项目52个,开展引智对接活动202场,接待意向海外项目300个,海外人才离岸基地持续拓展合作网络吸引优秀合作伙伴加入,共有合作空间12家、合作伙伴32家,总空间新增引进项目9个,服务海外项目72个,为浦东科技创新工作提供了很好的支撑。

### (五) 形成"大众创业、万众创新"的科技创新支撑环境

第一,培育开放式、全链条的众创孵化空间。浦东注重孵化器和众创空间的建设,完善创新型孵化器管理办法,制定出台科技企业加速器管理办法,按照"苗圃—孵化—加速"全链条建设,积极引导科研机构、企业、民间机构等有一定实力和影响力的机构共建孵化器,形成投资主体多元化、民营化、社会化、开放式的发展格局。截至2020年底,浦东拥有备案的孵化器和众创空间170家,占全市1/4,培育与引进了太库、莘泽、浦软、大麦村等一批具有国际影响力的孵化众创空间和PLUG&PLAY、中以上海创新中心、微软功夫孵化器等孵化载体。推出浦东大企业开放创新中心计划,发挥大企业的创新资源和全球创新网络优势,构建"政产学研金服用"七位一体协同创新体系,目前浦东大企业开放创新中心达到34家,计划3年完成100家的目标。

第二,建立科技金融服务支撑环境。浦东围绕降低小微企业创新成本,设立浦东科技发展基金,设立科创引导基金,与国内外知名创投机构合作,引导社会资本投资,探索推动知识产权质押融资,推动科技金融服务平台建设,设立小额贷款公司、中小企业信用担保平台,启动银政合作,通过风险分担和贷款奖励

鼓励商业银行向中小企业贷款,实施科创板并试点注册制,实施贷款贴息、创新券、小微企业创新创业扶持等办法。2020年浦东科技履约贷授信金额达5.5亿元,授信企业135家,居全市第一;小巨人信用贷授信金额为8.29亿元,授信企业26家;高企贷授信金额达585.4亿元,授信企业738家;中小微企业政策性融资担保贷款金额达13.6亿元,占全市比重达22.48%,贷款企业385家,占全市比重达20.27%;小微企业增信基金撬动资源服务企业,共有1899家次小微企业通过小微企业增信基金政策,累计获得直接担保贷款总计60.47亿元,同比增长93.2%,超额完成全年50亿元目标;知识产权质押融资贷款金额达8.66亿元,占全市比重为22.5%,其中专利质押融资贷款金额为8.4亿元,商标质押融资贷款金额为2600万元。此外,浦东创投机构数量及规模继续增长,创投机构达2878家,新募集基金金额达到1502.2亿元,创9年来新高,增长103.2%。

第三,构筑便利开放的公共服务环境。开发开放以来,浦东积极探索行政体制改革,在全国率先探索证照分离制、负面清单制、告知承诺制、"六个双"市场监管体制、"一网通办"和"单窗通办"等试点工作,大大提高了行政服务效率,营造出便利开放的营商环境。2020年,浦东进一步缩短企业注销公告时限,用时仅为原来的1/5,市场主体退市效率更高,退出成本进一步降低;探索实施市场准营承诺即入制改革,企业以市场准营承诺即入制方式核发行业综合许可证,相较以往,开业准备时间缩短1个月左右。

第四,打造高效透明公正的知识产权环境。浦东在全国率先成立知识产权局,探索建立专业性、整体性的知识产权管理机构和创新集约高效的知识产权行政管理模式,完善司法保护、行政保护、调解仲裁、社会监督"四轮驱动"的知识产权保护模式,推进中国(浦东)知识产权保护中心、中国(上海)自贸试验区版权服务中心、国家知识产权公共服务平台国际运营(上海)试点平台建设,打造三大国家级知识产权功能性平台。2021年,《上海市浦东新区建立高水平知识产权保护制度若干规定》正式施行,推行包括专利快速预审服务、创新专利侵权责任判断规则、建立履行调解协议后处罚适当减免的特别规定等新举措,并在知识产权保护方面加大了惩戒力度。

第五,营造全民参与的科技创新社会环境。为提高全区科学素质整体提高,浦东连续多年举办主题浦东科技节,2019 年成功举办以"创新驱动、智慧浦东"为主题的科技活动节,共开展科普活动 200 余场次,吸引 100 多万市民共同参与,逐渐打造出"寻找科技·预见未来""墨子沙龙"系列讲座、科普诗词大会、科普欢乐谷、中医药科普文化节等科普品牌效应。制定《科普进居村行动计划》,将科普资源下沉到基层,覆盖全区 1 300 多个村居。制定《浦东新区科普示范社区(村)创建办法》和《浦东新区公民科学素质时间基地管理办法》,为所有街镇社区科普大学配送科普益民书架,形成百门科普课程清单,实行菜单式服务,全年推送科普课程 145 节。推进科普中国 E 站应用落地,联合上海科技馆等专业科普机构,将地铁站打造成科普车站。长三角一体化科普共同体成功建立,联合常州、无锡、苏州、嘉兴等地主办长三角区域科普交流活动,成立长三角区域科普教育基地共同体,促进长三角区域优质科普资源共建共享。2020年底,全区共有市、区科普教育基地 66 家,展示面积达 100 多万平方米,年接待参观量达到 2 200 万人次。

## (六) 国际科技创新中心核心区效应逐步显现

第一,涌现出一批国际领先的科技成果。目前,浦东在核心技术和关键领域涌现出一批达到国际领先水平的科技创新成果,世界首款 40 纳米低功耗商用 TD - HSPA/TD - SCDMA 多模通信芯片、TD - LTE 系统设备投入生产,芯片设计进入 7 纳米技术节点,晶圆代工厂 14 纳米生产线实现量产;实现 10拍瓦激光放大输出,脉冲峰值功率创世界纪录的超强超短激光装置实现了IPW 激光脉冲输出;全球最大缸径船用低速柴油机、首套国产化率 100% 的百万千瓦级核电站堆内构件、国内首台万米级无人潜水器"彩虹鱼"号陆续问世;ARJ21 已累计交付近 60 架,2022 年实现首架 C919 机型交付,这是中国首款按照最新国际适航标准拥有完全自主知识产权的干线民用飞机;在医药器械上,呋喹替尼胶囊、奈韦拉平奇多拉米夫定片、奥美沙坦酯氨氯地平片、重组人源化抗PD - 1 单克隆抗体等新药获批上市,首台国产一体化高端医学影像诊断设备PET/MR 正式推向市场,此前仅 2 家跨国公司拥有研发和生产该设备的能力,中科院上海药物所与绿谷制药等共同研发的抗阿尔茨海默病寡糖新药 GV - 971 完成三期临床研究,有望成为抗阿尔茨海默病领域国际上第一个治疗性的中国原创药物,生物医药诞生了全国 15％的原创药和 10％的创新医疗器械。

第二,2014 年以来授权专利数量呈上升趋势,但发明专利占比呈下降趋势。2014 年之前,浦东新区的专利申请量与授权量均呈现先增后降趋势,但 2014 年之后,专利申请量与专利授权量出现持续上升趋势,这表明上海建设具有全球影响力的科技创新中心这一国家战略对浦东新区具有明显促进作用。但是,从专利授权申请比来看,2009—2019 年呈现上下波动,基本维持在五成以上,其中最高的是在 2010 年,专利授权申请比为 72.6％。而在 2014 年后,专利授权申请比并不稳定,2016 年降至 51.8％,这表明建设全球科技创新中心这一国家战略刺激了大家申请专利的热情,但专利质量并没有随之提升。在授权专利中,发明专利占比是体现地区自主创新能力的重要指标。从这一指标来看,2009—2019 年期间获得了很大提升,从 2009 年的 19.4％升至 2018 年的 31.2％,但是 2014—2019 年期间则是先增后降,其中发明专利占比最高年份为 2016 年,为 38.1％,2017—2019 年出现下降,这表明建设科创中心激发了创新热情,但创新能力并没有很快提升。

第三,科技成果转化额稳步上升,拉动地区经济快速发展。2009—2018 年,浦东新区技术合同成交额从 129.97 亿元增长至 443.53 亿元,2015—2016 年,技术合同成交额增长近六成,2020 年,浦东技术交易合同成交金额达到 912 亿元,这表明近几年浦东新区在科技成果转化方面的努力获得了收益。2018 年,浦东新区高新技术产业产值规模达到 4 245.39 亿元,高新技术产业产值占全区工业总产值的比重达到 42.1％。同年浦东新区生产总值首度迈入万亿元大关,达到 10 461.59 亿元,增长率达到 8％。2020 年浦东区生产总值达到 13 207 亿元。

第四,获得上海市以上科技奖数量波动上升。2009 年以来,浦东新区获得上海市以上科技创新成果奖数量呈波动上升趋势。其中 2009—2011 年,获奖数量从 50 项上升至 92 项,随后出现下降,2014 年更是降至 61 项,2015 年又急剧增加至 83 项,在小幅下降后,2016—2017 年连续两年都有所增加,2018 年增至 89 项,其中浦东新区获得国家科技奖项基本维持在 10 项左右。"十三五"期间,浦东累计获得国家科技奖共有 34 项,上海市科技奖 224 项。2020 年,浦东获得上海市科技奖为 59 项,获奖数量稳居全市各区首位。

## 二、开发开放以来浦东科技创新的基本经验

### (一) 坚持制度创新引领科技创新,不断深化科技创新体制改革

内生增长理论认为,技术进步是促进经济发展的关键变量,而决定技术进步的主要因素在于人力资源的积累水平和劳动力分工程度。技术进步的基础是制度创新,如果没有完善的制度,任何科学技术创新或经济增长都不可能长久。在新制度学派看来,制度也是促进经济增长的内在变量。实际上,制度创新与科技创新二者相互依赖、相互促进,构成驱动经济增长的"双轮"。科技创新可以提高制度效益、降低制度变革的成本,而制度创新则能够降低交易成本、提高资源配置效率与规模经济效益,同时还为技术转移、知识扩散创造路径[①]。历史制度主义理论认为,制度创新是制度本身、周边环境与行动者共同决定的结果,是内生性动力与外生性动力的统一[②]。由于我国很多科技制度是在计划经济体制下形成,同时知识经济时代世界瞬息万变,科技创新环境异常复杂,因此需要通过制度创新来破除制约科技创新的体制机制问题,激发创新的巨大潜能。开发开放以来,浦东始终坚持科技制度体制改革创新,以制度创新引领科技创新。1993 年,浦东率先成立上海浦东生产力促进中心,探索建立新型科技运行机制。2005 年浦东实施综合配套体制改革,推进科技创新体制建设,以制度创新推动科技创新、促进地区自主创新能力建设。随后,2011 年启动建设张江国家自主创新示范区,2014 年启动建设具有全球影响力的科技创新中心核心区,这都极大地推动了科技体制的改革创新,浦东逐渐在科技管理体制、科技金融体制、知识产权保护等领域形成一批可复制可推广的科技制度,极大地释放了科技创新活力,推动了科技进步和经济发展。

### (二) 坚持培育聚集大学科研机构,不断升级科技创新策源能力

目前学界对策源能力并没有明确论述,更多地提及科技创新策源地,意在

---

① 沈坤荣,曹扬.以创新驱动提升经济增长质量[J].江苏社会科学,2017(2):50 – 55.
② 段宇波.制度变迁的逻辑框架与方法建构[J].山西大学学报(哲学社会科学版),2016,39(5):117 – 125.

强调科技创新的源头。国际经验表明,策源能力是全球有影响力科技创新中心的关键表征,其本质是地区原始创新能力,是一个地区的核心竞争力。我们在强调地区策源能力的时候,不仅是强调首创精神,更多的是对原始创新能力的培育[①]。作为要建设具有全球影响力的科技创新中心核心区,浦东新区开发开放以来就着重培育地区的策源能力,在集聚和培育大学、科研机构、跨国企业以及部署国家大科学设施等方面努力。一是集聚培育大学和科研机构。研究表明,大学和科研机构是新知识、新技术的策源地[②]。开发开放之前,浦东几乎没有大学,截至1994年底,浦东新区仅有上海浦东海运学院这一所全日制普通高校。随后通过组建、迁建以及培育大学,与科技部、中科院、央企、市科学院组建科研院所,引导知名大学成立科技园,由此形成一批大学和科研机构。二是引进培育企业研发机构,吸引全球500强企业在浦东设立地区总部、研发中心以及开放式创新基地,培育本地企业设立研发机构,目前企业研发机构已经成为浦东研发创新的重要支柱。三是吸引国家级大科学设施、国家级重点实验室和国家级工程技术研究中心、市级重点实验室和市级工程技术研究中心。四是推进建设研发与功能转化平台,在资源相对成熟、服务需求比较明确的共性技术领域,引入各类专业化、市场化的科技服务单位等社会力量,促进科技资源的开放共享与创新要素的高效流动。

### (三) 坚持大集聚带动大培育模式,不断增强科技创新产业能力

城市科技创新离不开产业创新发展,而产业创新发展驱动着城市科技创新,拥有创新型产业体系是全球科技创新中心的关键[③]。开发开放之初,浦东就确立了以金融、贸易、航运以及高科技产业为未来产业主体,实施"一产高级化、二产科技化、三产国际化"战略目标,由此彻底改变传统以钢铁、石化、航运等重工业为主的产业体系。国际经验表明,产业升级模式主要有自主创新型产

———————————————————

① 朱梦菲,陈守明,邵悦心.基于AHP-TOPSIS和SOM聚类的区域创新策源能力评价[J].科研管理,2020,41(2):40-50.

② 黄伟良,谢建平.创新型国家:高校肩负着重大的历史使命[J].学术论坛,2006(5):180-183.

③ 肖林.建设面向未来的具有影响力的全球城市[J].科学发展,2015(12):5-8.

业升级、跟进创新型产业升级和引进利用型产业升级三种模式①。由于前期高技术产业非常薄弱,浦东选择利用优惠的税收政策、低廉的土地以及广阔的国内市场等吸引外国资本投资高科技产业,实现了浦东"一年一个样、三年大变样"的目标,为浦东打下了高科技产业基础。1995年开始,浦东开始大量引进技术先进型的制造型企业和以生物医药、电子信息、软件为主的技术产业,以此为基础,实施跟进型创新和自主型创新,一批拥有自主知识产权的本土企业逐渐走向世界,形成了以"中国芯、创新药、未来车、蓝天梦、智能造、数据港"为主的高新技术产业体系,为建设具有全球影响力的科技创新中心核心区提供核心支撑。

### (四) 坚持国有资本引导民营资本,不断完善科技创新支撑环境

全球科技创新中心建设离不开完善的科创金融服务体系和创新孵化体系,二者共同支撑着科技创新。研究表明,硅谷之所以为全球科技创新中心的麦加,很大原因在于其集技术与资本于一体②。全球科技创新中心都是风险资本发达的城市,而风险资本越发达的城市,科技创新能力越强劲,高新技术创业活动越活跃。在国外,风险资本并不是简单地给予资本支持,同时还提供创业周期指导,类似孵化机构。开发开放以来,浦东就非常注重科技金融服务体系和创新孵化体系建设。在科技金融服务体系上,浦东政府早在1993年就设置科技产业化发展资金作为引子资金,对一些技术先进、市场或潜在市场较大的产业化项目首次试行风险投资,以加强科技成果产业化;引导国有资本投资科技创新企业,设立科技创新母基金,采用"产业+基地+基金"的运营模式,重点发挥各开发公司作为园区运营服务商的综合优势;吸引国内外风险投资聚集;同时探索知识产权质押贷款、银政合作共担风险模式,为中小微企业融资贷款提供支持,目前已经形成了多渠道、多层次、多模式的科技金融服务体系。在创新孵化机构上,浦东政府早在1994年就在张江高科技园区和金桥出口加工区设立孵化基地,以较优惠的扶植政策、较完善的水电通信等基础设施以及运输、展

---

① 倪外,曾刚.上海浦东新区产业升级研究:路径和突破方向[J].上海经济研究,2009(4):97-104.

② 杜德斌.全球科技创新中心:动力与模式[M].上海:上海人民出版社,2015:129.

览、会议、开业手续等全方位配套服务,吸引海内外优秀创新创业人才来浦东创业;同时引导国有资本、大学科研机构以及跨国资本建设创新基地以及孵化众创空间,并逐渐构建起适应创新经济发展的专业化、品牌化和国际化的创新孵化体系。

### (五)坚持持续深化行政体制改革,不断优化科技创新服务环境

在30多年发展历程中,行政体制改革是浦东新区开发开放的重中之重,其主要目标是适应社会主义市场经济体制和运行机制,为地区创新创业和经济社会发展提供国际化、便利化、法治化的营商环境[①]。在科技创新服务环境方面,主要包括:其一,实施证照分离改革试点,降低科技企业准入门槛,简化行政审批流程和手续。1993年,浦东经贸局在受理科技经营机构申办时,就改原来的"审批"为"资质认定",简化了手续,为科技人员创业创造了便利条件。一直以来,浦东主动探索行政审批制度改革,深入实施证照分离改革试点,以改革全覆盖为目标,对"116+47"项以外的企业市场准入审批事项进行全面梳理,并根据设立依据、审批依据和实施主体分层分类提出改革措施,分批对涉企审批事项按照直接取消审批、审批改为备案、实施告知承诺、优化准入服务等四种方式实施证照分离改革,破解企业办证难,有效降低企业制度性交易成本。其二,建设网上电子政府服务平台,实施一网通办融合线上线下,建立"一窗受理、分类审批、一口发证"的综合审批服务模式。1999年,浦东在外高桥和张江实行企业设立的直接登记制,把"一门式服务"衍生到企业设立、开办和后续服务等全过程。2001年,实施科技发展基金网上受理。2002年,浦东率先成立科技电子政务系统,这是正式投入政务应用的集内部办公和外部服务于一体的电子工作平台。目前,浦东为提高政府服务效能,梳理当场办结和提前服务事项,区镇两级政府提出"马上办、网上办、就近办、一次办"审批事项清单,总共涉及事项586项。其三,最大限度实施减税降负,为科技企业减轻税负负担。开发初期,国家发布《上海浦东开发十项优惠政策》支持浦东开发开放,之后政策优势减小。2016年开始,国家在全国范围内为企业减税降负,浦东紧抓机遇,积极宣传,有

---

① 陈奇星.绩效预算改革的"浦东模式":特点、成效与启示[J].中国行政管理,2010(8):126 - 128.

力推动减税降费政策落地,提升企业办税便利度,增强了市场主体的获得感。

### (六) 坚持持续优化人才生态环境,不断增强科技创新人才吸引力

人才是建设全球科技创新中心的核心,拥有一支聚集度高、能级高、结构合理的高科技人才队伍是建设全球科技创新中心的基础和保证。自开发开放之日起,浦东新区就秉承"浦东的开发首先是人才的开发""一流的开发需要一流的人才"等理念,大力引进海内外高端创新创业人才,集合全球人才力量开发开放浦东,推动浦东科技创新和地区经济社会高速发展。其一,以党管人才为核心,营造爱才惜才重才的社会氛围。浦东历届党委政府高度重视人才工作,组建专门人才管理部门,由区委、区政府主要领导以及各职能部门负责人亲自管理人才工作,召开人事专题工作会议,制定人才发展规划,发布人才紧缺指数,甚至亲自参与海内外人才招聘宣讲工作。其二,以市场化为主线,提升人才资源的市场化配置能力。一直以来,浦东都坚持市场导向,发挥市场主体在人才资源配置中的基础性作用,积极培育人才中介组织,鼓励中介组织、人才主体广泛深度参与人才管理服务工作。其三,以制度创新为契机,运用人才政策助力人才聚集。浦东的开发开放与制度创新相伴相生,在人才工作中,也是用人才体制机制改革来聚集高端人才,先后制定了很多人才政策,主动与国家部委、上海市相关机构争取开展人才政策先行先试,以政策优势吸引海内外高层次人才聚集,率先实施降低留学生直接就业门槛、成立海外人才局、成立国际人才港等创新政策。其四,以信息化为抓手,打造高品质人才公共服务平台。公共服务是留住人才的软环境,开发开放以来,浦东非常注重提高人才公共服务,在人才的子女教育、医疗卫生、人才公寓、公共服务等方面提供诸多举措,让人才感受到浦东的透明、文明、便捷及规范。

### (七) 坚持推动知识产权管理服务改革,不断加强知识产权保护力度

开发开放以来,浦东坚持推动知识产权管理服务改革,优化知识产权审批流程,加强知识产权保护力度,为企业发展和扩大对外开放提供有利条件并营造公平竞争的市场环境。其一,建立国家级知识产权保护功能性平台,建成了中国(浦东)知识产权保护中心、中国(上海)自贸试验区版权服务中心和国家知

识产权公共服务平台国际运营(上海)试点平台三大平台。其二,深化知识产权领域的综合管理改革,逐步打通知识产权创造、运用、保护、管理和服务全链条,建立高效专业的知识产权综合管理体制,构建便民利民的知识产权公共服务体系。2014年11月,浦东成立了全国首家单独设立的知识产权局,形成集专利、商标、版权行政管理和综合执法职能于一体的对外办公机构。其三,加强知识产权保护,完善司法保护、行政保护、调解仲裁、社会监督"四轮联动"的知识产权保护模式,完善专利、商标、版权执法流程,形成规范、统一的执法办案机制,促进知识产权严保护、大保护、快保护、同保护的工作格局。其四,促进知识产权创新运用,搭建投资、贷款、保险、交易、服务"五位一体"的知识产权价值实现平台。发动国有资本、民营资本共同参与组建国内首只知识产权投贷联动基金,探索多种形式的股权与债券组合融资服务方式;推出知识产权增信增贷计划,开发设计融保互通互认的知识产权评价体系;引导社会资本,建设面向国际的知识产权交易服务中心;发动区域内领军企业、行业协会、专业机构,共同构建行业性知识产权运营平台;探索知识产权综合保险试点等。

### (八) 坚持推动科技创新合作交流,不断营造科技创新的文化氛围

创新文化是一个城市可持续创新的内在力量,任何一个全球科技创新中心城市无一例外都具有深厚的创新文化土壤。城市创新文化的形成并不是政府制定政策、注入资金等短期行为的结果,而是所有创新主体共同作用长期形成的,具有深厚的历史渊源和路径依赖效应。开发开放以来,浦东坚持科技创新交流活动与民众普及工作,激发社会大众对创新活动的认可度和参与度,营造科技创新的整个社会文化氛围。其一,培育发展科普教育基地。1997年,浦东成立上海科技馆,形成集教育与科研、收藏与制作、休闲与旅游于一体的重要科普基地。先后组建科普教育基地23家,其中国家级6家、市级12家,初步形成以上海科技馆为中心的多元化、多层次、社会化、规模化的科普场馆体系。其二,开展多种形式的科普活动,包括举办科技创新比赛,推出科技活动节、科技活动月、科技活动周等,开设科普广播专栏和科普有限电视节目,举办千人签名"保护海洋"大型宣传活动,以及开展科普院士报告会、科普讲座、科普咨询、科普文艺汇演、青少年专题活动等,逐步形成了知识传播、学术探讨、成果展示、评

奖表彰等品牌化的科普教育活动,激发了广大民众参与科技创新活动的热情。其三,加强国内外科技合作交流,提升科技创新影响力。组织优秀民用产品参与国防工业系统的民技军用应用计划,促进军民双向技术转移;与英国剑桥咨询工作、清华大学微电子学院、杨浦区等多次联合举办技术转移和项目推介活动,开展国际科技合作,先后建成浦东国际孵化基地、芬华创新中心、浦东—荷兰协同创新项目办公室;组织开展世界企业孵化与技术创新大会、知识产权保护高级研讨会、学术年会、浦江创新论坛、世界顶尖科学家大会等,逐渐成为前沿科技成果交流中心。

## 三、开发开放以来浦东科技创新的价值意蕴

浦东科技创新发展之路具有多方面价值,其中最重要的价值就是坚定不移走创新驱动发展之路以及对全国其他地区的示范、带动与引领作用。

第一,坚持创新驱动发展之路。以开放促改革、以改革促创新,这是浦东开发开放初期就确立的总体发展战略。30 多年的发展历程告诉我们,浦东之所以取得举世瞩目的成就,造就了一个"浦东奇迹",根本原因就是把开放、改革与创新三者融合在一起,不是为了开放而开放、为了改革而改革、为了创新而创新,而是在开放中求机遇、在改革中求路子、在创新中求发展,可以说,浦东科技创新最大的价值体现在坚持创新驱动发展之路。首先,浦东创新驱动发展的内涵并不仅仅局限于科技创新,而是包含了理论创新、制度创新、知识创新、技术创新以及社会治理创新等丰富内涵,是整体意义上的创新。任何单方面的突破式创新都难以取得整个社会全局的发展,只有与时俱进地进行全面创新,才能取得整个经济社会的全面发展。其次,创新驱动发展之路需要具有国际视野、遵循全球标准,要站在世界前沿领域思考创新发展方略。"站在地球仪边思考浦东",这是浦东 30 多年来积累的宝贵经验。开发开放初期,浦东就召集全球顶尖专家思考科技创新行业,提出以计算机软件、电子通信、生物医药等行业为主攻方向,今天,这些行业依然是国际科技前沿领域;在张江科技园区建立初期,浦东就提出不能跟随潮流发展科技工业区,要建成一个集产业、学研、居住功能于一体的综合性技术城区,如今,科学城区已经发展成为科技园区。

第二,为后发地区科技创新发展之路提供经验参考。在国际上,很多科技创新先行区都积累了宝贵经验,为我国科技创新发展提供了借鉴。在30多年的科技创新发展中,浦东也是在总结西方先进经验的过程中摸索前行,但最后总结发现,由于中西方的科技体制、发展基础、科技资源等都存在差异性,很多西方经验需要予以改进创新。在中国,科技创新领域探索之路比较典型的有深圳模式、中关村模式,这两个地区与浦东经验也有着明显差异。其一,从发展基础来看,深圳与浦东、中关村有着巨大差异,中关村有着全国乃至全世界最密集的大学科研机构集群、国家科学设施、高端人才集群等,因此走了一条传统的基础研发—科技成果转化—科技成果产业化之路,相反,深圳与浦东的基础功能薄弱,很难走基础研究引领科技创新之路。其二,从发展起步来看,深圳和中关村都属于科技创新先行区,早在20世纪80年代就开始了科技创新步伐,而浦东则属于典型后发地区,1990年才开发开放浦东,1992年才开发建设张江高科技园区。其三,从发展地理空间来看,深圳市是国家单列市,拥有国家副省级市所有的资源和权力,中关村虽然是一个园区范畴,但是位于国家首都,很多全国性资源都可以利用。反观浦东,作为上海市下属区,虽然行政领导高配,但行政性资源、权力等都与前二者相差甚远。可以说,浦东30多年的科技创新经验是在我国国情下探索出的一条成功道路,是中国特色社会主义在科技创新领域的伟大实践,是现成的可供后发地区直接复制推广的经验。

第三,带动长三角乃至全国其他地区科技创新发展。开发开放之初,党中央、国务院作出"开放浦东、振兴上海、服务全国、面向世界"战略决策,因此,带动上海、长江三角洲及全国其他地区发展一直都是浦东开发开放的战略目标。浦东30多年的科技创新发展经验也一直践行着这一目标。浦东开发开放,推动着浦东高新技术园区的开发和建设,使海内外高新技术产业要素资源聚集上海,进一步发挥高新技术产业对上海经济发展的领航作用。同时,浦东还推动高新技术向长三角地区以及全国其他地区转移和扩散,带动这些地区高科技产业的发展,带动长三角引进先进技术和高新技术产业,加快产业升级,提升产品档次和技术层次,增强产品的市场竞争力①。随着长三角一体化战略上升至国

---

① "浙江经济发展与浦东开发开放接轨战略研究"课题组.浙江经济发展与浦东开发开放接轨问题研究[J].浙江社会科学,1993(1):44-50.

家战略,浦东在科技创新资本、资源、技术溢出以及产业带动等方面的引领作用更加明显,极大地推动着长三角其他后发地区科技创新事业的发展进步。

## 参考文献

[1] 陈建勋,梁朝晖.创新之路:产业发展经验与展望[M].上海:上海人民出版社,2010.

[2] 杜德斌,段德忠.全球科技创新中心的空间分布、发展类型及演化趋势[J].上海城市规划,2015(1):76-81.

[3] 杜德斌.对加快建成具有全球影响力科技创新中心的思考[J].红旗文稿,2015(12):25-27.

[4] 段云龙,王墨林,刘永松.科技创新中心演进趋势、建设路径及绩效评价研究综述[J].科技管理研究,2018,38(13):6-16.

[5] 钱运春,郭琳琳.创新之路:创新发展二十年回顾与展望[M].上海:上海人民出版社,2010.

[6] 上海市人民政府发展研究中心课题组.上海科创中心建设"攻坚突破"的思路和抓手[J].科学发展,2018(9):5-10.

[7] 沈开艳,徐美芳.上海张江高科技园区创新集群模式的特征及主要政策[J].社会科学,2009(9):3-9,187.

[8] 苏宁,等.创新之路:政府制度创新经验与展望[M].上海:上海人民出版社,2010.

[9] 屠启宇,张剑涛,等.全球视野下的科技创新中心城市建设[M].上海:上海社会科学院出版社,2015.

[10] 王苏生,陈搏,等.深圳科技创新之路[M].北京:中国社会科学出版社,2018.

[11] 谢志岿,李卓.深圳模式:世界潮流与中国特色——改革开放40年深圳现代化发展成就的理论阐释[J].深圳社会科学,2019(1):97-110.

[12] 杨洪涛,刘亮.浦东新区开发开放政策及竞争优势演变分析[J].华东经济管理,2012,26(9):1-5.

[13] 杨亚琴.张江创新发展的思考——来自中国的案例[J].社会科学,2015(8):31-39.

[14] 尹卫东,董小英,胡燕妮,等.中关村模式[M].北京:北京大学出版社,2017.

[15] 曾刚,赵建吉.上海浦东模式研究[J].经济地理,2009,29(3):357-362.

[16] 张涛,宣昌勇.建设全球性产业科技创新中心的模式与路径选择——基于江苏省产业科创中心的科研活动[J].现代经济探讨,2017(1):73-77.

[17] 钟坚."深圳模式"与深圳经验[J].深圳大学学报(人文社会科学版),2010,27(3):27-33.

[18] 祝影,涂琪.全球科技创新中心的产业结构特征——来自美国34个大都市区的证据[J].城市发展研究,2016,23(12):29-36.

**(作者:张波,上海政法学院政府管理学院社会工作教研室主任、副教授、硕士生导师)**

# 以科创板为契机打造浦东自主创新新高地

**摘　要**：浦东开发开放 30 多年来,不断提升区域创新能力、驱动经济高质量发展。科创板是浦东持续推进科技创新、打造自主创新新高地的重大机遇：一是有利于打通科技创新与经济发展之间的通道;二是有利于处理好政府和市场支持科技创新的关系;三是有利于激发和调动科技创新人才的创造力和活力。下一阶段,要通过强化科创板的创新资源和金融资源配置功能、支持浦东创业投资行业健康发展、以开放促创新、培育后备上市资源等举措,以科创板为契机打造浦东自主创新新高地。

**关键词**：科创板;浦东;自主创新

## 一、浦东不断提升区域创新能力驱动经济高质量发展

浦东开发开放 30 多年来,在国家战略的引领下,坚持改革、锐意创新,逐步实现了经济发展由投资驱动转向创新驱动,经济增长由高速发展转向高质量发展。

### (一) 初步形成一批具有国际竞争力的先进制造业集群

近年来,浦东制造业向高端化、集约化、服务化发展,制造业转型升级和结构不断优化,战略性新兴产业成为浦东经济发展的重要支撑,培育了一个链条完整、高端引领的现代高新技术产业体系,2019 年战略性新兴产业产值占工业总产值比重达到 41.5%。浦东加快发展"中国芯、创新药、智能造、蓝天梦、未来车、数据港"六大硬核产业。典型的如集成电路产业,集聚了中芯国际、华宏集团、新昇半导体、中微半导体等具有国际影响力的芯片企业,2019 年全区集

113

成电路产业规模达 1221 亿元,占上海 71.5%、全国 16.1%。在生物医药、人工智能等战略领域,浦东的产业规模也基本占到全市的半壁江山。

### (二) 强化科技创新策源功能

浦东着力夯实基础研究的厚度,从无到有兴建了上海光源、国家蛋白质中心等一批世界级大科学设施,不断提升张江综合性国家科学中心的集中度和显示度;聚集了 6 个国家级重点实验室、6 个市级重点实验室、7 个国家工程技术研究中心;依托高校打造国际创新中心、李政道研究所、上海交通大学张江科学园等高能级研究机构;浦东高新技术企业和外资研发中心数量分别占全市 1/4和一半以上。2010 年以来共获得国家科学技术奖 76 个,其中特等奖 4 个、一等奖 3 个。

### (三) 科技人才培育、创新孵化等创新生态环境不断完善

浦东现有人才资源总量达 155 万人,其中留学归国人才 3 万人,境外从业人员 3.6 万人。在高层次人才方面,建立工作联系的两院院士 59 人,入选上海市领军人才 38 人,享受国务院政府特殊津贴专家 95 人。创新孵化体系逐步完善,截至 2019 年底浦东已经集聚经认定的众创空间、孵化器、加速器 164家,占全市的 1/4;2015 年以来累计孵化毕业企业 658 家,其中培育出高新技术企业 33 家、科技小巨人企业 9 家、新三板上市企业 5 家、科创板上市企业5 家。

## 二、科创板为浦东提升自主创新能力提供动力

2018 年 11 月 5 日,国家主席习近平在首届进博会开幕式上宣布,将在上海证券交易所设立科创板并试点注册制。这项牵动整个资本市场的制度性变革迅速开始落地。2019 年 6 月 19 日,科创板第一股华兴源创诞生;7 月 22 日,首批 25 家企业已经在科创板上市交易。截至 2020 年底,共有 215 家企业在科创板上市,合计融资超过 3050 亿元,总成交额累计达 7.92 万亿元,单只个股平均成交额达 368.4 亿元,总市值 3.49 万亿元。科创板共受理 516 家企业 IPO

申请,上交所上市委共审核383家企业,其中341家获上市委审核通过,225家已经获得证监会注册。

科创板是在上交所推出的重大改革,而上交所位于浦东,可以说浦东是科创板的主场。截至2021年4月20日,浦东新区共有24家企业在科创板上市,占上海市的60%、全国的约十分之一;累计募集资金934亿元,占上海市的82%;科创板市值排名前十的上市公司中,浦东有3家。科创板是浦东持续推进科技创新、打造自主创新新高地的重大机遇。

### (一) 科创板有利于打通科技创新与经济发展之间的通道

长期以来我国存在科技创新成果转化率低、科技创新与经济社会发展"两张皮"的现象。据彭博社统计,在2020年全球创新能力50强的国家中,中国位居第14位,不仅落后于美欧国家,还跑输韩国和新加坡,这显然与中国的科技存量资源不相匹配。这与科技成果转化能力薄弱及转化体制机制不畅直接有关。目前中国科技成果转化率不足30%,而先进国家高达60%~70%。浦东新区科技创新与经济发展脱节的现象也十分突出。浦东有着丰富的科技创新要素资源,比如区域内建成、在建或规划建设的大科学装置就有13套。上海全市128家市级科技公共服务平台有36家位于浦东。这些国家级、市级平台每年产出大量科技成果。如2018年浦东获得的国家发明专利为6826项,而同期浦东通过上海市知识产权局仅完成专利实施许可合同备案47件、认定登记专利技术转移合同10项。

科技成果转化率低下,一方面是因为科技创新的高风险高投入影响了企业将科技成果产业化的能力和积极性。比如芯片产业就是典型的资本和技术密集型行业,特别是随着技术升级,其投资金额将成倍甚至十倍地增加。目前一条12英寸32/28纳米的生产线投资额高达50亿美元,14纳米的生产线投资额高达100亿美元,技术研发费用也是同理。另一方面是因为科研机构和院校对市场不了解,企业对最新的科技信息和发展趋势也不了解。往往是高校或科研院所的研发成果过于"高大上",企业用不上;而国内企业在生产过程中遇到的很多技术难题,高校和科研院所又不愿做或无力去做。科创板作为资本市场支持科技创新的前沿阵地,有利于打通科技创新与经济发展之间的通道。因为科创板的选手是大量投资者用真金白银投票选出来的,这种筛选机制总体是准确的、长远的。科创板实际上向产学研机构都发出了明确的信号:只有符合市场的科技创新,才能获得资本市场的青睐。这种市场导向机制既能够较好解决科技创新与经济发展脱节的"两张皮"问题,又可通过资本市场的风险分担和"输血"功能提高企业科技创新的活力和动力,推动科学家和高科技人才走进市场、创业创新。科创板首批上市的 25 家企业的董事长中,8 人拥有硕士学位,11 人拥有博士学位。浦东今后一段时期重点发展的科技创新六大硬核产业,无一不是科创板聚焦和支持的重点所在,科创板将为这些产业的企业提供重要的融资渠道,为前期支持这些企业发展的金融和产业资本提供重要的退出渠道和激励手段,也为后续进入的投资者提供参与建设并分享企业成长成果的投资渠道。比如位于浦东的中芯国际,自 2020 年 6 月 1 日科创板上市申请被受理到 6 月 19 日上会,用时 18 天,其科创板征程堪称"闪电"速度,532 亿元的融资额更是占据 2020 年全部 A 股融资额的头名。通过科创板更好获得资本支持,必然有利于提升浦东科技创新打造"中国芯"的能力。

### (二) 科创板有利于处理好政府和市场支持科技创新的关系

科创板能以市场机制优化资源配置、支持科技创新。科技创新的过程往往是艰巨和一波三折的,很多科创企业长期不能盈利、不能分红甚至没有收入,却需要不断地融资、输血,加上科创企业往往具有轻资产、高风险的特征,不适合政府直接用财政或其他资源来支持,也不适合传统的银行信贷市场。这就迫切需要资本市场的支持。资本市场具有风险共担、收益共享的特点,并且资本流动随着科技发展的动态不断调整,更适合处理信息不对称、不确定因素多的融资需求,能够通过支持科技创新有效服务实体经济。因此科技创新始于技术,成于资本。科创板是资本市场的重要组成,通过市场机制来支持科技创新。市场机制的核心就是价格机制,企业价格在资本市场就体现为市值。科创板试点注册制,在发行上市的环节,上市的 5 套标准全部都以预计市值为基础。这个预计市值必然要求在市场化的发行询价环节得以实现,即那些询价对象、配售对象给出的价格如果不能达到预计市值,那么即便通过了上交所的审核、证监会的注册,发行还是失败。所以市场机制、价格机制在科创板发挥了决定性的约束作用,市场认可的优质企业有可能脱颖而出,资本市场优胜劣汰、支持科技创新的功能从而得以发挥。

科创板有利于更好发挥政府支持科技创新的作用。市场在资源配置中起决定性作用,但不是起全部作用。设立科创板并试点注册制,也能更好发挥政府支持科技创新的作用。一是转变政府职能,引导资金资源的优化配置。一方面注册制改革的灵魂就是以信息披露为核心的审核问询,在这个过程中,提出问题、回答问题,不断地丰富完善信息披露的内容,重点关注企业是否符合科创属性、是否符合发行上市条件、财务上有无瑕疵等。而且整个问询的关键环节都向社会公开,便利投资者在信息充分的条件下做出投资决策。"说清楚、讲明白"是企业通关的关键,这意味着政府相关部门将最大限度减少对资源的直接配置、对交易活动的直接干预。但另一方面,政府可以制定科创板的上市指引,对发行人在发行条件和信息披露要求等重要方面是否符合规定、是否符合科创板定位作出审查,并据此作出是否给予注册的决定。二是最大限度地平衡好支持科创企业融资与保护投资者之间的关系。我国的资本市场,尤其是场内市场,长期以来关注稳定盈利的大企业和传统行业的优质企业,但对于嗷嗷待哺的科创企业却缺少支持。资本市场收益共享、风险共担的机制被扭曲,片面强调收益共享,却以保护投资者、防范风险的理由将很多科创企业拒之门外。科创板通过精细的机制设计,既发挥资本市场支持科技创新的功能,又最大限度地保护投资者利益。比如科创板设计了5套标准来筛选拟上市的科创企业,以市值为核心,以盈利、营业收入、研发投入、现金流量作为辅助指标,组合出5套上市标准,淡化了盈利要求,既使得资本市场能够包容和满足不同类型科技创新企业的需求,又体现了上市企业科技创新的特性,有利于投资者保护。三是实施事前事中事后的全过程监管,维护公开透明有序的市场秩序。政府部门将工作重心由行政审批转到提高市场发行定价的合理性、规范市场运行,以及严厉打击虚假信息披露、内幕交易、操纵市场等违法违规行为,为科创板市场能够行稳致远,真正发挥引导资源配置、支持科技创新的功能保驾护航。

### (三)科创板有利于激发和调动科技创新人才的创造力和活力

科创板的制度设计充分体现以人为本,尤其是分拆上市、股权激励和员工持股的新政策,有利于激活人才、驱动科技创新。证监会 2019 年初发布的《关于在上海证券交易所设立科创板并试点注册制的实施意见》第十五条已明确提出,"达到一定规模的上市公司,可以依法分拆其业务独立、符合条件的子公司在科创板上市"。这就对长期以来 A 股不允许的分拆上市进行了松绑,必然有利于加大对管理层和核心技术人员的股权激励力度。比如首批登陆科创板的医疗器械企业之一心脉医疗,就是一家位于浦东的企业,是由已经在香港上市的主体微创医疗分拆上市而来的,其 30 多名高管和核心技术人员通过员工持股平台和专项资产管理计划持有心脉医疗 684 万股,以上市首日收盘价计算合计身价达到 11 亿元。这种创富效应当然有利于吸引人才、激发和调动科技创新人才的创造力和活力。

针对科创企业高度依赖人才以及人员流动性高的特点,科创板制度提高了用于股权激励的股份比例,将股权激励计划的股票总数限额占总股本比例由主板的 10％提升到 20％,扩大股权激励对象的范围,如单独或合计持有上市公司 5％以上股份的股东,实际控制人及其配偶、父母、子女,都可成为激励对象(主板上市公司这部分人是不可以作为激励对象的)。放宽了限制性股票的价格限制:原先主板规定限制性股票的授予价格不得低于激励计划公布前 1 个交易日股票交易均价的 50％以及前 20 个交易日、前 60 个交易日、前 120 个交易日股票交易均价之一的 50％,科创板取消了上述限制,公司可以自主决定授予价格。但当股权激励价格条款出现上述情形时,需聘请独立财务顾问对股权激励计划的可行性、是否有利于上市公司的持续发展、相关定价依据和定价方法的合理性、是否损害上市公司利益以及对股东利益的影响发表专业意见。这样既提高了企业激励人才的自主性和灵活性,也有利于发挥科创人才的创造力和活力。

## 三、以科创板为契机打造浦东自主创新新高地

2021 年 7 月,《中共中央国务院关于支持浦东新区高水平改革开放　打造社会主义现代化建设引领区的意见》(简称《引领区意见》)发布,其中三次提及科创板。科创板建设对于浦东打造自主创新新高地,从而打造社会主义现代化

建设引领区具有重要意义。

### （一）强化科创板的创新资源和金融资源配置功能，促进创新型经济与金融的畅通循环

浦东要组织专门的机构和人员为实体企业对接资本市场提供专项服务。一是深化长三角资本市场服务基地建设，扩充储备库企业数量。以浦东为主面向长三角拓展科创企业覆盖范围，建立与投资机构、金融机构、知识产权机构等联盟单位的数据交换和共享机制，完善企业科技属性测评以及与科创板标准的差距分析等。建立推荐库企业的动态跟踪模型、智能跟踪平台，实时获取企业经营和风险状况，升级发掘筛选模型。二是提升上市服务效能。协调上交所安排专家定期为拟上市企业提供面对面的问诊辅导，加强企业培训服务。建立"服务专人对接、上市专班辅导、需求专属清单、行政专项协调"的上市精准服务机制，尽快落实《引领区意见》设立科创板拟上市企业知识产权服务站的要求，培育更多优质科创企业。三是继续深化科创板的资本市场基础制度改革，按照《引领区意见》的要求引入做市商制度，提高市场流动性，以改革红利吸引浦东、上海、长三角、全国乃至全球的独角兽企业和金融资源的集聚，支持浦东成为创新资源和金融资源的配置枢纽。

### （二）补短板，支持浦东创业投资行业健康发展

如果把企业比作一棵树，到科创板来培育的应是初步已经成形的小树，将来要成长为参天大树。对于其他的"树种""树苗"，必须依靠创业投资（如天使投资、VC、PE）、科技银行、股权众筹、科技保险等其他金融业态。从发达国家的发展经验看，其中创业投资是尤其关键的一环。发达的创业投资不但能为科创板孵育更多的相对成熟的"入选选手"，还能吸引更多的相对稚嫩的"种子选手"入驻。比如硅谷就有一条风险投资的"近地缘"规则：一般的风险投资家只投资方圆 30 千米范围以内的公司。原因就是风险投资必须与公司的高管保持非常密切的接触，要经常见面讨论研究，实时了解企业运营，因此众多风险投资和创业者在硅谷聚集。目前看来，创业投资发展滞后仍然是浦东乃至上海金融与科技融合发展的痛点之一。因此，要积极推动浦东的创业投资行业壮大和发

展：一是便利浦东的创投行业市场准入、有序支持其发展壮大；二是提高陆家嘴金融城和张江科学城的资源对接效率；三是外部监管和创业投资行业自律结合；四是借鉴和学习"合肥模式"，规范和发展政府引导基金；五是充分利用浦东金融对外开放的优势发展创业投资；六是完善财政金融政策支持体系的建设。

### (三) 发挥浦东开放的优势，以开放促创新

《引领区意见》提出试点允许合格境外机构投资者使用人民币参与科创板股票发行交易。因此一是要充分发挥浦东国际金融机构高度聚集的特色，为科创板配置全球资金资源提供便利，吸引长线的国际国内的优质基金入市。比如陆家嘴金融城聚集了众多国际知名的资产管理公司，全球十大资产管理公司有九家已经落户陆家嘴，下一步要推动外资资管机构进一步拓展业务和创新产品，鼓励其通过发行私募证券投资基金等产品参与上交所科创板的投资。二是深化上海自贸试验区金融开放各项改革与设立科创板的金融创新的联动。比如自贸试验区推出的自由贸易账户，在一定程度上打通了境内外资金联通的通道，因此要进一步发挥自由贸易账户的功能，可以允许外资通过自由贸易账户投资科创板的企业，既方便境外投资者的外汇资本流入和人民币资金回流，支持人民币国际化和上海国际金融中心建设，又为科创板提供了长期的、活跃的资金资源，支持科技创新中心建设，提升浦东的创新策源能力，还可以利用自由贸易账户金融电子围栏的功能有效地防控风险。

### (四) 做好三板、四板建设，培育后备上市资源

多层次的资本市场体系是一个有机的相互联系的整体，有了健康有序、富有活力的场外市场，才能为场内市场输送源源不断的备选上市资源，从而促进场内市场的稳健运行。因此不能仅仅将眼光放在主板、科创板这样的场内市场，也要大力支持新三板、四板市场的发展，强化新三板、四板的企业培育功能。上海股权托管交易中心属于四板市场，该中心也位于浦东，应鼓励上海区域内的企业到此挂牌，对挂牌的成本给予一定的补贴；还可以考虑将上海市和浦东新区的政府引导基金对企业的投资额度与其在上股交挂牌相挂钩，增强上海股权托管交易中心的市场竞争力，吸引更多的挂牌资源。

## 参考文献

［1］胡云华.浦东经济发展30年:演进、成效及再出发［J］.科学发展,2020(2):56-65.

［2］习近平.在中国科学院第十九次院士大会、中国工程院第十四次院士大会上的讲话［M］.北京:人民出版社,2018.

**(作者:周海成,中共上海市浦东新区区委党校,讲师)**

# 与时俱进的中国政策试验

## ——基于浦东政策创新实践的分析

**摘　要:**中国以独特的政策试验方式推进制度创新及经济社会的发展。其中,被赋予特殊使命和自主权的试验区是政策试验的主要形式之一,在政策创新中发挥着重要的作用。浦东新区是中央确立的政策试验田。在国家战略使命下,浦东充分利用中央提供的创新平台,保持与中央精神的高度契合,通过高效的政府间互动,以对标能力和学习能力为核心竞争优势,围绕着改革完善政府与市场的关系,承接国家的重点改革试验任务,不断进行多领域的政策创新,取得丰硕成果。在新发展阶段,浦东肩负打造社会主义现代化建设引领区的重大使命,要紧密结合顶层设计,在法治化和规范化的要求下,不断贡献高质量的政策创新成果。

**关键词:**政策试验;政策创新;浦东实践

中国的改革开放取得了举世瞩目的历史性伟大成就,足以证明中国共产党卓越的国家治理能力和高超的领导水平。其中,政策试点或试验作为执政党不可或缺的重要公共政策决策工具,其广泛运用为改革开放的成功起到了关键而独特的作用。在诸多的政策试验方式中,指定特定区域作为试验区的方式早在改革开放之初就已出现,最为典型的早期试验区是 1980 年设立的深圳、珠海、汕头、厦门四个经济特区。1990 年中央宣布浦东开发开放,使得浦东成为继四大经济特区之后最为重要的国家试验区。历经 30 多年的开发开放,浦东作为国家战略性的试验田,取得了丰硕的政策试验成果。因此,以浦东作为典型样本,对其在政策创新试验过程中的主要特点、关键机制、内生动力、演变规律等方面进行分析和提炼,能够增进对中国政策试验的理论认识,把握国家试验区在未来的发展趋势,以更好地发挥其积极效应。

## 一、文献的简要回顾

对于政策试验的概念表述,一些西方学者在研究中存在不同看法。有的学者从评估角度出发,认为政策试验是使用随机控制设计对公共政策方案进行科学、严格的评估以降低风险;有的学者从政策创新角度,认为政策试验是针对与公共政策相关的创新所进行的临时的、受控的现场试验来为随后的政策抉择提供依据;有的学者认为政策试验是独特的治理方法,范围广泛,可表示包括公共政策在内的各种形式活动。而国外相关研究也主要围绕运用试验模型对相关政策进行评估、对相关概念进行理论阐述及现实案例验证等方面展开[①]。

而学者结合中国的具体实践对政策试验的概念阐释显得较为一致,主要是指针对政策内容或政策工具,由中央选择或地方自主进行探索,取得经验后再行推广的决策方式。德国政治学家和汉学家韩博天(Heilmann)教授指出,中国特有的制度安排是分级进行政策试验,即在正式法律法规颁布之前,新政策先在基层进行试运行,在试验中寻求问题的解决方案,将政策创新的风险降到最低,并在很多方面起到了有力的纠错功效[②]。宁骚认为,政策试验是指对于影响持久、深入、广泛的公共决策,在可能的情况下,选择若干局部范围(单位、部门、地区)先试先行,然后在总结经验的基础上,再形成整体性政策或者再全面铺开实施政策的一套做法[③]。在指代中国由点到面的政策工作方法时,国内学界经常使用的"政策试点"与"政策试验"等表述基本是等同的概念,都可包括政策探索、中央采纳以及政策推广三个环节,但"政策试验"还可以指代地方政府治理创新项目,只限于探索环节,所以政策试验的范围显得更加宽泛[④]。

学界对中国政策试验的研究主要围绕以下四个方面展开。一是中国政策

① 魏淑艳,马心茹.外文文献关于"政策试验"的研究述评[J].北京行政学院学报,2020(3):53 - 61.

② 韩博天.中国经济腾飞中的分级制政策试验[J].开放时代,2008(5):31 - 51.

③ 宁骚.政策试验的制度因素——中西比较的视角[J].新视野,2014(2):27 - 33.

④ 刘然."政策试点""政策试验"与"政策实验"的概念辨析[J].内蒙古社会科学,2019(6):34 - 41.

试验的演化过程。从历史渊源看,中国执政党的政策试验可追溯到革命战争期间,毛泽东等共产党的领导人曾在井冈山、闽西等革命根据地用不同的方法进行土地改革试验①。在之后的革命和执政过程中,"从试点到推广"的政策制定方式逐渐演化为中国共产党的一种特殊决策模式。李娉和杨宏山从注意力选择的相关理论出发,通过对 1925—2019 年党和国家领导人选集(文选)样本的分析,认为中国的试验治理经历了萌芽期、形成期、拓展期和规范期四个阶段,体现从"军事战争中的领导方法"到"经济改革中的推广策略",再由"公共服务变革的常态模式"到"国家治理创新的制度安排"的变迁逻辑②。也有个别学者认为,中国古代时期已借用试点推动许多重大改革,以此保证中央意志的贯彻,缓和央地矛盾,实现对地方的有效掌控③。

二是中国政策试验的过程、环节、触发机制和动力等。刘伟从公共政策的一般性理论出发,结合政策要素与政策过程理论,提出基于试验的政策制定三阶段论:前试点阶段、试点阶段、后试点阶段④。梅赐琪等指出,完整的政策试验应涵盖政策探索、中央采纳以及政策推广三个环节⑤。周望认为,试点项目的启动通常是在中央政府的推动力和地方政府的竞争力两个基本因素的交互作用下展开,其影响并促成争取、指定、追认、自发四种类型的试点触发机制⑥。试点地区获得特殊授权及优惠政策或财政支持,试点成功能够增加当事官员的晋升机会,形成了一种政治动员效果⑦。

三是中国政策试验的模式及分类。周望将政策试验基本类型归纳为立法试验(时间维度)、试验区(空间维度)与试点("时间＋空间"双向维度),经典模

---

① 韩博天. 通过试验制定政策:中国独具特色的经验[J]. 当代中国史研究,2010(3):103－112.

② 李娉,杨宏山. 中国试验治理的注意力转变与制度发展[J]. 甘肃行政学院学报,2020(3):63－72.

③ 武俊伟. 政策试点:理解当代国家治理结构约束的新视角[J]. 求实,2019(6):28－40.

④ 刘伟. 政策试点:发生机制与内在逻辑——基于我国公共部门绩效管理政策的案例研究[J]. 中国行政管理,2015(5):113－119.

⑤ 梅赐琪,汪笑男,廖露,等. 政策试点的特征:基于《人民日报》1992—2003 年试点报道的研究[J]. 公共行政评论,2015(3):1－24.

⑥ 周望. 如何"先试先行"?——央地互动视角下的政策试点启动机制[J]. 北京行政学院学报,2013(5):20－24.

⑦ 杨宏山. 双轨制政策试验:政策创新的中国经验[J]. 中国行政管理,2013(6):12－15,103.

式是"先行先试→典型示范→以点促面→逐步推广"①。刘然根据"政策后果的不确定性"和"政策工具的不确切性"两个维度的政策情境,区分出"试对""试错""示范"和"深化"四种不同的试点类型②。石晋昕和杨宏山从央地关系的视角,根据政策试验工具的设计者和中央对政策试验的认可度两个变量构建四种模式的央地互动过程:验收模式、忽略模式、淡化模式和吸纳模式③。赵慧依据在内部效度和外部效度上的试验方式差异,认为中国政府通过不同的纵向政府关系互动而构建示范、扩面、择优和综合四类试点,以应对差异化的不确定性情境④。

四是典型政策试验案例分析。王绍光通过梳理中国农村合作医疗体制的变迁,指出中央与地方在政策试点互动中形成了一种特殊的中国模式⑤。郑文换以新农保地方试点为例,探讨试验跃升为国家级政策主要依赖于三个组织性机制的结合⑥。刘鑫和穆荣平通过对四川省职务科技成果权属政策试点前后10年的案例调查,以央地互动关系特征,剖析政策试点的微观机理⑦。苗丰涛和叶勇通过国际贸易单一窗口政策创新案例分析由下而上的政策创新传导过程,研究不同政策参与者的作用影响,提炼政策传导机制⑧。

总体上,现有对政策试验的研究具有多视角、多层次的特点,尤其在关于中国政策试验的理论框架、核心要素、运作机制、互动关系等方面已形成较为丰富的研究成果。但是,目前实证研究文献主要集中于政策领域的关键事件和典型案例分析,而对于某一特殊地区在较长时期所进行政策试验的经验和特点尚未得到应有的关注。作为典型改革开放试验田的浦东,在开发开放30多年中展现出政策试验的生动实践,为分析中国政策试验的演化及特征提供了典型的样

---

① 周望."政策试验"解析:基本类型、理论框架与研究展望[J].中国特色社会主义研究,2011(2):84-89.

② 刘然.并非只为试验:重新审视试点的功能与价值[J].中国行政管理,2020(12):21-26.

③ 石晋昕,杨宏山.政策创新的"试验—认可"分析框架——基于央地关系视角的多案例研究[J].中国行政管理,2019(5):84-89.

④ 赵慧.政策试点的试验机制:情境与策略[J].中国行政管理,2019(1):75-81.

⑤ 王绍光.学习机制与适应能力:中国农村合作医疗体制变迁的启示[J].中国社会科学,2008(6):113-135,209.

⑥ 郑文换.地方试点与国家政策:以新农保为例[J].中国行政管理,2013(2):16-20.

⑦ 刘鑫,穆荣平.基层首创与央地互动:基于四川省职务科技成果权属政策试点的研究[J].中国行政管理,2020(11):83-91.

⑧ 苗丰涛,叶勇.建构与对话:由下而上的政策传导机制分析——以国际贸易"单一窗口"为例[J].中国行政管理,2021(2):84-91.

本。本文拟通过对浦东在改革开放政策试验的主要运作机理进行研究,从中了解中国政策试验中的"变"与"不变",重点阐释中国政策试验在浦东开发开放过程中所体现出的鲜明特点。

## 二、试验平台:改革开放试验田的国家战略使命

国家改革试验区是中国政策试验特有的一种类型。它是指某个行政地区被中央批准并赋予特殊的自主权和地位,在相关政策领域进行改革探索和政策测试,主要表现形式包括特区、新区、开发开放区、试验区等。1990 年 4 月 18 日,中央宣布浦东开发开放,其定位是改革开放的国家战略。由此,浦东新区成为国家级的改革开放试验区,肩负体制机制创新的重任。为完成这一重大历史使命,浦东通过 30 多年开拓创新、先试先行,在政策创新方面成果丰硕,一直走在全国前列。

中国的政治制度为浦东开展政策创新提供了坚强保证和发展平台。中国共产党总揽全局、统筹协调的领导核心作用及战略指导作用,在浦东开发开放实践中得以充分展现。浦东开发开放在党的一系列重要会议及文件中被一再强调并赋予重要使命。党的十四大强调,以上海浦东开发开放为龙头,进一步开放长江沿岸城市,尽快把上海建成国际经济、金融、贸易中心之一,带动长江三角洲和整个长江流域地区经济的新飞跃。党的十五大、十六大、十七大都要求浦东在扩大开放、自主创新等方面走在前列。在此期间,党中央批准浦东作为首个国家综合配套改革试验区,开展体制机制的综合性改革创新。党的十八大、十九大继续对浦东开发开放提出明确要求,党中央又把首个自由贸易试验区、首批综合性国家科学中心等一系列国家战略任务放在浦东。正如习近平同志在 2010 年视察浦东时所指出,浦东发展增加一些经济总量固然好,但它的意义不限于此,而在于窗口作用、示范意义,在于敢闯敢试、先行先试,在于排头兵的作用①。2016 年习近平总书记对上海自贸试验区提出明确要求,"大胆试、大

---

① 姜微,等.潮涌东方再扬帆——以习近平同志为核心的党中央关心浦东开发开放纪实[EB/OL].(2020 - 11 - 11)[2021 - 05 - 15]. http://news. china. com. cn/2020-11/11/content_76900168. htm.

胆闯、自主改,力争取得更多可复制推广的制度创新成果,进一步彰显全面深化改革和扩大开放的试验田作用"①。可见,党中央为浦东进行政策创新提供了广阔的舞台,中央部署是浦东积极开展创新实践的重要指引。

浦东政策试验与中央精神一直保持高度契合,全力创设成功经验供中央选择进行推广。与中央重要关切的契合度直接影响地方政策创新获得认可和得到推广的可能性。浦东肩负的国家试验田使命,直接决定了其在寻求创新时,会努力保持试点的主要领域与中央所重视的政策领域保持一致。正由于此,从早期的政府机构改革、行政审批制度改革,到外商投资负面清单、国际贸易单一窗口、自由贸易账户,再到证照分离、一业一证等一批制度创新,不断地从"浦东试点"成为"中国经验"。不同于有的地方出于在全国推广会减少创新的竞争优势的考虑,可能采取保留部分"秘方"的策略②,浦东的试点创新经验全部毫无保留地提供给上级政府及兄弟省市参考。上海自贸试验区成立短短6年多时间,就形成328项制度创新成果复制推广到全国。中央先后推出的六批向全国复制推广的自贸试验区制度创新经验中,约一半来自上海自贸试验区。

党中央和上海市委、市府的高度重视和赋权激励,使得浦东的干部群众形成强大的动力开展政策创新。中央和上海对浦东赋予重大使命、寄予深切厚望,浦东的干部群众变压力为动力,坚持"吃改革饭、走开放路、打创新牌",以"迎难而上、敢于担当,勇于创新、注重协同,追求卓越、争创一流"的精气神,不断争取突破,形成可复制可推广的创新经验。

## 三、关键机制:政府间的高效互动

一些学者注意到,中国地方政府创新都是中央支持与地方主动选择的微妙结合③,能够得以成功推动的政策试点往往是央地有效互动的结

① 创新驱动　助力上海浦东高质量发展[EB/OL].(2020-11-11)[2021-05-15].http://news.cnr.cn/native/gd/20201111/t20201111_525326281.shtml.
② 苗丰涛,叶勇.建构与对话:由下而上的政策传导机制分析——以国际贸易"单一窗口"为例[J].中国行政管理,2021(2):84-91.
③ 吴昊,温天力.中国地方政策试验式改革的优势与局限性[J].社会科学战线,2012(10):45-53.

果①,而地方政策创新的可持续性更有赖于政府间的上下联动②。这从浦东的政策创新实践中也能够得到很好的验证。中央、上海市与浦东新区各层级政府间有效的联动作用,使得由产生政策选项、起草试验方案、执行试验项目、总结经验、形成国家政策、推广扩散政策等环节所组成的政策创新过程顺畅运作,有力提升了浦东政策创新的成功率。

首先,上海市委、市政府是浦东政策试验的强大后盾和精心组织者。在浦东开发开放之初,上海市委、市政府就明确了"开放浦东、振兴上海、服务全国、面向世界"的目标,并直接领导实施浦东开发开放。在 30 多年的开发开放过程中,但凡浦东所进行的重大政策创新,从方案设计,到具体实施,到评估并在市内推广,再到向中央汇报推荐,都离不开上海市委、市政府的直接领导、精心组织和大力支持。例如,2001 年,为创新政府管理模式,提高政府服务效率,上海市委、市政府把浦东新区作为全市改革行政审批制度的试点单位。2004 年浦东新区申请国家综合配套改革试验区时,浦东前期与相关部委沟通之后,及时向上海市委、市政府报告,获得大力支持,通过市发改委与浦东共拟方案,方案经上海市政府报送国家发改委③。在国务院批准浦东率先开展综合配套改革试点后,上海市委、市政府精心设计形成浦东综合配套改革试点的《总体方案》和《三年行动计划》。2019 年 6 月 25 日,上海市委发布《关于支持浦东新区改革开放再出发实现新时代高质量发展的若干意见》,全力支持推动浦东新区更好发挥排头兵和试验田的作用。

其次,从地方政策试点,走向区域性推广,再到全国性普遍施行,整个过程都离不开国务院及其相关部门的支持和统筹协调。国务院职能部委往往是政策策源地、政策动议者,也是地方试点政策最终能够上升为国家政策的"看门人",是主导试点政策首尾两端的极为重要的行动主体④。浦东进行的政策创新同样离不开国务院及相关部委的全力支持与协调。比如,浦东于 2015 年 10

① 刘鑫,穆荣平.基层首创与央地互动:基于四川省职务科技成果权属政策试点的研究[J].中国行政管理,2020(11):83-91.

② 吴理财,吴侗.论地方政府创新韧性[J].江苏社会科学,2018(1):127-132.

③ 中共上海市浦东新区委员会党史办公室.口述浦东新区改革开放(1978—2018)[M].上海:学林出版社,2019:283-284.

④ 郑文换.地方试点与国家政策:以新农保为例[J].中国行政管理,2013(2):16-20.

月底正式启动建筑业审批改革试点,在全国范围内率先探索建筑师负责制,获得国务院住房和城乡建设部的支持肯定。2016年2月,住房和城乡建设部正式批准在浦东设立建筑业综合改革示范区。2019年,建筑师负责制在厦门、深圳、雄安相继扩大试点。再如,上海自贸区试验区成立后,国际贸易单一窗口的建设被提上议事日程,为此,在中央层面,海关总署、海事总局、交通部和公安部四部委成立领导小组对相关工作予以指导支持,使得单一窗口方案很快实现网站上线试运营,并于2016年向全国推广复制。不同层级政府职能部门间借助领导视察、听取汇报、座谈交流、调研走访等形式完成了有效的上下往复互动,才使得浦东的政策试验能够不断出新。

## 四、竞争优势:持续强化对标能力与学习能力

中国国家层级所设立的政策试验区包括经济特区、对外开放城市和开放区、国家级经济技术开发区、农村改革试验区、保税区、高新技术产业开发区、综合改革配套试验区等多种形式。这些试验区都被赋予在特定区域内先行先试的政策试验权限,在某一领域或多领域努力进行探索,为改革开放贡献其创新经验。浦东新区能够在诸多的试验区中保持较高的政策创新的产出数量和质量水平,除了中央高度重视和上海市的大力支持外,持续加强对标能力和学习能力是其核心因素和竞争优势。

不断加强对标能力,首先是选准参照系,浦东通过对照国际国内"最高标准、最好水平"来提升自己创新的目标和方向,并力图将自己的创新和实践转化为最高标准、最好水平。其次是通过对标过程分析研判,能够更好地发现问题和短板,找到创新的发力点和突破口。例如,办理施工审批许可期限是各国营商环境排名的主要依据指标之一,根据2017年10月31日世界银行发布的《2018年营商环境报告》,办理施工许可在中国平均要用241.7天,而在美国和英国分别是80.6天和86天。2017年12月,《浦东新区进一步深化企业投资建设项目审批改革方案》发布,提出带设计方案出让土地的重点产业和功能性项目,企业从取得土地到获批施工许可的全流程可在24个自然日内完成;未带设计方案出让土地的项目,全流程可在80个自然日内完成。

不断加强学习能力使得浦东善于借鉴先进地区的经验,并加以创新,形成学习与创造的统一。1988 年海南省建省,把政府建设目标确定为"小政府、大社会"。浦东在开发开放初期就借鉴了这一做法,并加以深化,按照区域经济管理、市政管理、社会管理和社会保障四个职能模块对政府机构进行梳理,归并相近、重复、交叉的同类部门。浦东新区党工委、管委会启动阶段仅设立 10 个委办局,之后 2000 年浦东新区建政,2009 年南汇区并入浦东新区,浦东始终坚持机构及人员编制精简。2014 年 1 月 1 日,工商、质监、食药监部门完成"三合一"整合成立浦东新区市场监督管理局,为国家机构改革提供了可推广经验。2016 年底,"最多跑一次"改革在浙江省首次被提出,2018 年在全省全面推进。2017 年,江苏提出并实施"不见面审批"。浦东通过学习借鉴,在 2017 年实施"三全工程"(企业市场准入"全网通办"、个人社区事务"全区通办"、政府政务信息"全域共享")的基础上,2018 年 1 月推出"四个集中一次办成"改革,即一是推进所有部门审批处室向行政服务中心集中;二是所有市场准入审批事项向"单窗通办"集中;三是所有投资建设审批事项向"单一窗口"集中;四是重点区域建设项目集中验收。另外,在设立全国第一个保税区、建设第一个自由贸易试验区等重大创新时,其实施方案都借鉴吸收了世界各国及先进地区的经验。

## 五、演变规律:由表及里、由单项到综合持续推进政府职能转变

理解地方政府的政策试验需要置身中国宏观制度变迁的脉络,才能把握数量众多、内容丰富的政策创新总体演变趋势。中央决定开发开放浦东之时,恰好是我国确立社会主义市场经济体制目标之际,围绕着从计划经济向市场经济转变,建立和完善社会主义市场经济运行机制是整个改革开放进程的核心议题。浦东始终围绕这一国家中心任务,把处理好政府与市场关系、转变政府职能作为改革和政策创新的主要领域,同时,其创新实践体现出由表及里不断深化、由单项到综合协同推进的演化。

由表及里深化行政机构改革与创新,促进政府职能转变与优化。20 世纪80 年代,我国政府机构普遍面临着机构臃肿、人员膨胀、效率低下等问题,裁撤机构和缩减人员成为当时的重点工作。在此背景下,浦东在开发之初也强调精

简政府机构和人员。浦东成立党工委、管委会时,只设立了 10 个职能机构,机构定编仅 800 名,其中党群组织 100 名、行政机构 700 名(不含公、检、法等)。之后,浦东政府机构改革不断深化,并逐渐认识到机构人员规模是"表",政府职能的真正转变是"里",因此,在保持精简的政府机构和人员同时,更为侧重机构职能的有效整合和行政效能的提高。比如,在市场监管中,我国各地长期存在着工商、质检、食药监和价格监督管理分段式、碎片化的现象,不适应现代市场监管要求。为构建权责明确、透明高效、专业的一体化市场监管机制,浦东在全国率先整合监管职能和执法力量,着力建立跨部门、跨行业的综合监管体系。2014 年 1 月 1 日,浦东新区市场监督管理局成立,将原浦东新区的工商、质监、食药监部门进行"三合一"整合。之后,又推进整合价格监督部门和浦东酒类专卖局,从而构建起覆盖市场主体全生命周期的全方位市场监管格局。这为上海市及全国市场监管机构的改革贡献了可复制可推广的创新经验。再如,2014 年 11 月,全国首家单独设立的知识产权局在浦东成立并于 2015 年 1 月 1 日正式运行,其整合了专利、商标行政管理职能,并承接上海市相关部门下放的部分专利、版权管理和执法事权,实现专利、商标和版权的集中管理和综合执法。之后,其同样也成为可复制推广的创新经验。

注重理顺政企关系,不断厘清政府与市场边界。浦东四大开发公司分别承担陆家嘴、外高桥、金桥三个国家级开发区和张江高科技园区的开发任务,是浦东开发开放任务的重要承担者。浦东创新开发公司体制,重点从三个方面理顺政企关系。一是理顺政企职能体系。政府职能主要是管好规划和计划,开发公司的主要职能是按照政府的规划和计划,继续承担小区开发、招商引资、功能拓展等任务。二是厘清政企产权关系。开发公司不是一个单纯以营利为目标的企业,而是以实现政府对开发区的要求为目标的企业。政府作为出资人,实际承担着股东会或股东大会的职责。政府与开发公司企业法人之间是委托代理的关系。三是建立政企契约关系。在具体的项目开发建设上,采取政府采购、政府固定回报、政府租赁和建设—经营—转让(BOT)等多种方式。2001 年中国加入世界贸易组织,面对行政审批中长期存在的突出问题,当年 9 月国务院开始启动行政审批制度改革工作。同年,浦东就在上海率先开展行政审批制度改革,先后取消和调整了大量审批项目,优化了流程和方式,有力地改善了企业的发展环境。为处理好政府和市场的关系,浦东在政府职能的界定和厘清上进行了极富意义的重要探索,包括自贸试验区负面清单制度、政府权力和责任清单等。

建设服务型政府,持续开展"放管服",重点在营商环境打造、公共服务提供、民生事业保障等方面开展政策创新。为了破解市场主体办证难、准入不准营等问题,2015 年 12 月国务院批复同意《上海市开展"证照分离"改革试点总体方案》,据此,浦东新区率先开展证照分离改革试点。第一阶段的证照分离试点改革取得阶段性成果,获得了中央的肯定。2017 年 9 月 22 日,国务院印发《关于在更大范围推进"证照分离"改革试点工作的意见》,要求在全国其他 10 个自贸试验区以及有条件的国家级自主创新示范区、国家高新技术产业开发区等,复制推广浦东新区证照分离改革试点具体做法。此后,浦东不断深化证照分离改革,相继开展"照后减证""多证合一"改革,"一业一证"改革(一个行业准入涉及的多个许可证整合为一张行业综合许可证)。2020 年 11 月 11 日,国务院常务会议通过浦东"一业一证"改革试点总体方案。与此同时,浦东为强化事中事后监管,推进落实"六个双"监管机制创新,建立准入后全过程监管体系。为加强公共服务的提供,浦东不断深化"互联网+政务服务"建设,在 2015 年启动政务云工程建设后,对政务云体系功能进行提升,2017 年开展"三全工程",从 2019 年 3 月起,实现企业办事一网通办。为进一步推动社会治理的重心下沉到村居,破解"服务群众最后一公里"的难题,自 2017 年起,浦东新区开始推进"家门口"服务体系建设,在全区 36 个街镇所辖村居建设"家门口"服务站,力求把分散的服务资源集中起来,使得居民在自家门口就能"一站式"享受党群、政务、生活、法律、健康、文化、社区 7 类基本服务。2018 年起,浦东着手打造了"15 分钟服务圈",即以社区为单位,以居(村)委为起点,按照城市化地区、城镇化拓展区、远郊地区的人口密度分类,结合现行交通路网,在 15 分钟慢行可达范围内,配置教育、卫生、养老、文化及体育等社会事业领域的公共服务设施。

浦东实现从改革的单项突破到协调推进综合改革试验的转变。早期,与我国其他地方所进行的政策试验类似,浦东也主要是在一些经济体制领域开展问题导向的单项突破试验。进入 21 世纪之后,中央意识到依靠单一地方、单一政策试验驱动的功能性变革往往会遭遇系统的结构性困境,因此,必须进行综合性的改革试验。浦东结合中央精神和自身经验,积极响应中央号召,先后率先承接国家综合配套改革试点、自贸试验区改革等战略任务。上述在行政管理体制、社会治理机制、"放管服"改革等领域的许多改革试验,均是在综合试验框架下所进行的政策创新。

## 六、趋势展望:政策试验的规范性、可持续不断增强

在改革综合性、系统性要求越来越强的背景下,地方的政策试验必须与顶层设计紧密结合,才能继续发挥其独特的"基层突破、中央吸纳"作用。党的十八大以来,中央逐渐强化政策试验的顶层设计,这有利于中央改革和试点部署的有效实施,是改革取得进一步突破的重要举措。2012 年 12 月 31 日,习近平总书记在十八届中央政治局第二次集体学习时指出:"摸着石头过河,是富有中国特色、符合中国国情的改革方法。摸着石头过河和加强顶层设计是辩证统一的,推进局部的阶段性改革开放要在加强顶层设计的前提下进行,加强顶层设计要在推进局部的阶段性改革开放的基础上来谋划。"①在 2018 年 12 月 18 日召开的庆祝改革开放 40 周年大会上,习近平总书记再次指出:"我们坚持加强党的领导和尊重人民首创精神相结合,坚持'摸着石头过河'和顶层设计相结合,坚持问题导向和目标导向相统一,坚持试点先行和全面推进相促进,既鼓励大胆试、大胆闯,又坚持实事求是、善作善成,确保了改革开放行稳致远。"②加强顶层设计与基层试验相结合将成为未来一种主要的政策试验模式。中央不仅直接设计整体的试验方案,更是全面、科学地指导地方的试验进程。浦东打造社会主义现代化建设引领区,深圳建设中国特色社会主义先行示范区,浙江高质量发展建设共同富裕示范区,山东新旧动能转换综合试验区建设等,都是新发展阶段我国政策试验的重大部署。浦东要深入贯彻中央精神和部署,在打造社会主义现代化建设引领区的实践中,把政策创新推向新的水平。

与此同时,随着中国法律制度建设进程的加快和中国特色法律体系的形

---

① 习近平重要论述学习笔记:摸着石头过河和加强顶层设计是辩证统一的[EB/OL]. (2014 - 05 - 30)[2021 - 05 - 16]. http://www. xinhuanet. com/book/2014-05/30/c_126566214. htm.

② 庆祝改革开放 40 周年大会在京隆重举行 习近平发表重要讲话[EB/OL]. (2018 - 12 - 18)[2021 - 05 - 16]. http://www. gov. cn/xinwen/2018-12/18/content_5350069. htm.

成,政策试验与现行法律制度间存在的张力要以法治化途径加以纾解,使得政策试验不断走向规范化。在改革开放之初法律制度尚不完备的情况下,政策试验的空间相当广阔,取得了一系列重要成果。但一些地方以"打擦边球"甚至有违法律规定的方式去进行试验创新,容易招致不符合原法律规定的质疑和较大的风险。为进一步提升政策试验的法治化水平,党的十八届四中全会通过的《中共中央关于全面推进依法治国若干重大问题的决定》要求重大改革要于法有据,要求先行先试须按照法定程序作出授权,即"实现立法和改革决策相衔接,做到重大改革于法有据、立法主动适应改革和经济社会发展需要。……实践条件还不成熟、需要先行先试的,要按照法定程序作出授权"①。浦东在推进综合配套改革、证照分离改革等试点时,就是在全国人大常委会、上海市人大常委会的授权支持下进行的规范化的试验探索。2021年6月10日,十三届全国人大常委会第二十九次会议通过《关于授权上海市人民代表大会及其常务委员会制定浦东新区法规的决定》,这将为浦东打造社会主义现代化建设引领区,继续"大胆试、大胆闯、自主改"提供强有力的法治保障。浦东要在上海市人大的指导支持下,利用好这一重大机遇,紧盯重要领域和关键环节持续深化改革,探索形成好经验好做法,并适时以法规规章等形式固化下来,不断贡献高质量的政策创新成果。同时,对自身作为国家试验田所取得的经验包括内在机制、规则建构、规范运作等方面,不断加以评估与总结,并与其他试验区进行比较分析,这些都具有重要意义和价值。

（作者:许建标,中共上海市浦东新区区委党校,副教授）

---

① 《中共中央关于全面推进依法治国若干重大问题的决定》(二〇一四年十月二十三日中国共产党第十八届中央委员会第四次全体会议通过)[EB/OL].(2014-10-29)[2021-05-16].http://cpc.people.com.cn/n/2014/1029/c64387-25927606.htm.

# 论实现新时代浦东高质量发展的绿色低碳循环模式

**摘　要:**本文阐述了新时代浦东新区高质量发展的基本内涵、构成维度及其重大意义,分析了新时代浦东新区高质量发展的举措成效与现存问题,着重提出新时代浦东新区实现高质量发展的绿色低碳循环模式,主要涉及建立健全绿色低碳循环发展经济体系、聚焦双碳加快构建生态环境治理体系以及显著提升浦东新区公众生态环境素养等三个方面,从而为"十四五"乃至更长时期内浦东新区经济社会方方面面高质量发展与可持续发展及新征程背景下高水平打造社会主义现代化建设引领区提供重要参考。

**关键词:**新时代;高质量发展;绿色低碳循环模式;浦东新区;引领区建设

## 一、问题的提出

### (一) 关于新时代

"新时代"这个术语,正式出现在党的十九大报告中。习近平总书记指出:"经过长期努力,中国特色社会主义进入了新时代,这是我国发展新的历史方位。中国特色社会主义进入新时代,我国社会主要矛盾已经转化为人民日益增长的美好生活需要和不平衡不充分的发展之间的矛盾。"[①]无疑,此政治论断不仅赋予了伟大的中国共产党的历史使命、理论遵循、目标任务以新的时代内涵,也为深刻把握中国特色社会主义现代化发展的新阶段新特征,科学制定党的路线方针政策提供了时代坐标和基本依据。应当指出,这里的新时代,是特指中

---

① 习近平.决胜全面建成小康社会　夺取新时代中国特色社会主义伟大胜利——在中国共产党第十九次全国代表大会上的报告[EB/OL].(2017 - 10 - 18)[2017 - 10 - 27].https://www.12371.cn/2017/10/27/ARTI1509103656574313.shtml.

国特色社会主义新时代,其时间起点是党的十八大。

### (二) 关于高质量发展

"高质量发展"这个术语,正式出现在党的十九大报告中。习近平总书记指出:"我国经济已由高速增长阶段转向高质量发展阶段,正处在转变发展方式、优化经济结构、转换增长动力的攻关期,建设现代化经济体系是跨越关口的迫切要求和我国发展的战略目标。"[①]这一重大论断,开启了中国高质量发展的理论与实践探索。显然,这里的高质量发展,特指经济高质量发展,是相对于以往的经济高速增长阶段而又不同于此的高质量发展阶段,就是经济发展从"有没有"转向"好不好"。随后,《习近平新时代中国特色社会主义思想学习纲要》指出:"高质量发展,是能够很好满足人民日益增长的美好生活需要的发展,是体现新发展理念的发展,是创新成为第一动力、协调成为内生特点、绿色成为普遍形态、开放成为必由之路、共享成为根本目的的发展。"[②]无疑,这里的高质量发展,不再特指先前单一的经济领域的高质量发展,而是专指坚持以人民为中心的发展思想、持续满足人民日益增长的美好生活需要的经济社会发展各领域方方面面贯彻新发展理念的高质量发展。2021 年 3 月 7 日,习近平总书记参加十三届全国人大四次会议青海代表团审议时提出高质量发展的最新论断:高质量发展是"十四五"乃至更长时期我国经济社会发展的主题,关系我国社会主义现代化建设全局。高质量发展不只是一个经济要求,而是对经济社会发展方方面面的总要求;不是只对经济发达地区的要求,而是所有地区发展都必须贯彻的要求;不是一时一事的要求,而是必须长期坚持的要求[③]。综上所述,我们认为,随着新时代中国特色社会主义伟大事业不断推进,高质量发展的内涵和外延都是动态的且日趋丰富。

---

① 习近平.决胜全面建成小康社会　夺取新时代中国特色社会主义伟大胜利——在中国共产党第十九次全国代表大会上的报告[EB/OL].(2017－10－18)[2017－10－27].https://www.12371.cn/2017/10/27/ARTI1509103656574313.shtml.

② 中央宣传部.习近平新时代中国特色社会主义思想学习纲要[M].北京:人民出版社,2019:15.

③ 新华社.高质量发展助力中国经济行稳致远[EB/OL].(2021－12－09)[2022－02－15].https://baijiahao.baidu.com/s? id=1718664316956751156&wfr=spider&for=pc.

### （三）关于新时代浦东高质量发展

关于浦东高质量发展问题,最早出现在 2018 年 7 月 5 日浦东新区四届区委四次全会中明确提出的"四高战略"(高水平改革开放、高质量发展、高品质生活、高素质队伍)。关于新时代浦东高质量发展问题,正式出现在《关于支持浦东新区改革开放再出发实现新时代高质量发展的若干意见》(2019 年 5 月 31 日上海市委常委会审议通过)这一宣言书中。该宣言书明确提出:浦东要通过 7 年左右的努力,经济总量突破 2 万亿元,在高水平改革开放、高质量发展、高品质生活等方面走在全国前列,奋力打造新时代彰显中国理念、中国方案、中国道路的实践范例。2021 年 7 月 15 日,《中共中央、国务院关于支持浦东新区高水平改革开放打造社会主义现代化建设引领区的意见》公开发布,正式掀开了新征程浦东新区改革发展的新篇章。研阅上述文件,尚未看到"新时代浦东高质量发展"的概念界定及其阐释。此外,在文献检索方面,目前尚未发现"新时代浦东高质量发展"的内涵外延、影响因素、构成维度、实践路径、基本模式等理论研究成果。基于文献研究并借鉴相关理论,我们认为"新时代浦东高质量发展"是指党的十八大以来中国进入新时代这个新的历史方位后,在高质量发展成为中国经济社会发展新阶段显著特征及新主题的背景下,作为上海现代化建设缩影和我国改革开放象征的浦东紧紧围绕推动高质量发展这一重大实践与理论问题所采取的一系列理念、思路、规划、举措的计划、实施及控制即管理活动等;"新时代浦东高质量发展"内涵丰富、外延宽泛、构成多元,是坚持以人民为中心发展思想的高质量发展;是着眼长远实现可持续发展的高质量发展;是立足新发展阶段、贯彻新发展理念、构建新发展格局的高质量发展;是结合浦东实际情况,因地制宜、扬长补短,走出适合本地区实际、具有浦东特色的高质量发展之路;是浦东经济社会方方面面的高质量发展,是浦东所辖城镇区域协调一体化的高质量发展,是浦东新区发展能级和国际竞争力不断提升跃居世界前列的高质量发展;更是始终把浦东人民根本利益放在心上,坚定不移增进民生福祉,把高质量发展同满足人民美好生活需要紧密结合起来,推动坚持生态优先、推动高质量发展、创造高品质生活有机结合、相得益彰的高质量发展。无疑,推动新时代浦东高质量发展,不论是对于浦东自身还是对于逐步迈入全球卓越城市行列的上海乃至整个中国社会主义现代化建设,都具有重大的现实意义与历史意义。

## 二、新时代浦东高质量发展的现状与问题

### （一）主要的举措

第一，从战略层面提出浦东高质量发展问题即浦东高质量发展战略问题，是 2018 年 7 月 5 日浦东新区四届区委四次全会中明确提出的"四高战略"之一。查阅具体文件材料，就会发现，浦东新区侧重从经济层面推进高质量发展问题即浦东经济高质量发展问题，并提出实现浦东高质量发展的五大举措——全面增强科技创新竞争力、全面增强全球资源配置竞争力、全面增强"四大品牌"竞争力、全面增强现代产业竞争力、全面增强人才环境竞争力。

第二，基于浦东改革开放再出发、浦东开发开放战略升级视角提出了新时代浦东高质量发展问题，主要内容详见《关于支持浦东新区改革开放再出发实现新时代高质量发展的若干意见》(2019 年 5 月 31 日上海市委常委会审议通过)这一宣言书。该宣言书提出全方位支持浦东新区新时代高质量发展的 20 条举措。主要涉及当好全面深化改革的探路尖兵(共 5 条)、打造全方位开放的前沿窗口(共 4 条)、建设具有全球影响力的科创中心核心承载区(共 3 条)、建设具有国际竞争力的产业新高地(共 2 条)、建设高品质的现代化城区(共 3 条)、强化组织保障(共 3 条)等六大方面。其中，深化改革、扩大开放领域主要聚焦浦东作为改革开放排头兵的重任；科技创新、产业升级领域聚焦更高质量发展；现代化城区建设聚焦高品质生活，体现以人民为中心的发展理念。此处的高质量发展，虽然侧重经济领域包括科技产业方面，但是也兼顾社会民生领域包括高品质生活。

第三，基于新征程浦东高水平改革开放、打造社会主义现代化建设引领区视角提出并展示新时代浦东高质量发展的阶段性目标与主要举措问题，提出到 2035 年，浦东现代化经济体系全面构建，现代化城区全面建成，现代化治理全面实现，城市发展能级和国际竞争力跃居世界前列。到 2050 年，浦东建设成为在全球具有强大吸引力、创造力、竞争力、影响力的城市重要承载区，城市治理能力和治理成效的全球典范，社会主义现代化强国的璀璨明珠。主要举措包括：全力做强创新引擎，打造自主创新新高地；加强改革系统集成，激活高质量发展新动力；深入推进高水平制度型开放，增创国际合作和竞争新优势；增强全

球资源配置能力,服务构建新发展格局;提高城市治理现代化水平,开创人民城市建设新局面;提高供给质量,依托强大国内市场优势促进内需提质扩容;树牢风险防范意识,统筹发展和安全等。此外,服务高质量发展的浦东第八轮环保三年行动计划 2021 年 8 月底正式启动。

### (二) 取得的成效

党的十八大以来,特别是最近五年来,面对复杂严峻的外部环境,浦东新区区委区政府在党中央和上海市委市政府的坚强领导下,始终以习近平新时代中国特色社会主义思想为根本指导思想,全面深入贯彻习近平总书记考察上海重要讲话精神特别是总书记在浦东开发开放 30 周年庆祝大会上的重要讲话精神,坚定不移吃改革饭、走开放路、打创新牌,团结带领全区人民全力推动改革开放再出发,全面实施"四高"战略,全方位推进"五大倍增行动",积极应对各种风险挑战特别是新冠肺炎疫情的严峻冲击,顺利完成"十三五"规划确定的主要目标任务。总体来看,浦东高质量发展成效显著,主要表现在以下方面:经济综合实力跃上新的大台阶,国际经济、金融、贸易、航运中心核心区和具有全球影响力的科创中心核心区框架基本建成,四大功能不断强化,大科学设施初步形成集群,经济密度持续提升,地区生产总值突破 1 万亿元,2020 年超过 1.3 万亿元。改革开放领跑全国,自贸试验区改革全面深化,临港新片区建设有力推进,"证照分离""一业一证"等重大改革领跑全国,328 项制度创新成果复制推广,以浦东速度为代表的国际化营商环境不断优化。人民生活品质持续提升,"家门口"服务体系全面构建,15 分钟服务圈基本形成,美丽庭院、美丽街区建设让环境更加宜人,教育、卫生、文化等基本公共服务补短板、促优质成效显著,浦江东岸贯通加速向"生活秀带"提升。城市治理现代化水平显著提高,率先建设智能化"城市大脑""一网通办""一网统管"始终走在前列。特别是浦东新区的生态空间布局持续优化,森林覆盖率上升至 18.21%,河湖水面积率达到 11.34%;生态环境质量持续改善,主要污染物排放总量大幅削减,2020 年空气质量指数(AQI)优良率达到 89.1%,较 2017 年上升 12.4%,细颗粒物(PM2.5)年平均浓度 30 微克/立方米,较 2017 年下降 16.7%,全区劣 V 类水体基本消除,2 个国考、37 个市考断面水质考核达标率为 100%;环境基础设施不断完善,城镇污水处理率提高到 95%,污水厂污泥无害化处理率达到 100%,生活垃圾无害化处理率达到 100%;推动绿色高质量发展取得明显成效,能源综合利用效率逐年提高,单位增加值能耗累计下降 16.43%;产业结构进一步升级,2020 年第三产业增加值占全区生产总值的比重提高至 76.9%;环境现代治理水平加快提升,区委、区政府设立区生态文明建设领导小组,生态环境保护"党政同责、一岗双责"责任体系不断健全完善;全面实行排污许可证管理制度,基本实现固定污染源排污许可证全覆盖;推进生活垃圾监管、河湖综合监管等应用场景建设,提高环保智慧监管水平。

### (三) 存在的问题

在回顾实践、总结工作、看到成绩的同时,我们也要清醒地意识到:浦东作为上海"五个中心"建设的核心区,要率先成为国内大循环的中心节点和国内国际双循环的战略链接,在推动其高质量发展中还存在一些问题和薄弱环节。深化改革开放,需与高质量发展更加紧密地结合起来,形成更多发光发热的改革举措;创新驱动发展动能不足,而要强化创新驱动,还需进一步疏通基础研究、应用研究和产业化双向链接的快车道;配置全球资源能力不够强,而要配置全球资源,还需更好统筹发展在岸业务和离岸业务;提升治理水平,还需开发更多"实战中管用、基层干部爱用、群众感到受用"的智能应用场景;土地、资源对高质量发展的约束更为趋紧等难题,需要加大突破攻坚力度;从人民群众对美好生活的需求看,更有序、更安全、更干净的城乡环境和水、气、绿等生态环境期盼越来越高,虽然浦东"三个滞后"的问题得到有力缓解,但离人民群众的更高期待还有差距。如浦东新区制造业企业总体创新驱动优势明显,但人才紧缺、创新成本高和成果易被模仿成为企业创新活动与高质量发展的主要制约因素。面向未来,我们必须全面辩证地分析研判浦东高质量发展面临的新形势,抓住机遇、应对挑战。

## 三、新时代浦东高质量发展的实现模式

### (一) 建立健全绿色低碳循环发展经济体系

实现新时代浦东高质量发展,一定是实现浦东新区经济高质量发展与可持

续发展,而最为关键的举措在于建立健全绿色低碳循环发展经济体系。绿色低碳循环发展代表着当今时代科技革命和产业变革的方向,是未来最具潜力、最有前途的发展领域,是构建我国现代化经济体系的应有之义。2021 年 2 月,国务院发布了重磅文件《关于加快建立健全绿色低碳循环发展经济体系的指导意见》(简称《意见》),强调指出建立健全绿色低碳循环发展经济体系,促进经济社会发展全面绿色转型,是解决我国资源环境生态问题的基础之策;明确要求统筹推进高质量发展和高水平保护,确保实现双碳目标,推动我国绿色发展迈上新台阶。基于此,我们认为:如何统筹处理经济社会发展与生态环境保护之间的关系,推动经济社会发展全面绿色转型,是超大城市核心承载区浦东贯彻新发展理念、构建新发展格局、建设社会主义现代化引领区的必答题。面向第二个百年目标,推动绿色低碳循环发展,是浦东新区经济转型升级的重要方向,是实现双碳目标的战略之举,是推动高质量发展、实现可持续发展的必由之路,是顺应国际绿色发展潮流、积极应对气候变化、构建人类命运共同体的必然选择。所以,建立健全浦东绿色低碳循环发展经济体系意义重大且时间紧迫。把绿色发展、低碳发展、循环发展的理念和模式贯穿到经济发展的各个环节、层面和领域,并形成有机联系的整体,就构建形成了浦东新区的绿色低碳循环发展经济体系。依据《意见》所阐明的建立健全绿色低碳循环发展经济体系的基本要求、发展目标、实施路径和重点任务,可以界定浦东绿色低碳循环发展经济体系的内涵:新征程中的浦东要坚定不移贯彻新发展理念,全方位全过程推行绿色规划、绿色设计、绿色投资、绿色建设、绿色生产、绿色流通、绿色生活、绿色消费,形成绿色低碳循环发展的生产体系、流通体系、消费体系,加快基础设施绿色升级,使浦东经济社会发展建立在高效利用资源、严格保护生态环境、有效控制温室气体排放的基础上。可以这样简单地理解:浦东绿色低碳循环发展的经济体系就是通过在生产、流通、消费等领域贯彻绿色低碳循环发展理念形成的资源节约型、环境友好型、能源低碳型的经济发展模式。由此提出如下建议:一是针对绿色低碳循环发展经济体系作出系统部署;二是强调结构性调整、重点突破和创新引领;三是加强绿色发展、低碳发展和循环发展的协同。还应尽快建立健全浦东绿色低碳循环发展经济体系的顶层设计,包括制定并实施迈向碳达峰碳中和目标愿景的全面绿色转型路线图、时间表与优先序,筑牢相关制度基础,引领中长期政策导向,投资布局零碳未来,不断积累经验,优化和创新发展路径,诸如进一步形成政府引导、央地互动、企业主体、市场调控、公众参与的发展机制;加快形成绿色低碳循环发展的法治轨道,形成有利于全面绿色转型的法律法规、标准和政策体系;全面完善绿色低碳循环发展的市场激励机制,加强绿色投融资机制建设。

### (二)聚焦双碳加快构建生态环境治理体系

实现新时代浦东高质量发展,一定是统筹推进经济高质量发展与高水平生态保护,而最紧要的是要适应碳达峰碳中和双碳目标要求,加快构建生态环境治理体系。生态环境治理体系是国家治理体系和治理能力现代化的重要内容。构建浦东新区生态环境治理体系是一项系统工程,涉及构建思想、基本原则、主要目标、重点任务等。无疑,习近平新时代中国特色社会主义思想、习近平生态文明思想是推进构建现代环境治理体系的根本遵循。因此,浦东新区生态环境治理体系的构建思想为:始终坚持以习近平新时代中国特色社会主义思想为根本指导,全面深入贯彻新时代习近平生态文明思想与党的十九大和十九届二中、三中、四中、五中全会精神,牢牢紧扣统筹推进"五位一体"总体布局和协调推进"四个全面"战略布局,自觉贯彻党中央、国务院、上海市决策部署,切实保持生态文明建设定力,牢固树立绿色发展等新发展理念,以深化企业主体作用为根本,以更好动员社会组织和公众共同参与为支撑,以强化政府主导作用为关键,以坚持党的集中统一领导为统领,实现政府治理和社会调节、企业自治良性互动,完善体制机制,强化源头治理,形成工作合力,为推动生态环境根本好转、建设生态文明和美丽中国提供有力制度保障。浦东新区生态环境治理体系的基本原则首先是务必坚持党的领导的基本原则,其次是务必坚持多方共治的基本原则,再次是务必坚持市场导向的基本原则,最后是务必坚持依法治理的基本原则。这些基本原则彼此影响、相互制约。浦东新区生态环境治理体系的主要目标为:到 2025 年,建立健全环境治理的领导责任体系(包括各级领导的主体责任、领导责任、监督责任等)、企业责任体系(包括依法实行排污许可管理制度、提高治污能力和水平、推进生产服务绿色化等)、全民行动体系、监管体系、市场体系、信用体系、法律法规政策体系,落实各类主体责任,提高市场主体和公众参与的积极性,形成导向清晰、决策科学、执行有力、激励有效、多元参与、良性互动的环境治理体系。在精准、科学、依法治理生态环境的过程中,浦东新区各级党委和政府要从实际出发,务必落实好构建现代环境治理体系的目标任务和政策措施,务必确保好重点任务产生功效,包括浦东新区纪检监察机关牢牢抓住首要职责,充分发挥监督保障执行、促进完善发展作用,为生态环境治理体系与治理能力现代化提供坚强纪律保障。

### (三) 显著提升浦东新区公众生态环境素养

实现新时代浦东高质量发展,归根到底是为了实现人的全面的发展与浦东可持续发展,必须依靠浦东人民特别是浦东新区公众生态环境素养的显著提升。所谓公众生态环境素养,主要涉及两个方面,一是公众对生态环境问题和环境保护的认知水平和程度,即"知";二是公众的保护环境行为取向和具体行动,即"行"。毋庸置疑,公众生态环境素养更多强调公众对生态环境的知行合一、一以贯之。显著提升公众生态环境素养,是新时代我国生态文明建设的严峻形势使然。当前我国进入"十四五"时期,生态文明建设进入了以降碳为重点战略方向、经济社会发展全面绿色转型、生态环境质量改善由量变到质变的关键时期。现在就歇歇脚、喘口气是不可行的,必须咬紧牙关,爬过这个坡,迈过这道坎。古语云:上下同欲者胜! 守护生态文明,共建美丽中国,不仅仅需要头脑清醒的政府、称职的领导、有责任感的企业,更需要每一个具有现代文明意识的公民或公众积极参与。正如习近平总书记指出:不重视生态的政府是不清醒的政府,不重视生态的领导是不称职的领导,不重视生态的企业是没有希望的企业,不重视生态的公民不能算是具备现代文明意识的公民[1]。这就要求我们务必显著提升公众生态环境素养。显著提升公众生态环境素养,是新时代日益增长的人民美好生活诉求使然。习近平总书记指出:良好生态环境是最公平的公共产品,是最普惠的民生福祉[2]。对人的生存来说,金山银山固然重要,但绿水青山是人民幸福生活的重要内容,是金钱不能代替的。你挣到了钱,但空气、

---

① 这件事,习近平视为"根本大计"[EB/OL]. (2018 - 06 - 05)[2021 - 12 - 05]. https://baijiahao. baidu. com/s? id=1602422792560147484&wfr=spider&for=pc.

② 岳小乔. 习近平十谈"绿色发展":良好生态是最普惠的民生福祉[EB/OL]. (2018 - 04 - 12)[2021 - 12 - 05]. http://zgsc. china. com. cn/2018-04/12/content_40289492. html? f=pad.

饮用水都不合格,哪有什么幸福可言。然而调查发现,许多生态环境行为不良的当事人,并非没有爱美之心,而是认为细枝末节无碍大局,并以社会分工为借口,荒谬地认为自身行为给环保工作者提供了"任务",创造了"工作机会"。这就要求我们务必显著提升公众生态环境素养。显著提升公众生态环境素养,是新时代生态文明建设迈上新台阶使命使然。新时代生态文明建设迈上新台阶,生态文明建设要取得更大成效,迫切要求组织动员全社会参与生态文明建设,汇聚建设美丽中国的强大力量。正如习近平同志在纪念马克思诞辰200周年大会上讲话指出:动员全社会力量推进生态文明建设,共建美丽中国①。这就要求我们务必引导公众强化生态文明意识,引领公民践行生态环境责任,使公众牢固树立社会主义生态文明观,使每个人行动起来,真抓实干、持续发力,久久为功,建设好美丽中国。总之,显著提升公众生态环境素养,事关浦东人民获得感与幸福感,事关社会主义现代化建设引领区浦东优美和谐生态环境建设与城市治理能力及治理成效。显著提升浦东新区公众生态环境素养的基本路径包括:一是深入学习贯彻习近平生态文明思想,不断筑牢生态环境保护意识,持续增强公众保护生态环境的责任感和紧迫感。二是自觉端正生态环境保护态度,积极行动起来履行职责。对政府来说,行动体现在执政理念的转变上;对企业来说,行动体现在社会责任的担当上;对公众来说,行动体现在生活方式的转变上。三是生态环境保护部门特别是机关、企业、社区、学校、军队等机构应当不断加强公众生态环境保护知识宣传、教育、技能培训工作,不断提升公众生态环境保护能力。四是尽快践行《公民生态环境行为规范(试行)》,在关注生态环境、节约能源资源、践行绿色消费、选择低碳出行、分类投放垃圾、减少污染产生、呵护自然生态、参加环保实践、参与监督举报、共建美丽中国等方面下大功夫。无疑,当下的新时尚生活垃圾分类,就是在兑现公众的生态环境行为规范,就是在践行公众的生态环境文明素养。新时代、新作为、新担当,努力创造美好生活的奋斗者,责无旁贷!作为社会主义现代化建设引领区建设的主体——浦东公众,责无旁贷!

---

① 习近平.在纪念马克思诞辰200周年大会上的讲话[EB/OL].(2018 - 05 - 04)[2021 - 12 - 14].http://www.xinhuanet.com/politics/2018-05/04/c_1122783997.htm.

## 参考文献

［1］《关于支持浦东新区改革开放再出发实现新时代高质量发展的若干意见》正式发布［EB/OL］.（2019－06－25）［2021－12－26］.http://www.gov.cn/xinwen/2019-06/26/content_5403216.htm.

［2］国务院关于加快建立健全绿色低碳循环发展经济体系的指导意见［R/OL］.（2021－02－02）［2021－12－22］.http://www.gov.cn/zhengce/content/2021-02/22/content_5588274.htm.

［3］南剑飞.绿色发展理念下油气城市循环经济发展研究［M］.北京:经济管理出版社,2019.

［4］南剑飞.努力提升公众生态环境素养［N］.经济日报,2019－08－13.

［5］南剑飞.实现油气资源型城市绿色发展［N］.经济日报,2018－08－23.

［6］南剑飞.谈谈公众生态环境素养［N］.光明日报,2018－09－08.

［7］中共中央办公厅　国务院办公厅印发《关于构建现代环境治理体系的指导意见》［EB/OL］.（2020－03－03）［2021－12－25］.http://www.gov.cn/zhengce/2020-03/03/content_5486380.htm.

［8］中共中央国务院关于支持浦东新区高水平改革开放　打造社会主义现代化建设引领区的意见［R/OL］.（2021－04－23）［2021－07－15］.http://www.gov.cn/zhengce/2021-07/15/content_5625279.htm.

**（作者:南剑飞,中共上海市浦东新区区委党校,教授）**

# 张江科学城转型发展的路径创新与经验启示

**摘　要:**在科技革命加速演进,科技创新改变世界格局的时代,科技园区的发展水平是国家科技实力的体现,科技创新能力是国家核心竞争力的关键。张江科学城经过30年的发展,已经从当年的阡陌农田蜕变成一座功能集聚、要素齐全、设施先进的现代化科学城,走出了一条不断转型升级的创新发展之路。本文系统总结张江在资源集聚、产业集聚、人才制度、生态营造等方面的实践做法,为未来我国打造具有全球影响力的科创中心提供经验和启示,为其他地区科技园区的发展提供有益的借鉴。

**关键词:**科技创新;转型升级;创新生态

当今世界正面临前所未有之大变局,在科技革命加速重塑全球竞争格局的时代,科技创新已成为提高国家综合实力和国际竞争力的决定性力量。习近平总书记在浦东开发开放30周年讲话中强调,科学技术从来没有像今天这样深刻影响着国家前途命运,我国经济社会发展比过去任何时候都更加需要科学技术解决方案,更加需要增强创新这个第一动力①。《中共中央国务院关于支持浦东新区高水平改革开放　打造社会主义现代化建设引领区的意见》提出,浦东要全力做强创新引擎,打造自主创新新高地②。该意见赋予了浦东新的使命,要求浦东要在基础科技领域作出更大的创新,在关键核心技术领域取得更大的突破,更好发挥科技创新策源功能。

---

① 习近平. 在浦东开发开放30周年庆祝大会上的讲话[EB/OL]. (2020 - 11 - 13)[2021 - 12 - 25]. http://www. xinhuanet. com/mrdx/2020-11/13/c_139513634. htm.

② 中共中央、国务院关于支持浦东新区高水平改革开放　打造社会主义现代化建设引领区的意见[EB/OL]. (2021 - 07 - 15)[2021 - 12 - 25]. http://www. gov. cn/zhengce/2021-07/15/content_5625279. htm.

浦东开发开放 30 多年来,在中央科技创新战略的指引下,张江经历了从高科技园区、自主创新示范区到张江科学城的转型升级,从当年的阡陌农田发展到今天产城融合的科学生态城,正朝着"科学特征明显、科技要素集聚、环境人文生态、充满创新活力"的国际一流科学城迈进。张江 30 年来在资源集聚、产业集聚、人才制度、服务创新和生态营造等方面所进行的探索实践,为我国打造具有全球影响力的科创中心奠定了坚实的基础,也为我国其他科技园区的转型发展提供了经验借鉴。

## 一、张江科学城转型升级的发展历程

1990 年党中央实施浦东开发开放战略,提出科技创新是生产力提升的重要引擎,得益于党中央高瞻远瞩的战略决策,1992 年 7 月,国务院批准建立国家级高新区——张江高科技园区,成为首批国家级高新技术园区,与陆家嘴、金桥和外高桥同时作为浦东四个重点开发区域。

1999 年 8 月,上海市委市政府实施聚焦张江战略,围绕政策聚焦、机制聚焦、项目聚焦加大对张江的产业支持,张江进入了快速发展时期。在这段时期,许多奠定产业基础的重大项目陆续落地,如上海浦东软件园、中芯国际、中科院上海药物研究所、宏力半导体企业进驻及中国商飞研发中心奠基。同时,一批大科学装置正式投入使用,如 2004 年 11 月 15 日,当时国内运算速度最快的超级计算机——曙光 4000A 正式启用,2010 年 1 月 19 日,我国最大的国家重大科学工程——上海同步辐射光源顺利通过国家验收。这段时期的重大科学设施建设为张江后来的科研工作奠定了坚实的基础。

2011 年,张江获批建设国家自主创新示范区,这是中央深入实施自主创新战略、建设创新型国家的重要部署和探索中国特色自主创新道路的重要实践。2013 年 9 月 29 日,上海自贸试验区成立,2015 年 4 月,上海自贸试验区正式扩区运行,张江高科技园区 37.2 平方千米纳入其中。在自贸试验区和国家自主创新示范区"双自联动"的叠加优势中,张江以制度创新推动科技创新,助推了一批创新成果接连涌现。比如推出药品上市许可持有人制度、生物医药特殊物品进境便利化制度等,大大提升了生物医药企业的创新速度和企业活力。

2016 年 2 月，国家批复建设上海张江综合性国家科学中心，构建代表世界先进水平的重大科技基础设施群，提升我国在交叉前沿领域的源头创新能力，代表国家在更高层次上参与全球科技竞争与合作。张江综合性国家科学中心将重点建设世界一流重大科技基础设施集群，推动设施建设与交叉前沿研究深度融合，构建跨学科跨领域的协同创新网络，探索实施重大科技设施管理新体制。为贯彻落实中央部署，2017 年初，张江园区出台"十三五"规划，进一步提升科学中心的集中度和显示度，着力推动张江成为国家基础研究的重要承载地和重大原始创新的重要策源地。

2017 年 8 月，上海市政府批复张江科学城的建设规划落地。明确张江科学城规划面积为 94 平方千米，将以张江高科技园区为基础，转型成为中国乃至全球新知识、新技术的创造之地和新产业的培育之地，打造新型宜居宜业城区和市级公共中心，目标是成为科学特征明显、科研要素集聚、环境人文生态、充满创新活力的世界一流科学城。

2021 年 7 月 16 日，《张江科学城发展"十四五"规划》正式发布。张江科学城进一步扩区提质，由原来的 94 平方千米扩大到 220 平方千米，形成"一心两核、多圈多廊"的功能复合空间布局，朝着打造宜居宜业国际一流科学城的目标迈进。

可以看出，经过 30 年来的不断发展，张江科学城的转型升级正是我国科技创新战略最生动的实践写照，也是我国创新引领高质量发展的现实明证。张江创新发展的实践探索深入贯彻了习近平总书记对浦东提出的先行先试、自主创新的要求，体现了浦东贯彻新发展理念、构建新发展格局，全力做强创新引擎打造科技创新新高地的决心和信心。

## 二、张江科学城转型发展的实践路径

张江科学城经历了从高新区到科学城的迭代升级，离不开中央和上海市委市政府的战略指引和政策支持。在转型发展过程中集中体现了顶层设计、规划先行、目标明确和持续发力的最大合力优势，从基础设施到功能完善实现了转型发展的跃升，为推动我国的整体科技创新提供了有力支撑。主要体现在以下几个方面。

### (一) 资源集聚——布局大科学平台

综合性国家科学中心是国家实施科技创新战略的基础平台,是代表国家参与全球科技竞争与合作的核心力量。浦东在中央和上海市的支持下,着力建设一批大科学装置,布局大科学平台,全力打造世界级创新产业集群。

上海光源,作为"大国重器"的国家大科学装置,是张江综合性国家科学中心建设的核心科研平台,它像一颗美丽的鹦鹉螺镶嵌在张江这片充满科创活力的大地上。

上海光源开放十余年来,每年开机约 7 000 小时,研究成果涵盖生命科学、凝聚态物理、化学、材料等诸多领域。上海光源科学中心主任赵振堂说:"可以把上海光源看作一台超级显微镜,帮助科学家探索未知世界之谜。"特别是在抗击新冠病毒的 2020 年,上海光源开设绿色通道,全力支持破解新型冠状病毒蛋白结构的攻关,为国内科研团队送上"最亮"助攻。

建造大科学装置,布局大科学设施和平台,从而带动产业集聚,是浦东建设具有全球影响力科创中心核心功能区的硬件基础。上海市委市政府把"加快向具有全球影响力的科技创新中心进军"列为 2015 年一号课题认真研究,直到 2016 年年初,上海市委市政府决定,按照中央指示和要求,集中力量把张江科学中心建设好,迅速做实做强、做出影响。这条从大科学装置到硬核产业的发展之路可谓历尽艰辛。

1992 年 7 月 28 日,浦东张江高科技园区开园,成为第一批国家级新区,面积 25 平方千米。但彼时的张江,除了光源所在地有个小村庄,其他地方都是农田。上海光源是张江第一个科教基础设施,项目的前期酝酿最早可从中国科学院与上海市的密切合作开始追溯。1995 年,中国科学院和上海市人民政府共同向国家提出建设现代光源。经过近十年的酝酿论证,终于在 2004 年 12 月 25 日开工,2009 年正式竣工,自破土到出光仅用了三年时间,创造了全世界最快的规模光源建设速度,被国际同行们称之为上海张江的速度。当时总共投资了 14.3 亿元人民币,由国家、上海市和中科院三方投资,开启了国家、地方和研究院所合作的序幕。迄今为止,这个装置在全球光源装置中使用效率最高,产生了一系列重要的科研成果。

如今,张江科学城集聚了一批世界一流的大科学装置,比如形成了以上海同步辐射光源、国家蛋白质科学研究(上海)设施为支撑的光子科学中心,在建的上海光源线站工程,软 X 射线自由电子激光装置、硬 X 射线自由电子激光装置、上海超强超短激光实验装置等设施已陆续投入运营,成为张江综合性国家科学中心大科学装置发挥平台作用的放大器和倍增器。为强化科创策源功能,浦东新区已明确,到 2025 年建成 10 个大科学装置,形成世界一流大科学装置集群。依托上海光源、硬 X 射线自由电子激光装置等大科学装置,把张江科学城打造成全球综合能力最强的光子科学中心[①]。

同时,张江科学城还布局了一批高水平科研创新载体。包括交大和复旦的张江校区、中医药大学、上海科技大学和一批跨国公司研发机构,李政道研究所等新型科学研究机构正稳步建设,张江焕发出源源不断的创新活力,一批基础成果竞相涌现,一批技术突破捷报频传,创新资源加快集聚,科学特征日益明显[②]。

按照引领区意见要求,浦东将加快建设张江综合性国家科学中心,聚焦集成电路、生命科学、人工智能等领域,加快推进国家实验室建设,布局和建设一批国家工程研究中心、国家技术创新中心、国家临床医学研究中心等国家科技创新基地。推动超大规模开放算力、智能汽车研发应用创新平台落户。

### (二) 产业集聚——打造创新产业集群

打造具有全球影响力的科创中心,产业是发力点,必须集聚主导产业。浦东新区把产业发展作为科技创新的落脚点,强化高端产业引领功能,在创新发展方面,打好关键核心技术攻坚战,勇当科技和产业创新的开路先锋,为全国提供高水平科技供给。特别是做强硬核产业,推动产业协同,构建产业生态,打造世界级创新产业集群。如今,已经形成以集成电路、生命科学、人工智能为主导产业的创新集群。浦东正加速培育六个千亿级硬核产业。

集成电路领域,浦东已成为国内芯片产业最集中、综合技术水平最高、产业

---

① 姜微,谢锐佳,季明,等.潮涌东方再扬帆[N].人民日报,2020-11-12.
② 同上。

链最为完整的地区,2019年全区集成电路产业规模超过1 200亿元,占上海的71.5%、全国的16.1%。

生物医药领域,浦东诞生了全国15%的原创新药和10%的创新医疗器械。国内自主研发的首款PD-1抗肿瘤新药"拓益"等均是浦东出品。

人工智能领域,张江拥有微软、IBM、阿里巴巴、云从等一系列头部企业。2019年,随着张江人工智能岛正式"开岛",大批跨国企业与国内龙头企业在这里比邻而居,相应的创新孵化载体和应用场景陆续建成。这是上海单体园区或同样平均面积中,人工智能企业最集聚、人才最密集、类型最丰富、技术最领先的区域,也是人工智能应用场景的最佳实践区[①]。

超强超短激光装置实现10拍瓦激光放大输出,脉冲峰值功率创世界纪录。集成电路先进封装刻蚀机等战略产品销往海外,高端医疗影像设备填补国内空白。可以说,从芯片到药片,从国产大飞机到豪华邮轮,从基础研究到成果转化,张江瞄准国际科技前沿,加强基础研究和应用基础研究,打好关键核心技术攻坚战,加速科技成果向现实生产力转化,提升产业链水平,为确保全国产业链供应链稳定做出了新贡献[②]。

"十四五"期间,张江科学城还将谋划"3+3+X"产业总体框架。聚焦集成电路、人工智能、生物医药三大核心产业,强化自主创新能力,探索高端引领水平。发展在线经济和数字文创、软件和信息服务、机器人和智能装备三大融合支撑产业。培育前沿材料、能源与环境、微小卫星、量子科学等"X"创新孵化方向,强化新技术对核心重点产业的支撑。同时重点打造"创新源、产业核、联动廊"的产业创新生态体系。

"展望未来,浦东将继续强化科技创新策源功能,充分发挥浦东大科学设施、高能级科研机构的集聚优势,加快突破一批'卡脖子'关键核心技术。强化高端产业引领功能,特别是做强硬核产业。推动产业协同、构建产业生态,打造世界级创新产业集群。"[③]上海市政府副秘书长、浦东新区区长杭迎伟说。

---

① 刘禹.浦东:亮出30年"成绩单"[N].上海科技报,2020-10-14.

② 同上.

③ 季明,何欣荣.从"一张白纸"到"一面旗帜",《瞭望》带你穿越浦东30年[EB/OL].(2020-11-10)[2021-12-15].http://www.xinhuanet.com/2020-11/10/c_1126720963.htm.

### (三) 人才集聚——优化制度创新服务

科技要创新,人才是关键,机制是保障。深化科技创新体制改革,打通基础研究、应用研究和产业转化的产学研转化链条,是张江科学城不断优化制度创新、为科技创新提供制度供给的重要策略,而这离不开张江一直以来用各种首创的人才制度打造出来的人才高地。从开发初期的"八百壮士",到如今"聚天下英才而用之",浦东新区高度重视人才工作,支持人才向浦东集聚。2017 年 6 月 16 日成立全国首个海外人才局,试点自贸试验区永久居留推荐直通车制度。当天,某知名外企的德国籍高管周女士,获得全国首张由自贸试验区推荐的永久居留身份证。2019 年 7 月,浦东新区获得国内人才引进直接落户和留学回国人员落户审批权,这在全国的直辖市和超大城市中属于首例。

目前张江科学城拥有各类科技型人才约 38 万,其中诺贝尔奖获得者、中国两院院士以及海外高层次人才等各类专家 450 余人。正是在中央和市区各级层面的政策支持下,张江持续不断为人才打造良好的生态环境,吸引各类高精尖人才近悦远来。比如在制度环境方面提供研发资助,落实高新技术企业所得税优惠政策,对企业的科技创新活动给予公平普惠的支持;扩大科研事业单位选人用人、编制使用、职称评审、薪酬分配等方面的自主权;赋予科研人员科技成果所有权或长期使用权等。在服务环境方面,打造以企业为主体的全方位服务链条。从企业创立之初到发展过程中的所需人员、资金、知识产权、生活服务等,都由园区为企业提供全生命周期配套服务。在人文环境方面,营造一种鼓励冒险、包容失败、崇尚公平竞争的企业家精神。同时,不断完善法律体系来保障企业间的良性竞争。

张江要打造具有全球影响力的科技创新中心核心承载区,必须以国际化视野和气魄,真正顺应国际潮流,让包括人才、技术在内的各要素在自由流动中聚集。只有构建适宜创新的系统性良性生态才能生长出具有生命力的企业。

### (四) 生态营造——建设宜居宜业科学城

科技创新离不开良好的创新生态环境,形成以大学、企业、研究机构为核心要素,以政府、金融机构、中介组织、创新平台为辅助要素的多元主体协同互动的网络创新模式,通过知识创造主体和技术创新主体间的深入合作和资源整合,产生强大创新动能和创新效能。

浦东新区积极构建起良好的创新生态,让创新要素互动融合,在聚集基础上聚焦、聚合和聚变,不断激发创新主体的活力。过去,张江曾被抱怨没有"城市味",缺乏"烟火气","在里面工作的人都不住在里面,到了晚上一片漆黑,不像一个城市,这样很不利于科技创新,科技创新需要氛围,需要各种各样生活和文化配套,需要咖啡屋。"①上海社科院副院长王振说。

如何满足科创人群对于美好生活的多元需求,张江开始了从"园"到"城"的升华。首先要做的就是规划先行。为解决好产城分割、职居分离的突出矛盾,浦东新区按照高起点谋划、高标准建设的要求,开展张江科学城建设规划的研究编制,确定了"一心一核、多圈多点、森林绕城"的空间布局,着力打造产城融合、生态宜居的现代化科学城。目前,张江正在大力推进城市副中心建设,"科学之门"项目2019年底已经启动,既有科创办公的功能,还有商业零售、文化娱乐、体育休闲、会议酒店和居住等功能,混合渗透、有机结合,让大家可以工作在张江、生活在张江、消费在张江,使张江更加具有人文气息。

"十四五"期间,浦东新区还将继续致力于提升市民生活的温度,建设更多高水平的教育、医疗、文化、体育等公共服务设施,完善商业、休闲、交通、居住等城市功能,推动张江加快从园区到城区转变,使张江科学城成为充满创新活力的宜业宜居的创业首选地。

## 三、张江科学城转型发展的启示与展望

张江科学城转型升级的发展之路充分体现了国家战略顶层设计的前瞻性和重要性。另外张江科学城发展过程中一直坚持的对标国际最高标准、规划先行的发展理念,以及推动业态、形态、生态协同发展的战略谋划是促进科学城跃升的强大动力。总结张江科学城转型升级的发展经验,可以对我们有以下启示。

一是坚持党的领导和国家战略。面临世界百年未有之大变局和中华民族

---

① 李鹏,郑莹莹,郁玫. 张江:从一个"园"到一座"城"[EB/OL]. (2017 - 10 - 19)[2021 - 12 - 15]. https://www.sohu.com/a/198898608_123753.

伟大复兴的两个大局,我们要始终坚持中国特色社会主义道路和习近平新时代中国特色社会主义思想的指导,坚持"四个自信",在党中央国家战略指引下,推动我国在关键核心技术领域取得大的突破,更好发挥科技创新策源功能。同时聚焦关键领域发展创新型产业,加强区域协同和科技协同,持续推进自主科技创新。

二是坚持从量变到质变的提升。从张江科学城的发展可以看出前期十几年的基础设施建设为后期的功能提升打下了坚实的基础。基础的夯实往往需要长期的积累,张江科技园区从前期大科学设施的投入、吸引主导产业的集聚,逐步上升到服务制度的优化,最后跃升到综合功能的提升。可以看出科技园区的转型发展需要在内外条件的支持下实现量变到质变的螺旋式上升,持续推进实现整体功能的全面跃升。

三是坚持国际视野最高标准。张江高科技园区从开发之初就坚持全球最高标准,不管是大型科学装置的落地还是高科技人才的引进以及园区规划和服务制度的创新,都是在自身基础上面向未来、面向全球,以最广阔的视野和最高标准的目标,开展实实在在的部署落实。

四是坚持规划先行持续谋划。张江园区的转型发展一直以来坚持规划先行,始终在中央和上海的政策指引下,谋篇布局系统规划,始终坚持强化科技创新策源功能、提升城市核心竞争力的主线,坚持"使命导向、策源驱动、赋能发展、开放融通"的原则,朝着实现具有全球影响力的科创中心功能全面升级。

展望未来,张江要打造产城融合、生态良好的国际一流科学城可以继续从以下几方面进一步优化。

一是全力营造创新生态的环境。创新物种的多样性是创新生态系统的一个根本特征,是其保持旺盛生命力的重要基础,是创新持续迸发的基本前提。多样性要求创新生态系统应容纳尽可能多的创新基因库,而竞争性合作共生则促使创新生态系统达到最适宜的多样性程度。因此,构建科技创新生态的前提是要集聚大量多样的创新主体,保证科技生态系统的基本土壤构成。

二是制度创新提供机制保障。创新生态系统不断从外部引入新物种和新要素,在一个国家或区域的创新生态系统中,研究型、开发型、应用型、服务型各个群体在充分互动、高度协同中演进。这就需要市场体制和机制灵活高效,促进系统中的各个族群良性变异、优化选择、演变扩散。这就需要政府在制度创新、治理优化及服务创新方面提供全方位的体制机制保证。

三是创新文化氛围。国内外实践表明,构建优良的创新生态系统,需要从最初起就赋予其多样性"基因",并使其尽可能地自主演化。这就需要知识产权保护的法律法规体系,营造鼓励创新和包容失败的制度环境。

四是促进良性循环。在自然生态系统中每种生物都有功能定位,通过互动和演化保持动态平衡。在创新生态系统中,科技发展的方向也会随大势而变化,而起到中枢作用的关键物种,则是掌握了关键核心技术、根技术、底层技术或关键设计等的主导产业。要形成优良的创新生态系统,一方面需要企业主体的野蛮生长,另一方面需要政府的前瞻性引导和全面服务,促进创新主体和政府服务之间的和谐互动及良性循环。

从张江科学城转型升级发展,打造具有全球影响力的科创中心承载区的历程来看,我们深刻感受到,真正的核心技术是求不到、买不来的,浦东作为科技创新的国家队,有责任、有义务、有条件加快自主创新步伐,要坚持把自主创新作为根本方向,把开放协同作为基本手段,把产业发展作为衡量标准,把创新生态作为重要内容,把人才建设作为关键支撑,全力打造原始创新的重要策源地,才能抢占未来科技创新的主动权。

习近平总书记在浦东开发开放 30 周年纪念大会上强调,"浦东要贯彻新发展理念,构建新发展格局,全力做强创新引擎,打造自主创新新高地"①。按照总书记的指示要求和引领区精神的指引,浦东新区将继续坚持全球视野、最高标准,持续推进创新驱动发展战略,打造自主创新新高地。力争早日建成世界一流的张江科学城,向具有全球影响力的科创中心进军。

## 参考文献

[1] 陈建勋,梁朝晖. 创新之路:产业发展经验与展望[M]. 上海:上海人民出版社,2010.

[2] 唐坚. 张江科学城打造创新策源地助力上海国际科创中心建设[J]. 现代经济信息,2020(3):189-191.

[3] 钱运春,郭琳琳. 创新之路:创新发展二十年回顾与展望[M]. 上海:上海人民出版

---

① 习近平. 在浦东开发开放 30 周年庆祝大会上的讲话[EB/OL]. (2020-11-13)[2021-12-25]. http://www.xinhuanet.com/mrdx/2020-11/13/c_139513634.htm。

社,2010.

［4］ 沈开艳,徐美芳.上海张江高科技园区创新集群模式的特征及主要政策[J].社会科学,
2009(9):3-9,187.

［5］ 中共中央、国务院关于支持浦东新区高水平改革开放 打造社会主义现代化建设引领
区的意见[N].人民日报,2021-07-16.

**(作者:张继宏,中共上海市浦东新区区委党校,讲师)**

# 税收大数据运行与智能服务创新

## ——上海自贸引领区税收大数据在经济运行与智能服务创新中的应用路径

**摘　要:**上海自贸引领区构建大数据治理体系,税收大数据的综合平台建设和智能化服务已成为创新引领新发展格局的重要支撑。本文就税收大数据在经济运行研判和社会管理中的应用进行了探讨,就如何将税收大数据应用于税收管理和涉税服务工作,运用税收大数据打通供应链、产业链,让税收大数据"开口说话",提高税收大数据应用效率,以更好服务经济社会发展提出相关建议。

**关键词:**税收大数据;应用创新;经济社会

构建上海自贸区引领区税收大数据平台关系到当前自贸区业态发展企业主体的持续和运行,涵盖纳税人基础数据信息、生产经营和市场交易数据、业态发展转型状况等,涉及生产、流通、分配、消费等各个环节,能够科学地展现自贸区市场主体的经营状况,精准反映自贸区经济运行现状及变动趋势,具有面广、量大、链长、类型多、节点细、客观、及时的特点。创新公共服务模式,完善社会治理,提高税务部门服务和监督能力,建立和完善税收大数据分析应用工作机制,加快推进税收大数据在经济运行和社会管理中的应用,是一个亟须研究解决的重要课题。

## 一、税收大数据在经济运行与智能管理中的现实作用

大数据应用对税务部门的整体分析、科学决策、治理能力有效提升具有十

分重要的意义,是税收现代化建设、提高税收征管能力、服务经济社会发展的必由之路。

税收大数据平台的构建主要包括:①数据文档源,采集数据和智能化储备;②数据梳理场,对数据进行分类、梳理、加工和追踪;③数据流程化,实现数据的输出程序化、科学模型化;④数据智能组,构成数据的有序分类多样化数据组指标和智能化数据分析、服务、跟踪等;⑤大数据平台,打造大数据需求互助和成果交流分享的输出与输入的局域性保密平台,等等。

金税三期上线应用,使得税务信息化基础平台、应用软件、业务标准等方面实现了统一,税收执法和纳税服务实现规范化和标准化。税务信息系统优化,"互联网＋税务"实施,云计算、人工智能应用提升了税收征管和纳税服务档次,税收管理和纳税服务向实现网络化、信息化、智能化迈出坚实的一步,税务部门在大数据应用方面积累了一定经验。

《中共中央国务院关于支持浦东新区高水平改革开放　打造社会主义现代化建设引领区的意见》的发布在国家税务总局上海市浦东新区税务局党委引发剧烈反响。浦东新区税务局部门表示,重在力行,要把为税收办实事、解难题作为成效的根本标尺。浦东新区税务局积极推动干部走进企业、走进园区、走进社区,为市场主体提供精细服务,把税收优惠政策、便民利民措施精准送达纳税人、缴费人手中,切实将学习教育成果转化为优化税收营商环境、进一步深化税收征管改革、支持服务浦东加快打造社会主义现代化建设引领区的实际行动。浦东按照《关于进一步深化税收征管改革的意见》,通过"以数治税"实现税收征管的数字化升级和智能化转型。税收大数据的快速应用成效明显,初步展示了其价值和作为。税务部门加大税务信息源收集力度,精准落实减税降费最新优惠政策,及时收集税源信息,准确查询大数据信息链,主动为政府决策机构和企业主体提供数据,实现服务创新。同时积极运用税收大数据对自贸区经济业态状况进行事前、事中、事后分析。

大数据在保障和改善民生方面大有作为。税务部门应充分运用税收大数据,把握经济发展方向和社会管理趋势,及时了解各项税收政策执行效果、纳税服务评价,不断修正行政行为,为民办实事、办好事,让群众切身感受到信息化带来的便利,提高服务水平。

各类发票数据既可以在微观上反映企业生产经营状况,也可以通过大数据综合分析在宏观上反映经济运行态势。平台通过增值税发票大数据分析,可从经营业态的上下游拓展到整个产业,揭示整条产业链的结构、运行情况与趋势,显示长板和短板,从而发现自贸区经济运行中存在的问题。

## 二、税收大数据对经济运行与智能服务管理的研判

近年来,税务部门逐步建成税收大数据库,税收大数据的应用进步明显。但是对于海量数据的应用,基层税务部门还没有达到得心应手的水平。

(1) 各种信息数据利用度不高。经过多年的建设,自贸区信息化水平提升明显,网络管理系统、数字化系统、基础数据得到完善,在信息管理方面也积累了一定经验,但是受信息平台、人员素质等多种因素影响,税收信息化的建设与世界发达地区相比还存在一定差距,税收信息化整体水平尚未达到大数据建设要求。现阶段提取的数据大部分不能客观反映实事、失真、相关性不足,利用价值不高,大数据应用规则亟须完善。

(2) 对纳税人智能化信息管理系统掌握不够。随着纳税人信息管理水平不断提高,受人员素质等方面因素影响,税务部门对园区、企业管理信息系统缺乏了解,无法取得企业大量财务信息和生产经营数据,数据分析内外联动不足,只能被动地接受企业提供的数据,难以及时全面掌握企业的生产经营数据,数据应用只停留在一定的层面,可资利用的信息不够完善[1]。

(3) 相关部门之间信息数据互通共享严重不足。这几年,通过自贸区税务部门的不断努力,相关管理部门间信息数据共享共用迈出了坚实的一步,取得了可喜的成绩,比如税务部门与社保医保部门间的数据互换共享,使得第三方数据在税收大数据中发挥了至关重要的作用。但是,由于历史原因,现今相关部门之间共享共用信息数据严重不足,数据和信息彼此分离,形成一个个信息孤岛,无法及时交换、有效共享,国内外海量的第三方涉税信息数据不能够为我所用,各种实体的不动产、金融、医疗、教育等方面的信息数据亟待互联互通、共享共用。

---

① 王建华.用好税务大数据赋能高质量发展[N].经济日报,2021-03-23.

（4）缺少既懂数字技术又懂经济、税收的综合人才。当今时代，大数据应用的价值在各行各业中表现非常突出，各行业大数据人才的缺乏也非常突出。随着云服务和移动互联的普及，税收工作需要精细化运作，税收大数据应用是必然结果。据统计，我国大数据分析人才缺口每年达到150万，大数据人才严重缺乏已经成为不争的事实。近年来互联网公司占据了技术创新的制高点，优秀的新技术人才汇集在一线互联网公司，相对而言，政府部门很难吸引到合格的互联网新技术人才，各级税务部门的大数据搜集、分析及数据挖掘等方面人才需求量比较大，特别是既懂数字技术、数据分析，又懂经济和税收管理的综合性人才更是比较缺乏。

上海自贸引领区税务局对大数据人才缺乏"渴求"，税务干部很少涉足大数据领域，很少通过大数据分析来解决问题，税收大数据应用还有很大的提升空间。

## 三、税收大数据在经济运行与智能服务创新中的应用路径

税收大数据的价值体现在应用，不用就是死数据。作为税收大数据策源地，税务部门必须运用好"互联网＋智慧税务"体系，整合优化税收数据入口源，储备税收数据分析库，充分运用数据证据，发挥大数据决策、大数据管理、大数据创新的新作用。

### （一）税务部门应设专司数据分析应用的部门

目前，上海自贸引领区税务局税源（风险）管理部门负责税收大数据分析应用，探索专门从事税务数据分析和应用管理的体系，一些数据分析停留在浅层次上，达不到数据决策、数据分析、数据咨询、数据监控的全新的大数据目标要求。应设置专门部门，运用数据应用平台，规划税收大数据应用目标，制定税收大数据工作计划、提取标准，确定数据内容、发布数据，负责与相关部门的信息交换，进行数据计算、经济分析、税收分析、数据管理、税收政策运用和提供咨询，形成专业化业务创新团队。为进一步支持税收大数据临港新片区发展，助力企业用足用好税收政策，浦东新区临港税务局打造了"蓝税滴"税务服务团

队。团队主动对接企业,了解涉税诉求,开展政策宣讲,提供跨前服务。通过大数据平台的构建,为自贸区全体纳税人提供一个数据平行化、应用简单化、分析综合化、工具集成化、管理可视化的税收大数据服务、运用、分析和决咨平台。

## (二) 税务部门应完善税收大数据应用工作机制

税收大数据应用需要与相关部门之间协作配合,要有统一的数据标准和数据内容调整机制,使数据得到有效应用,这就有必要建立一整套数据收集、整理责任制,明确收集纳税人信息和税务机关信息的责任。要建立数据分析机制,设置不同的任务,制定相应的数据分析模型,进行科学分析,及时测试分析结果,不断调整和优化分析方法。要建立数据分析结果反馈机制,及时将分析结果反馈给相关部门和内部科室,为经济发展、政策调整、组织收入、减税降费、税制改革、纳税服务、税收征管等提供决策咨询服务。浦东的税收优惠政策是对原来自贸区税收优惠政策的升级扩围,通过企业所得税减免、进口环节税收减免、增值税优惠等鼓励技术创新,打造产业集群,推进高水平开放,服务构建新发展格局。针对分层级业务独立核算管理方式,建议离岸业务和在岸业务进行独立核算管理,分别享受优惠税率①。假如无法有效开展独立核算,或者难以准确划分离岸业务对应成本和费用,可以通过相应计算规则对成本费用进行分摊,在某些特殊业务场景下,企业需要出具专项报告,如果涉及关联交易,还需提供关联交易报告表和同期资料。在这方面应用税收大数据,可以有效地与相关部门之间协作配合。

另外,离岸业务税收优惠制度的设计还可以考虑与周边国家(地区)相关政府部门或专业机构合作,构建更为全面完善的离岸贸易业务统计指标体系以及离岸贸易商互认制度、离岸贸易企业税务认定标准和分级分类评价体系。在国际税收协作网络体系内,对离岸贸易公司的经营范围和离岸贸易特征、离岸贸易经营指标,以及离岸贸易活动消耗当地开支的归集、划分等进行明确有效的判定,从而便于税务部门及其他政府部门掌握辖区离岸贸易的发展状况。

---

① 张建光,朱建明,张翔.基于云计算的税务信息化建设模式探讨[J].税务研究,2013(11):59 - 61.

### （三）税务部门应管理好税收大数据

针对税收大数据管理中形成的信息孤岛和休眠数据等问题，要进一步激活大数据应用平台，扩散各种信息资源，推进税收大数据标准化、精准化，使信息资源运行起来并有效使用。必须统一收集和接受第三方信息资源，并提供给政府信息平台。税务部门应做好保密安全管理，确保税务相关信息和数据资源安全。鉴于税收大数据量大、分散、多样、分析难度大、对人的要求高，应重点培养复合型大数据专业人才。首先，上海具备自主创新的优势，比如上海有很多大专院校，在税收大数据分析上有优势；其次，上海每年都会吸引大量海归，具备人才聚集优势；最后，上海有相应的资本市场，资金充裕，融资便利，成本也比较低。但是上海也存在一个相对的短板，上海本身没有独特、创新的税收优势。要实现税收大数据科技创新，除了硬件以外，还需要一些软件、制度层面的支持，其中一个就是大数据税收优惠的安排。

### （四）应用税收大数据服务好经济社会决策

浦东在特定区域开展公司型创业投资企业所得税优惠政策试点。在试点期内，对符合条件的公司型创业投资企业，按照企业年末个人股东持股比例免征企业所得税，个人股东从该企业取得的股息红利按照规定缴纳个人所得税。

充分运用税收大数据，可以加强自贸区企业大数据资源的深挖细掘、智能分析和融合共享，提升公司型创业投资企业税收治理的现代化水平。大数据税收的晴雨表，是通过税收大数据，全面研判区域性市场主体的生产经营状况，及时、精准、客观地反映经济运行情况。运用税收大数据分析，避免各种资源浪费和助推有效投资。自贸区通过税收大数据和其他经济数据相互印证，为企业纳税人创造更加公平公正的税收营商环境。凭借税收大数据，研判和理顺纳税人个性化需求，重塑全方位、全流程的菜单式税务服务体系，开放税收营商环境，把税收服务企业做实，为企业提供税收优惠服务，从而引进企业、留住企业、化解风险、推进发展。

运用税收大数据，主动研判处于融资困难中企业的纳税信用级别，据此为信用较好的企业推荐特色化融资产品，也为信用风险企业解决实际困难，避免自贸区企业空壳化。大数据分析企业生产经营、技术研发、享受政策等情况，相关政府部门凭借税收大数据为企业勾描画像,帮助企业找准发展定位,共同查找企业症结的所在,该扶的扶、该帮的帮,减少负面清单①。

随着互联网经济与实体经济的高度融合,税收大数据在推动经济社会高质量发展,以及未来税务对高附加值行业的扶持,推动更高层次自贸区行业服务创新有更积极的作用。同时,运用税收大数据平台,主动搭建税收政策与企业互动平台,构建税收征管体制有关执法、服务、监管等综合功能的合成创新,打造大数据运营下的高集成性、高安全性、高应用性的税收管理体系。另外,凭借税收大数据可以加强与企业之间的沟通协调,主动对接政府相关各部门,精准把脉自贸区企业业态发展的痛点。通过税收大数据平台信息的筛选比对,以及"线下对接+线上平台"方式,帮助企业打通产业链痛点,实现供需平衡。

总之,税收大数据是无数市场主体的数据汇聚而成的。"互联网+智慧税收"对税收工作提出了更高更严的要求。今后,税务部门的税务信息平台将是立体化、多元化的,以风险、信用和信息管税的形式存在,税务部门将利用平台产生的海量数据,汲取有效信息,进行相关性和可比性分析后加以应用,利用信息资源优势,分析宏观经济发展趋势,为地方政府政策制定和经济规划、引导产业结构调整、促进经济绿色健康发展提供充足依据。"大数据+税收"发展之路没有终点,只有新起点。今后,互联网和大数据必将对税收工作产生深远的影响,税务部门只有顺应新时代、新潮流,不断创新、不断变革,应用税收大数据研判经济运行并参与社会管理,才能发挥税收大数据服务民生、改善民生的重要作用。大数据智能平台的上线,推动着上海自贸区税收监控分析更趋智能化、纳税综合服务更趋精准化、税收征管模式更趋现代化,最大限度地提高税务人员的工作效率,对促进税收管理水平提升和纳税服务质量提高具有重要意义。

**(作者:于志明,中共上海市浦东新区区委党校,教研室主任,副教授)**

---

① 谢波峰.大数据时代税收微观数据体系的构建[J].税务研究,2015(1):92-95.

# 社会治理

# 浦东创新治理模式，引领基层社会治理现代化

**摘　要：**浦东 30 多年的快速发展，基层社会治理创新取得了巨大成就，创造了一系列适应经济社会发展的基层社会治理机制和平台，形成了专业化的基层社会矛盾和问题解决机制，提升了社会协同参与机制，扩大了基层社会治理队伍和力量。由此形成了浦东基层社会治理的模式，这个模式以党建创新引领基层社会治理发展，以服务型政府建设提升政府基层社会治理能力和水平，以统筹谋划推进基层社会治理协调发展，以科学治理提升基层社会治理智能化智慧化水平。浦东以创新理念和创新精神、党建品牌和机制创新、治理制度创新、治理机制创新、技术运用创新引领基层社会治理现代化发展。

**关键词：**基层社会治理；浦东模式；引领

30 多年的快速发展创造了浦东奇迹，浦东的社会主义现代化建设走在了全国的前列，是中国特色社会主义现代化建设的典型发展区域。在浦东快速发展的进程中，曾经产生和遇到的很多社会矛盾和问题具有先发性，既有特殊性也有普遍性，在基层社会治理创新探索过程中，形成了具有浦东特色的基层社会治理模式。2021 年，浦东成为社会主义现代化建设引领区，在创新中形成的浦东基层社会治理模式，对我国探索基层社会主义现代化发展也将提供引领作用。

## 一、浦东基层社会治理创新成就

浦东作为开发开放的前沿阵地，其基层社会治理的基础和条件具有特殊性。浦东基层社会治理是作为经济发达地区和经济开发地区的基层社会治理；

浦东基层社会治理是郊区向现代化新城区快速变迁中的基层社会治理,经济发展快、变化大、需求多,基层社区类型多、地区差异大、发展不平衡,治理复杂性和难度大;浦东基层社会治理是作为大都市的大城区、大街道、大镇域、大社区的基层社会治理,资源、人才、机制等社会治理基础条件相对不足。正是在这种基础和条件下展开了浦东基层社会治理创新发展的三个阶段:在浦东形态开发阶段,浦东基层社会治理注重基层社区服务和大力推进社会事业发展;在整体开发阶段,浦东基层社会治理注重社会组织和社工队伍建设,构建城乡基本公共服务体系;在二次创业新阶段,浦东基层社会治理更加注重体制机制建设和体系完善。经过 30 多年的实践探索,浦东基层社会治理创新取得了可喜的成就。

第一,形成了一系列基层治理机制和平台。

一是开创了镇管社区模式并形成了外溢效应。1995 年原浦东新区严桥镇对集中居住的四个居委的市民[①]服务管理,创造性地提出了镇管社区新的管理模式。随后,这一模式在原钦洋镇、原花木镇进一步试点。2005 年开始浦东综合配套改革试点,镇管社区模式也在原花木镇、三林镇、川沙镇进一步试点。2012 年上海市将浦东试点探索的镇管社区模式推广到上海郊区所有镇以及大型居住社区[②]。这样由川沙镇镇管社区的"两委一中心"体制成为各镇推进镇管社区的标准模式[③]。

二是浦东社会矛盾和问题的发现和解决的平台与机制。2006 年浦东新区街道开始推进网格化管理,2007 年浦东第二波网格化管理在镇域推进,全区建成了网格化管理体系。2017 年浦东新区在网格化管理中心的基础上开始建设浦东城市运行综合管理中心,形成了"1+36+3+X"架构体系。浦东城市运行综合管理中心在各街镇成立分中心以及世博园区、国际旅游度假区、临港新城设分中心。这个体系的最基层就是 X,指村居建立的联勤联动站。2019 年,浦

---

① 当时,人们习惯把城市化的区域称为社区,这四个居委的市民是 20 世纪 90 年代初上海市旧城改造集中动迁到此的市区居民,人们习惯把他们居住的居委称为社区。

② 2012 年上海市出台《关于大型居住社区推进镇管社区模式意见》《关于郊区镇推广镇管社区模式意见》,镇管社区模式在上海郊区的 101 个镇中全面推广。

③ 根据上海市社会工作委员会和上海社会科学院社会学研究所联合课题组调研资料,到 2016 年建立了完整的"两委一中心"中间层的占 63.4%。参见中共上海社会工作委员会,上海社会科学院社会学研究所联合课题组.深化镇管社区体制机制创新调研报告[J].党政论坛,2017(3):40-42。

东城市运行综合管理中心升级,智能化治理实现城市运行综合管理全行业、全区域、全时段覆盖;实现城市管理资源高度整合、监控信息系统高度集成、部门联勤联动高度协同以及上下贯通指挥的高度统一。2020 年浦东城市运行综合管理中心升级为 3.0 版,探索运用大数据、云计算、人工智能、区块链、5G、时空定位等最新技术,使场景更智慧、运行更智能、管理更高效。浦东城运中心加快地理信息资源整合,绘好治理要素"一张图";加快电子政务外网升级,结好互联互通"一张网";加强数管平台建设,形成数据汇聚"一个湖";加强云管平台建设,支撑城市大脑"一朵云";全面推进系统部署,构建城运系统"一平台";全面推广政务微信,用好移动应用"一门户";积极用好市专项模块,助力基层疫情防控工作。

三是浦东服务中心体系建成。浦东开发开放之初,各街道推进居民事务服务中心建设,随后各镇也把居民事务服务中心建设作为标准配置。2006 年浦东市民中心建成并投入使用,标志浦东服务中心建设迈上了一个新台阶。随后在街镇层面,不断扩充各类服务中心数量,从居民事务服务中心到医疗卫生中心、文体活动(体育娱乐)中心,2014 年后各街镇服务中心数量从 3 个扩充到 6 个,增加了社会组织服务中心、心理健康中心、党建服务中心,还有的街镇建立了维修中心、理发中心等居民日常生活服务中心。在社区层面 2017 年浦东新区开始推进"家门口"服务体系建设,到 2018 年底在全区 1371 个居村委全面完成了"家门口"服务体系建设,并不断推进服务内容和服务项目增加。2020 年,浦东"家门口"服务体系进入提质增能阶段,将提供更高质量服务作为目标。

第二,形成了专业化解基层社会矛盾的机制。

一是基层调解组织体系不断完善。我国社会矛盾调解体系主要包括行政、司法、人民调解三大系统。浦东在调解基层社会矛盾中,充分发挥各类调解机构的作用。在机制建设方面,人民调解中心从基层到区中心整体体系完善,在街镇层面成立了人民调解中心;在居村委层面,设立人民调解室。发展重点领域矛盾专业调解机构,大力推进专业调解和社会调解力量发展。同时,浦东还重点建立了一些专业性、专门性的调解机构和多层次矛盾纠纷化解网络,包括金融消费纠纷、版权纠纷、计算机协会人民调解委员会等,建立了医疗调解委员会、物业调解委员会、交通调解委员会,出台特殊人群关怀帮扶、安置帮教规定和实施细则,鼓励社会力量参与社区矫正,积极探索戒毒人员矫治的途径和方式。

二是基层法律援助队伍和援助工作不断扩大。依法治理是现代化社会治理的基本特征,浦东新区在基层社会治理中深入推进依法治理工作。浦东新区在新时期规定所有单位和部门需要有专业的法律顾问,将居村公共法律服务工作室建设纳入政府实事工程,全面落实居村法律顾问制度,在全区1300多个居村委全面建成公共法律服务工作室,并实现了全区居村委法律顾问全覆盖,每个居村委至少有1名法律顾问。与新区法院合作,加强法律援助与司法救助机构合作,成立驻新区法院法律工作站。积极推进法律援助进监狱等特殊群体法律援助工作,与一些监狱签约长期落实司法人员专人进驻,建立长期合作机制,提供特殊群体法律援助。

第三,形成了社会协同参与基层社会治理机制。

一是社会组织发展环境不断改善和优化。浦东通过搭建创新平台,营造社会组织成长的良好氛围。1993年浦东新区成立了全国第一家社区行业协会。1996年率先探索社会组织管理社区公共服务项目"罗山会馆",强化了社区非营利组织的发展,激发了市民参与社区治理的积极性。2006年成立了国内第一家社会组织孵化器。2009年成立了全国第一家公益性服务园区——浦东公益服务园。2013年浦东洋泾街道成立了上海市首家社区公益基金会。这同浦东新区改善和优化社会组织发展分不开,也同浦东新区大力促进浦东社会组织发展财政扶持政策分不开。浦东2005年发布《关于促进浦东新区社会事业发展的财政扶持意见》;2007年发布《浦东新区社会工作人才队伍三年发展纲要》《浦东新区关于政府购买公共服务的实施意见(试行)》《关于促进浦东新区民间组织发展的若干意见》;2011年发布《关于促进浦东新区社会组织发展的财政扶持意见实施细则》;2016年发布《关于促进浦东新区社会组织发展的财政扶持意见》;2021年发布《关于促进浦东新区社会组织高质量发展的财政扶持意见》。

二是创建社区居民积极参与的机制和平台。社会治理要形成人人有责、人人尽责、人人享有的社会治理共同体。社会治理共同体建设的关键是共同体内的居民积极参与。社区也叫共同体,社区居民参与社区事务的平台和机制是社区居民参与的关键要素。浦东新区各社区除了按照上级要求成立居村民代表大会、业主委员会和业主代表大会、居村委村务公开和财务公开监督委员会、社区委员会等平台和机制，也开创了许多特色的社区居民参与平台和机制，包括志愿者银行、"三会一代理"制度、"1＋1＋X"民主模式、睦邻中心、社区基金会、相约星期四、社区微心愿等。

第四，夯实了基层社会治理力量和队伍。

一是社工队伍建设和社工领域拓展。浦东非常注重专业社工人才队伍建设，成为全国首批社会工作人才建设试点示范区。浦东社会工作首批专业工作人员来自中国青年政治学院社会工作系。浦东社工队伍扩大和社工领域拓展密不可分。2000年浦东在街道和居委会设立了全国第一家社工站，社工站建设逐步向浦东50多家医院和学校推进。2003年浦东成立国内第一家非营利性社会工作服务机构——上海乐群社工服务社。2007年浦东出台《社会工作人才队伍三年发展纲要》，按照社会工作职业化、专业化要求，全面规划浦东社工发展。同年，上海中致社区服务社在浦东成立，启动浦东司法社工改革，打造"家庭禁毒联盟""青少年英雄联盟"等品牌项目，构建行业管理、实务操作、教育培训和监督评价四大体系，形成了社会工作健康发展的格局。

二是居村委人才队伍建设。在居村委基层社会治理队伍中"一把手"是关键。20世纪90年代，浦东新区居村委书记由一批企业下岗职工中的党员干部充实起来。进入新时代，浦东通过加强人才队伍培养，不断充实居村委支部书记队伍建设。2015年，《进一步创新社会治理加强基层建设的实施意见》出台，实施居民区和村委会书记进享编制等举措，大大夯实了"一把手"队伍。聘用大学生村干部是提升居村委人才队伍素质和能力的重要方式。浦东新区每年招收一批大学生村干部，同时让部分新进公务员队伍或后备人才队伍中部分人员到居村委锻炼一到两年。例如，2021年浦东新区组织部举办的30人浦东新区储备干部班全体成员到农村挂职锻炼两年和一个90后公务员科级干部班40多名科级干部到居村委挂职9个月。这些方法都有利于基层社会治理队伍素质能力和治理水平的提升。

## 二、浦东基层社会治理模式的特点

浦东在创新基层社会治理实践中逐步形成了较为完整的基层社会治理模

式。浦东基层社会治理模式是在浦东经济社会快速发展过程中,为适应不断变化的经济社会发展环境,解决快速发展过程中基层社会矛盾和问题而形成的一整套基层社会治理体系。

第一,坚持党建品牌创新,以党建创新引领基层社会治理体系创新。

一是注重党建品牌创新,发挥基层党建的基层社会治理灵魂和支撑力量的功能。浦东新区在开发开放之初便提出了"一流党建促一流开发",注重党建在经济社会发展中的作用,形成了开发区党建、楼宇党建、阳光驿站、区域化党建、党建"三服务"、金领驿站等党建品牌,充分发挥了党建的基层社会治理灵魂和支撑力量的作用。以浦东新区"家门口"服务体系建设为例。浦东新区在"家门口"服务体系建设中始终把加强基层党的建设、巩固党的执政基础作为贯穿社会治理和基层建设的一条红线,构建"区—部门(行业)—街镇(社区)—居村"四个层面的体系,横向到边、纵向到底,做到上下联动、左右贯通,并通过党建信息系统加强对接衔接,形成区域统筹、多方联动、共建共治的城市基层党建新格局。通过把村居党建服务站、社区事务居村代理室、浦东易生活线下服务站、志愿者服务站、青年中心、妇女之家等已有的站点系统集成在一起,为群众提供党群服务、政务服务、生活服务、法律服务、健康服务、文化服务、社区管理服务七大基本服务,把条线下沉和社区自有的党建资源、公共资源、服务资源、自治共治资源汇聚在一个终端上,党建成为基层社会治理的灵魂。

二是构建基层党建体系,形成基层社会治理的平台和组织框架体系。基层社会治理的基层指的是街镇及其所属居村委。浦东新区在街镇和居村委构建了四级党建体系。在街镇层面,以行政党组实体化运作,以城运分中心为载体,城市精细化管理为重点,实现全街道或镇域基层社会治理顶层设计、全面规划、统筹谋划、分类分级实施,注重基层社会治理的重点和全面性。在居村委层面,构建社区党组织为引领的"七位一体"运作平台,以"三会一代理"机制和社区各种平台推进社区治理。在浦东各个社区实施的"1+1+X"基层社区民主模式,就是党建引领的基层社会治理的民主机制。在街区层面,构建街区党建联盟平台,辖区内党组织与居民实际需求相衔接,以及微心愿平台和机制为基层社会治理创造新的模式。在园区和楼宇层面,建立服务型党建平台,推进企业党建、楼宇党建与园区发展、园区治理相衔接。

三是党建精准化建设路径，体现党建的治理效能。随着社会主义市场经济体制建立和完善，出现了诸多的新组织、新群体、新阶层。区域化党建、楼宇党建等基层党建的新模式，是新形势下形成的具有时效性的党建创新模式。党建新模式不仅将新组织、新群体、新阶层团结在党的周围，也能够创造新的社会治理平台，推动这些新组织、新群体、新阶层参与社会治理。创新党建新模式同创新社会治理新平台并举，甚至把党建新模式建设成为社会治理新平台，吸引更多的优秀分子加入党组织，带动社会治理创新发展，从而真正实现多元参与和协商共治。

第二，坚持服务型政府建设，提升基层政府社会治理能力和水平。

一是基层服务型政府建设。浦东新区从开发开放之初以"小政府、大社会"理念，按照精简、统一、高效原则，在浦东新区党工委和浦东新区管委会下设 10 个委办局，编制 800 人。2000 年，浦东新区正式建政，浦东新区区委下设 11 个部门，区政府下设 13 个工作部门。2005 年，浦东新区推进综合配套改革试点工作，将服务型政府建设作为"三个着力"之一，大力推进服务型政府建设，大幅削减政府行政审批量。基层街镇（乡）的设置数量也体现了"小政府"建设的理念。浦东新区街镇（乡）数量从开发开放初的 43 个，到 2009 年南汇区并入浦东新区前合并缩减到 24 个。浦东新区目前 36 个街镇大力发展服务人民群众的基础设施建设，纷纷建起了服务中心，而且各类服务中心从一个发展到六个。2021 年开始，浦东新区政务服务实现了"一网通办"，服务型政府建设成效越来越明显。

二是强镇优街战略和大市镇体制。为进一步提升基层政府社会治理能力和水平，加快服务型政府建设，浦东新区推出了强镇优街战略。这一战略推进从 2015 年开始，浦东新区重新规划街道和镇的职能，并改革和重新设置街道内设机构和镇内设机构，按照应放尽放、能放尽放的原则，将人事考核权、征得同意权、规划参与权等方面的管理权下沉到街镇，做实街镇层面的公共服务、公共管理、公共安全职能，并实行职责下沉准入、基层约请职能部门等制度，进一步理顺社区治理机制。大市镇体制是浦东应对经济社会发展新形势新问题而创设的新体制，主要是针对面积较大的川沙新镇、祝桥镇、临港新城镇设立的行政体制，对镇域内的大型产业或项目建设赋予特殊的管理权限，目的是增强大镇的统筹协调能力,综合统筹区域土地、资金,整合相关经济社会资源,实现区域协同发展。2021年,浦东新区聚焦减负、增能、赋权,在街道新设社区营商环境办公室、社区宣统文化办公室,进一步优化乡镇(街道)营商(投资)环境职能。

三是管镇(街)联动机制。浦东新区在区镇联动基础上积极探索管镇联动机制。2014年底,张江高科技园区管委会与张江镇开始探索管镇联动,充分发挥管委会在经济发展方面的功能,把张江镇经济发展的任务部分交给张江管委会,而张江高科技园区的社会管理和服务功能交给张江镇来执行,这样双方各取所长,发挥比较优势,实现开发区和街镇双赢。2016年,金桥出口加工区管委会和金桥镇也开始探索管镇联动。2021年,管镇联动开始进一步探索管街联动,即开发区管委会与周边街道实现双赢发展机制。管镇(街)联动机制成为提升基层政府社会治理能力和水平的一种新机制。

第三,坚持统筹谋划,推进基层社会治理协调发展。

一是创新基层社会治理理念。浦东经济社会发展走在全国的前列,遇到的基层社会矛盾问题也前所未有,基层社会治理与经济社会现代化发展相适应相协调的过程也是产生创新理念的过程。可以说,没有理念创新,就不会有基层社会治理各种机制和举措的产生。在创新理念指导下,形成了基层治理创新体制机制。由于在镇域内出现了成片区域的市民社区,原严桥镇原创性地提出了镇管社区模式。为了提升服务社区居民的能力,1996年浦东新区开始探索社会化托管社区设施,实现了社会组织管理社区服务项目罗山会馆。在市场经济条件下,如何推进基层社会治理发展,浦东新区较早探索社区服务和社区建设,加强社区治理,这些都同与经济社会发展相适应的基层社会治理理念创新分不开。

二是社会治理与经济治理、城市治理统筹推进协调发展。社会治理和基层社会治理不是社会的全部内容,与经济发展和城市发展相协调,是推进社会治理和基层社会治理现代化的必然要求。浦东新区一直坚持在经济快速发展中推进社会发展,在城市快速建设中推进社会建设,实现经济、建设、发展相协调,实现经济治理、社会治理、城市治理统筹推进和有机衔接,真正实现社会治理与经济治理、城市治理的统筹推进协调发展。

三是构建政府治理与社会自治良性互动关系。按照党的十九届四中全会要求，构建自治、法治、德治相结合的城乡基层社会治理体系，在浦东新区落实的是自治、共治、法治、德治相结合的基层治理体系。浦东新区基层社会治理的共治是基层政府与社会组织共同对基层社会事务、社会矛盾、社会秩序的管理。浦东基层社会治理体系体现的是良性互动的政府治理与社会自治关系。浦东新区基层社会治理的自治就是指村居民委员会实现的对本社区事务、社会矛盾、社会秩序的自我管理。浦东新区居村委"1＋1＋X"社区自治模式，就是探索党建引领下的社区民主治理模式，实现基层社会治理民主化发展。因此从整体上构建的基层社会治理体系体现的是政府治理与社会自治的良性互动结构和关系。

第四，坚持科学治理，提升基层社会治理智能化智慧化水平。

一是浦东城运中心数字化运行。数字化是现代社会发展的趋势和方向，运用数字化技术推进基层社会治理数字化发展，是浦东创新基层社会治理的重要体现。浦东城运中心在社会治理实践中运用大数据、云计算、人工智能、区块链、5G、时空定位等最新技术，以发现基层社会矛盾、问题，快速解决矛盾问题，实现城市治理的智慧化、现代化，提升浦东基层社会治理水平。

二是城管执法数字化运行。浦东城管真正实现了数字化治理，一方面运用信息化技术，建立完善沿街商户数据库，归集全区沿街商户信息，为开展非现场执法、确定违法行为主体提供必要支撑；形成商户数据库和街态图更新机制，确保数据信息全面、实时、准确。一方面物联感知网络建设，安装街镇城管微平台乱点监控探头和"城管球"，共享公安、城运探头资源，汇集全区 3 000 余路视频探头；搭建智能车巡场景，城管 20 辆巡查车辆安装车载摄像头，对街面违法行为进行移动智能抓拍；针对跨门营业、乱设摊和占道洗车等城市管理领域的突出问题，开发智能算法，实现对违法行为的智能识别、自动采集。另一方面建立非现场执法处罚流程，串联物联感知设备、执法监管对象数据库和城管执法业务中台，实现从取证、处置、审议、处罚到执行全流程非现场办案闭环，确保依法依规办案。

三是智能码一码通用。浦东新区通过二维码、大数据等信息化手段赋能城市街面治理智能化。浦东新区智能码一码通用智能化应用 1.0 版于 2020 年 11 月 25 日率先试点上线。从试点区域看，首先在北蔡镇 3 条路段试点，然后逐步拓展。从内容方面看,先从垃圾分类和环境整治开始,逐步围绕市容管理、行业管理和拓展服务 3 个大项、12 个小项和 33 个子项及商户三级分级管理专项。北蔡镇以街面、商户管理的突出问题为切入口,按照一店一码、一码通用的设计理念,以项目简练、流程简捷、操作简单为设计定位,从发现、处置、服务和日常考核四个方面入手,制定场景运行规程,注重过程监督和精细化提升。截至 2021 年 4 月底,北蔡镇智能码一码通用智能化应用 1.0 版已覆盖 30 个居委辖区、12 条路段,道路覆盖率达到 50%,沿街商户覆盖率近 75%。智能码一码通用真正覆盖治理盲区,激活城市"神经末梢",实现了多元融合快速响应,创新管理优化智慧集成,智能精细实现双融合。

## 三、引领基层社会治理现代化发展

按照《中共中央国务院关于支持浦东新区高水平改革开放　打造社会主义现代化建设引领区的意见》,浦东新区在城市建设和社会治理方面也要引领发展。从浦东新区基层社会治理模式来看,浦东新区在基层社会治理现代化方面的引领主要从几个方面展开。

第一,以理念创新和创新精神引领基层社会治理现代化发展。

浦东新区在基层社会治理创新发展中形成的理念创新为先和创新精神是新时代推进基层社会治理现代化发展的重要方面。从一定意义上来说,理念创新是其他方面创新的先导。浦东新区基层社会治理创新、社会治理体系和能力现代化发展最重要的基础就是根据经济社会发展阶段和条件变化,为解决基层社会发展面临的矛盾问题提出具有时代性、首创性的治理理念。由于总体上浦东社会主义现代化建设发展阶段和发展水平处在其他地区的前列,以理念创新引领基层社会治理现代化发展,是一项重要的经验。社会发展和时代条件总是在不断发展变化,社会主义现代化建设也会随着各地的资源、基础差异而表现出不同的问题和矛盾,要有敢闯敢试的精神应对新的问题和挑战,适时地、因地制宜地提出创新理念,推进基层社会治理现代化发展。

第二,以治理制度创新引领基层社会治理现代化发展。

在推进基层社会治理现代化发展中,浦东形成了许多制度创新成果。这些制度性成果以公约、意见、规章、条例等方式存在于浦东各基层。在推进基层社会治理体系和能力现代化发展中,这些制度创新成果发挥了重要作用。随着新时代社会全面现代化发展,制度创新成为必然的要求。不断根据社会条件、社会发展阶段以及发展环境变化适时创新制度,才能不断推进基层社会治理现代化发展。浦东引领基层社会治理现代化发展,同时各地也需要结合自身资源、环境、条件不断推进制度创新,因地制宜地推进基层社会治理现代化发展。

第三,以治理机制创新引领基层社会治理现代化发展。

推进基层社会治理创新的重要渠道就是基层社会治理机制和平台创新。在浦东基层社会治理发展中,根据经济社会发展阶段和条件变化,浦东基层创造性提出了镇管社区、管镇联动社区委员会、两委一中心、睦邻中心、志愿者银行、相约星期四、三会一代理制度等机制和平台,实现了基层社会治理机制和平台创新,推动了人人参与、人人享有的社会治理共同体发展,提升了基层社会治理现代化水平。随着经济社会发展阶段和条件变化,在引领基层社会治理现代化发展中,各地要结合自身发展实际不断推进基层社会治理机制和平台创新,以机制创新和平台创新进一步推进基层社会治理现代化发展。

第四,以技术运用创新引领基层社会治理现代化发展。

在推进浦东基层社会治理创新发展中,通过先进技术来提升基层社会治理现代化水平具有重要的意义。利用数字技术和大数据、5G、云计算、时空定位等先进技术,提升浦东城运中心智能化发现问题、解决问题的能力和水平,推进了基层社会治理现代化发展。随着时代发展,新技术将被不断创造出来,要把最先进的技术运用到基层社会治理实践中,推进基层社会治理现代化发展。

**(作者:桂家友,上海市浦东新区行政学院,副教授)**

# 广东省城乡社区协商制度的发展
# 对浦东三会制度建设的启示①

**摘　要**:城乡社区协商是基层协商民主的重要组成部分。近年来,广东省对城乡社区协商议事制度开展了系统和全面的改革和探索,不断丰富协商内容和形式,拓展协商范围和渠道,构建了制度健全、内容丰富、协商主体广泛、程序科学的城乡社区协商新局面。浦东应借鉴深圳社区协商议事制度的发展经验,进一步加强三会制度建设,打造协商主体广泛、内容丰富、形式多样、程序科学、制度健全、成效显著的城乡社区协商新局面,推动协商民主多层、广泛、制度化发展,提升城乡社区精细化、精准化治理水平。

**关键词**:城乡社区;协商;三会

城乡社区协商是基层协商民主的重要组成部分,是协调基层治理资源、提升基层治理能力、推动基层治理现代化的有效实现方式。党的十八大以来,全国各地开展了丰富多彩的城乡社区协商实践,并且日益成为基层群众自治的重要途径②。2015 年 7 月,国务院印发《关于加强城乡社区协商的意见》,明确了城乡社区协商的重要地位和作用,为稳步推进城乡社区协商指明了方向。党的十九大报告也指出,要形成完整的制度程序和参与实践,保证人民在日常政治生活中有广泛持续深入参与的权利。近年来,广东省对城乡社区协商议事制度开展了系统和全面的改革和探索,不断丰富协商内容和形式,拓展协商范围和渠道,构建了制度健全、内容丰富、协商主体广泛、程序科学的城乡社区协商新

---

　　① 本文系上海市哲学社会科学规划课题"党建引领社会治理共同体建设的实践机制研究"(2020BDS010)的阶段成果。
　　② 民政部部长解读《关于加强城乡社区协商的意见》[EB/OL]. (2015 - 07 - 22)[2021 - 08 - 20]. http://www.xinhuanet.com/politics/2015-07/22/c_1116010158.htm.

局面。本文对此做了系统研究和梳理,希冀为浦东进一步推动三会制度建设,充分激发蕴藏在群众中的治理活力和治理智慧,打造共建共治共享的社会治理格局,助力浦东社会主义现代化引领区建设提供有益借鉴。

# 一、广东城乡社区协商制度发展的基本情况

改革开放以来,广东省基层发展颇具活力,形成了一系列具有广东特色、全国影响力的社区治理模式,如深圳特区、广州市以及东莞、中山、南海、顺德"四小虎"的示范经验。在新一轮的社会体制改革中,随着 2011 年中央印发《关于加强和创新社会管理的意见》,广东省再次提供了一批既有先进性又具有代表性的基层社会治理示范样本。2011 年,广东省出台《中共广东省委、广东省人民政府关于加强社会建设的决定》和 7 份配套实施意见(即社会建设"1+7"系列文件),成立了社会工作委员会,系统全面规划统筹广东省社会工作,在社会治理领域开展了深化改革。其中开展了一系列决策科学化民主化的改革,如 2012 年顺德区率先在全国开展参与式预算改革试点,让公众参与公共事务决策改革,成为一大亮点;广州市在城市废弃物处理、重大城建项目等多个城市建设领域成立公众咨询监督委员会体系;佛山市南海区在全国首设社会政策观测站;深圳市盐田区创新两代表一委员制度等,从而为社区议事制度的改革营造了良好的氛围,提供了有力的支持。

在前期优化基础运行环境、扩展社区服务功能的基础上,从 2012 年开始,广东省以培育社区自治能力为主要目标,把社区议事协商作为稳步推进新阶段社会基层治理水平现代化的重要途径,着力搭建平台、建立机制、规范程序、拓展渠道,引导多元主体参与社区事务,提升居民议事水平,化解社区矛盾,创新社区治理,广东各地因地制宜地开展了广泛多层制度化的城乡社区议事模式探索,取得显著成效,其中影响力最大的是广州增城区下围村的"一事一议"、广州越秀区的"分层议事"和深圳市罗湖区的"罗湖十条"等。

## (一) 广州增城区下围村的"一事一议、民主协商"村民代表议事制度

广州增城区下围村在 20 世纪 90 年代是有名的问题村,内部的派系斗争不

断,严重影响了村庄的经济社会发展。2014年1月,新一届村"两委"按照科学民主的议事机制制定了《石滩镇下围村村民代表议事制度》,建立了全新的村民代表议事制度,仅用一年多时间就结束了村内近20年的派系斗争局面,从原有的问题村一跃成为全国"村民自治示范村"和"民主法治示范村",下围村模式也成为村民自治的一个典范,在广东全省推广。

下围村的村民代表议事制度改革核心是"一事一议、民主协商",主要从规范议事规则入手,从制度、程序、细节上完善民主议事、民主决事的制度程序。议事制度由指导思想、人员构成、议事内容、会议的召集、会议的程序、决议和决定、纪律处罚、议事大厅的功能分区八个主要部分,在打造议事平台,确立规范细致的议事规则,采用现代化的村务公开手段,建立镇对村的常态化、精细化的服务管理和联络指导机制等方面有许多亮点。与广东省其他地方同一时期开展的村民自治的探索相比较,下围村模式更多体现出现代治理的色彩,即以规范化、制度化、法治化、直观化的村民自治的现代元素,展现村民自治的应有之义[①]。

### (二) 广州越秀区的"分层议事制度"

越秀区是广州市的中心城区,也是广州创新基层社会服务管理试验区,一直致力于推进社区自治管理体系创新,探索和完善社区服务管理体制。2014年,越秀区为推动城乡社区协商制度化、规范化和程序化建设,以东山街道和五羊社区为试点,通过制度保障、搭建平台等举措,充分调动各界群众、社会组织、企事业单位等多方主体有序参与基层公共治理,不断拓展协商范围和渠道,丰富协商内容和形式,形成了"楼宇事楼宇议,大院事大院议,社区事社区议"的分层议事机制,构建起协商主体广泛、内容丰富、程序科学、制度健全的社区协商新模式。全区222个社区均建成居民议事厅、居民议事委员会,厘清居民议事边界,规范居民议事程序,调动了居民参与社区治理的积极性。2015年,社区分层议事制度被广东省上报为全国基层治理创新项目,越秀区在第二届全国社会治理创新经验交流会中被评为"2016全国创新社会治理优秀城市"。

---

① 曾秀兰.民主与法治:村民自治的善治之路——广州市增城区下围村的实践探索为例[J].南方农村,2017(6):54.

### （三）深圳罗湖区的"罗湖十条"

2010 年，深圳福田区莲花街道彩虹社区开始探索协商议事，2012 年底，福田区实现了全区居民议事会、社区党员提案制的全覆盖。在此基础上，深圳罗湖区于 2012 年底在全国率先引入罗伯特议事规则，选取文华社区开展社区议事试点，借鉴安徽南塘乡村版议事规则"南塘十三条"的议事经验，形成"文华十条"。之后罗湖区又以"文华十条"为蓝本，制定了"罗湖十条"，作为整个罗湖区统一的社区议事规则。

2014 年，罗湖区社区多元融合新机制荣获"2013 年度中国社区治理十大创新成果"，并被民政部授予"全国社区治理和服务创新实验区"称号。2015 年 5 月，罗湖区的"活化赋权"社区治理法制化建设项目以赋制、赋能、赋权的制度创新推动基层民主协商规范有序发展，再次获得"2014 年度中国社区治理十大创新成果"，成为全国唯一两度问鼎这项殊荣的地区。

## 二、广东城乡社区议事制度的主要经验及特点

广东城乡社区协商制度以党建为引领，围绕社区治理的突出问题和难点，通过构建多元主体参与协商议事的动力机制和协同机制，建立普遍参与、服务均等、资源共享、科学决策的协商议事平台，组织一批具有代表性和广泛性的协商议事代表，形成一套科学有效的协商议事规则，达成共同体多元主体的议事决策共识，并实现共识中的共治。

### （一）着力加强协商议事制度设计，不断完善社区协商议事制度体系

有学者指出，步入 21 世纪后，伴随着社会经济的加速发展，地方改革实践的深入，《村民委员会组织法》《居民委员会组织法》等村居民自治实施办法等法律法规的颁布，以及在国家对创新治理规则的要求下，一些地方对自治规则的探索实践进入了"规则—程序"阶段①。规范化的制度建设既能及时巩固基层协商议事改革探索的重要成果，又能有针对性地解决发展中存在的问题并加以

---

① 李周，徐玉栋. 议事规则：村民自治有效实现的框架基础——以"蕉岭议事规则"为研究对象[J].华中师范大学学报，2020(1)：11 - 17.

规范。广东省各级政府及基层村居在实践中突出规则意识,以完善的规章制度来促进民主提事、民主议事、民主监事、民主决事,解决社区居民关心的热点、难点、重点问题,保障居民的知情权、参与权、建议权和监督权,切实推动基层协商民主建设。

### 1. 基层的实践探索

广东各地针对基层协商议事开展了大量的创新探索,取得了丰富的实践经验。如广东蕉岭县在村民代表会议基本制度的基础上,创设村民协商议事会,形成一套成熟的蕉岭议事规则,并根据议事的过程阶段,制定了议事型规则、决策型规则和执行型规则;广州增城区下围村结合当地治理基础,对村民代表会议制度进行了精细化、本土化设计,形成一事一议、民主协商模式;深圳罗湖区在"罗湖十条"的基础上,制定《深圳市罗湖区社区居民议事会工作指引》,进一步明确协商议事各项工作的具体细节,尤其对居民(代表)会议和议事会之间的关系如何理顺进行了探索,如工作指引第四条规定"经社区居民(代表)会议授权,将以下社区公共事务决策权授予社区居民议事会",为推动有效的社区事务民主协商机制的构建提供了示范样本。

### 2. 省市层面的制度探索

在基层丰富多彩的协商议事实践探索的基础上,2015年广州市在中央《关于加强城乡社区协商的意见》出台后,随即发布《推进城乡社区协商试点工作方案》,通过选取不同类型的镇(街)和社区开展试点工作,将《村组法》《居组法》等原则性的制度设计落地生根。同时广州市社区建设工作联席会议办公室根据试点工作方案精神,颁布《建立农村居民理事会工作指引》《建立城市社区议事会工作指引》《农村社区协商工作流程示意图》及《城市社区协商工作流程示意图》四个配套条例,从市级层面对城乡社区协商议事建设标准进行规范统一,以明确的操作细则促进城乡协商制度的程序化、规范化。2017年,广州市在全市全面推进城乡社区协商工作,发布《全面推进城乡社区协商的工作方案》《广州城乡社区议事厅标识》《广州市城乡社区议事厅建设标准》《村民代表会议制度(样本)》《社区居民议事会工作制度(样本)》等系列规范指引,进一步对社区协商的标志标识、范围渠道、内容形式、程序监督等做了统一和规范,做好协商议事规则的制度设计。

2012 年,深圳为推动社区自治,提升社区管理服务水平,对社区管理体制进行了创新,实施"居站分设"和"一站多居"改革,成立社区工作站,在社区的服务平台承接社区行政管理和公共服务;居委会则从繁重的政府事务中脱离出来,回归到基层群众性自治组织的法律定位,主要承担社区自治类事务。同年在全国率先制定社会建设领域地方性法规《深圳经济特区社会建设促进条例》,作为社会建设基本法。以此条例为指导,在全市推动社区居民议事会制度的建立。2014 年,深圳市为进一步推进社区居民议事会工作的规范化建设,改进和提高社区居民议事会工作效率,颁布了《深圳市社区居民议事会工作指引》①,对人员组成、议事范围、议事程序与规则等内容予以详细规定。

广东省为进一步推进城乡社区协商制度化、规范化和程序化,根据中央《关于加强城乡社区协商的意见》精神,2016 年发布《关于加强城乡社区协商的实施意见》,并同时开始着手制定《城乡社区协商工作规范》地方标准的编制工作,经过三年的调查研究,于 2019 年 10 月正式发布(见表1)。该标准从协商原则、协商主体、协商内容、协商形式、协商程序、运用协商成果及协商后续工作等十个方面对协商议事做了具体要求。

表1  2012 年以来广东省、深圳市、广州市在城乡社区协商议事领域的制度探索

| 省市 | 时间 | 制　　度 |
|---|---|---|
| 深圳市 | 2012 年 | 《深圳经济特区社会建设促进条例》 |
| | 2014 年 | 《深圳市社区居民议事会工作指引》 |
| | 2015 年 | 《深圳市社区居民议事会工作规程》 |
| | 2021 年 | 《深圳经济特区社会建设条例》(7月30日深圳市人大发布草案征求意见稿) |
| 广州市 | 2015 年 | 《推进城乡社区协商试点工作方案》《建立农村居民理事会工作指引》《建立城市社区议事会工作指引》《农村社区协商工作流程示意图》《城市社区协商工作流程示意图》 |

①  2015 年深圳市制定《深圳市社区居民议事会工作规程》(深民规〔2015〕2 号),《深圳市社区居民议事会工作指引(2014)》(深民函〔2014〕479 号)同时被废止。

（续表）

| 省市 | 时间 | 制　　度 |
|------|------|---------|
| 广东省 | 2017 年 | 《全面推进城乡社区协商的工作方案》《广州城乡社区议事厅标识》《广州市城乡社区议事厅建设标准》《村民代表会议制度（样本）》《社区居民议事会工作制度（样本）》 |
| | 2016 年 | 《关于加强城乡社区协商的实施意见》 |
| | 2018 年 | 《关于加强和完善城乡社区治理的实施意见》 |
| | 2019 年 | 《城乡社区协商工作规范》地方标准 |

### （二）积极推进协商议事平台搭建，不断丰富畅通协商议事渠道

为拓宽城乡居民民主参与基层治理的渠道，不断提高城乡基层治理水平，广东省多地相继以乡贤理事会、村民理事会、街坊会、邻里中心等多种方式开展城乡社区治理。2016 年广东省发布《关于加强城乡社区协商的实施意见》，开始在全省复制推广广州市增城区搭建村民议事平台的经验做法，加强村（居）民议事协商机制建设。其中城乡社区居民议事会成为广东城乡社区的重要议事组织机构、社区重大事项的决策讨论平台，以及社区居民、社区社会组织参与社区治理的有效载体，在促进基层民主政治建设、提升社区居民自治能力、推进社区和谐稳定等方面起到了重要作用。截至 2021 年 5 月，广东省已建立城乡社区议事协商示范点 3 100 多个，建立村民议事平台 9 900 个[①]。广州市除了积极打造议事会外，还大力推进规范化议事协商场所村（居）民议事厅的建设，统一议事厅标识，出台议事厅建设标准，至 2020 年 6 月已建成规范的城乡社区（村）居民议事厅 2 424 个，建筑面积达 18.4 万多平方米，其中农村社区村民议事厅 1 144 个，实现全覆盖；城市社区居民议事厅 1 280 个，覆盖率达到 81%[②]。

---

① 广东建立城乡社区议事协商示范点超 3 100 个，社区治理与服务交出"广东方案"[EB/OL].（2021 - 05 - 06）[2021 - 07 - 08]. http://www.gd.gov.cn/gdywdt/zwzt/yqfk/gdzxd/content/post_3276008.html.

② 城乡社区议事厅深化基层民主自治[EB/OL].（2020 - 06 - 08）[2021 - 07 - 10]. http://www.gzszfw.gov.cn/article/document.do?shId=17579.

**1. 突出党组织核心引领，全面搭建协商议事平台的组织架构及法律关系**

广东省各地充分发挥基层党组织的领导核心作用和居民委员会的自治主体作用，积极全面构建协商议事平台。如2015年深圳市发布《深圳市社区居民议事会工作规程》，规定一般社区居委会换届后两个月内，由社区居委会重新组建社区居民议事会。在处理社区综合党委、社区居民议事会等关系上，规定社区居民议事会在社区党组织领导下，以社区居民委员会为主导，遵守党的方针政策和国家法律法规，依法有序开展以民主提事、议事、协商等为主要内容的社区议事活动。同时社区居民议事会不能取代居民会议和居民代表会议，不能侵犯法律赋予居民会议和居民代表会议的权利。广州市2013年开始以城乡社区协商"116"工作法为抓手，持续推进城乡协商议事工作。"116"工作法是指以建好1个议事厅为重点，落实1个议事制度为核心，抓好议题收集、党组织提议、公开公示、征求意见、合法性审查、集体表决等6个主要环节，全面建立城乡社区协商议事制度。

**2. 科学规范运作机制，加强对协商议事平台的赋权赋能**

广东省各地制定的协商议事规范性文件通过清晰划分议事会权责、明确议事会成员的组成、规范议事会运行规则和激励保障等内容，建立了议事会科学规范的运作机制，形成了分工合理、边界清晰、运转高效、权责一致、依法保障的基层协商议事体制。如《深圳市社区居民议事会工作规程》规定，社区居民议事会成员任期三年，与社区居委会任期一致，可以连选连任。同时规定社区居民议事会原则上每三个月召开一至三次，每年议事会总计应不少于六次。遇有重大问题或突发事件可临时决定召开。罗湖区的社区居民议事会工作指引则要求社区居民议事会每月召开一次。

**3. 打造广泛、多层协商议事平台，推动全方位协商议事的开展**

广州通过网格化布点，建立街道、社区、片区三级党员民情议事会，构建开放、公共的基层居民协商议事机制。深圳作为国家可持续发展议程创新示范区之一，根据联合国《儿童权利公约》及联合国儿童基金会提出的"儿童友好型城市"行动框架，于2016年在全国率先提出建设儿童友好型城市，将儿童纳入决策体系,在各个社区成立儿童议事会,招募有爱心有热心的儿童担任议事员,围绕社区安全、社区规划、社区课堂、社区管理等开展儿童议事会活动,以主人翁身份参与社区治理。而且还为儿童参与提供能力的训练,引导他们学会合作、分享和控制自我情绪,学会表达自己的意见,补齐儿童参与短板。这种从小就开始的公民意识训练,为成人后有序参与公共事务奠定了基础,形成了有效提高城市治理水平和治理能力的良性循环。

### (三) 努力打造多元联动协同,探索协商议事共治共同体

广东省充分认识到社会组织、公民力量和公民参与在协商议事中的重要性和积极价值,通过对社区组织结构、运作机制、资源力量、治理方式等进行创新,进一步强化社区党组织的领导核心地位,整合资源,将社区各类多元主体纳入协商议事范畴,充分发挥社区各类组织和驻社区单位的协同作用,使社区多元利益主体在党组织的统筹协调下,在引领基层民主、推动居民自治、促进社会和谐中发挥更大作用,形成多元互动、优势互补、共建共享的社区协商议事新格局。

#### 1. 坚持党建引领,激发多元主体活力,打造社区共同体

广东省近年来着手进行组建城乡社区议事平台的增量改革,广泛从社区党组织、居委会、工作站、业委会、物业管理公司、驻社区单位、社区社会组织、居民或居民代表、社区民警、外来建设者、辖区企业等单位推选产生议事会成员,最大限度地涵盖社区各类人群,提高社区整合程度与资源聚合能力,推动社区认同感和社区共同体精神的形成。如广东省云浮市作为全省农村改革发展试验区、全国农村改革试验区,以自然村为基础,启动培育和发展乡贤理事会工作,把农村老党员、老干部、老模范、老教师等各类乡贤能人以及热心人士吸纳到理事会,通过发挥乡贤的文化优势与声誉名望,协助村"两委"解决自然村的民事纠纷,凝聚居民共识,提高自我管理的水平。广州南沙区探索社区协商议事主体"6+X"模式,即村(居)"两委"成员、村(居)务监督委员会成员、村(居)民代表、村(居)民理事会、企业代表、非户籍人员代表等六类固定成员,"X"为其他利益相关方,根据协商事项动态调整。广州市越秀区为发动群众广泛参与,激

发多元主体活力,以社区居民自我管理、自主监督为基础,以多元协商、利益包容、合理协调为活动准则,联合辖区单位、企业集团、家庭综合服务中心、社会志愿力量等多元主体共同协商解决公共事务,通力合作,打造创新基层社会治理的社区治理联盟体系,提升公共决策的科学性和社区治理的民主性。

### 2. 规范化建构参与机制,强化协商议事主体责任

协商参与的制度化是协商民主的重要体现。《深圳市社区居民议事会工作规程》规定,社区居民议事会设主召集人一人,副召集人一人,主召集人由社区党组织书记或居委会主任兼任,副召集人由居委会副主任或委员兼任。召集人的主要职责是召集和主持议事会议,并根据情况有权邀请其他主体参与议事会议。同时对议事会成员应当具备的条件以及权利和义务予以明确规定,如履职突出、表现优异的可以表彰和给予荣誉奖励。但如果社区居民议事会成员连续两次无故不参加会议、不按要求履行职责或存在其他不宜继续担任成员的情形,经社区居委会调查核实并经社区居民议事会讨论决定,可取消该成员资格并按选举程序另行推选他人替补。

罗湖区在深圳市议事会工作规程的基础上,在《罗湖区社区居民议事会工作指引》中对社区居民议事会成员的组成加以完善和细化,如社区居民议事会成员具体构成比例、社区居民议事员选举资格和程序、社区居民议事会成员补缺的启动及程序,进一步增强了操作性和规范化。2017年,罗湖区社区居民议事会共选出议事员1637人,其中社区党委议事员224名、居委会议事员112名、人大代表议事员111名、企事业单位议事员221名、居民议事员969名。

### 3. 引导非户籍人口参与社区治理,营造包容性协商议事体系

一个成熟的协商议事体系,应当具备较强的包容性和代表性机制,能够接受并包容各类参与主体,并在体系框架内接受他们合理的价值理念和权利要求。为解决外来人口在城乡社区生活中的利益维护、诉求表达,引导非户籍居民融入社区,积极参与社区治理,广东省于2017年出台了《关于开展非户籍常住居民及党员参加社区"两委"选举试点的指导意见》,在全国率先开展非户籍常住居民及党员参加社区"两委"选举试点工作,实行专职专选、同工同酬,有1

484 个社区(村)选举产生 1 581 名非户籍委员。除了保障非户籍居民的选举权利外,还开展了在城乡社区议事中接纳外来人口参与的改革探索,2016 年出台的《关于加强城乡社区协商的实施意见》将外来务工人员等非户籍居民代表纳入城乡社区协商主体范围,畅通非户籍居民参与社区治理的渠道,推动社区共建共治共享。各地纷纷成立居民议事会、社区共治议事会、社区建设协调委员会等协商平台,组织外来人员参与协商。截至 2021 年 6 月,广州市城乡议事机构成员共有 73 916 名,其中党员 30 828 名、非户籍人员 2 498 名、企事业代表 2 002 名、业委会成员 1 058 名①。广州市白云区三元里街道还创建了融合社区共治议事会,推选同等比例的本地居民代表和来穗人员代表,共同对社区公共事务进行讨论表决。

### (四) 不断强化协商议事规则,保障协商议事全过程规范科学

为进一步推进社区居民议事会规范化建设,提高社区居民议事会工作效率,建立有效的社区事务民主协商机制,广东省《城乡社区协商工作规范》、深圳市《社区居民议事会工作规程》及深圳市罗湖区《社区居民议事会工作指引》从议题收集、议题确定、协商议事、决策表决、执行监督、效果反馈等各个环节对议事程序做了细致详尽的规定,形成了包括议题征集机制、充分协商机制、成果运用机制、制约监督机制四大机制的全周期的闭环运作体系,确保议事规范、高效。完善的议事规则不仅为充分开展协商提供具体的、科学的可操作指引,推动了协商议事的程序化和规范化发展,而且通过公开公平、有序参与的协商程序的实施,进一步提升了参与者的协商能力和意识,增进彼此之间信任,为推进社区自治提供了良好的制度环境。

#### 1. 议题征集机制

议题征集机制主要通过制定议题范围清单,规范议事会权力行使的边界,确定议事协商的法定职责。同时对议题的提出形式、收集方式、提交议题的审核流程、协商信息的公示等作出程序性规定,把好议题确定这道前置关口,确保

---

① 广东省民政厅. 广州市:推行"116"工作法共商社区事[EB/OL]. (2019 - 02 - 18)[2021 - 08 - 02]. http://smzt. gd. gov. cn/mzzx/sxdt/content/post_2216798. html.

协商议事内容紧贴社情民意。比如广州香洲区结合工作实际,依法梳理出社区协商责任清单、居民议事清单、居委会协助政府工作清单三份责任清单,赋予居民实质性的议事职能。深圳市从正面清单和负面清单两方面,规定议题范围包括社区公共服务事务、社区公共事务工作、社区建设事务、与居民利益相关的事务、社情民意和居民需求等多个层面,而且还明确指出商议与社区居民利益相关的事务,必须经社区居民(代表)大会授权,为在当前的法律框架下明确社区居民(代表)大会和议事会在社区自治中的角色定位,充分发挥各自在社区自治中的作用进行了探索。同时将社区"民生微实事"项目的征集、确定、实施、监督等居民关注度高的事项纳入议事会议事内容,提高社区居民的参与度。

广州市越秀区在社区内建立层级分明的分层议事制度,根据所议事项内容,厘清议事边界,分别实行楼宇议、大院议和社区议,让居民自治更明晰、更具实操性。凡涉及大楼内部的事务,如邻里纠纷、楼宇外墙整治、下水道堵塞、电梯安装、电子门禁安装等,由楼组长牵头组织大楼所有住户进行商议;凡涉及小区内停车、文体设施安装、大院绿化环境卫生、围蔽管理、业主委员会成立等,则由社区牵头,各楼组长落实,组织大院(小区)内居民进行商议;凡涉及社区重大事项,如设立居民公约、公共道路绿地改造、大型慈善活动、社区游园活动等大项经费开支或社区救助等,除依照相关规定必须召开全体居民代表大会进行讨论决定的事项外,其他均由社区居民议事委员会负责。具体由社区党组织进行商议,原则上同意后再由社区议事委员会商议。

### 2. 充分协商机制

为了实现充分有效的协商,首先,广东各地协商议事实践对协商流程、协商规则和协商纪律做了大量探索,形成了一套规范的、多轮的、宽泛的充分协商议事规则,如广州市增城区下围村村民"一事一议"议事制度、珠海市香洲区社区居民议事制度、深圳罗湖区的"罗湖十条"等实践经验。其次,除了针对民生重点、热点、难点设立了常态性的社区议事协商平台,定点定期开展协商议事工作外,广东许多地区还针对社区紧急性、突发性情况设立了突发应急协商平台,通过临时协商渠道进行特事特议,确保每个议题都能获得充分协商。最后,为实现充分协商,各地采取了丰富多样的商议形式。如广东省《城乡社区协商工作规范》规定,要结合线上和线下的议事方式,除会议形式协商外,还可以利用城乡社区信息平台、社区网站、QQ群、邮件、微信群等开展网上协商、线上协商[①]。如2017年深圳民政局打造社区家园网,不仅为居民提供及时全面的资讯服务,社区居民还可以通过社区家园网参与社区事务、参加社区活动,截至2017年底,深圳市已经实现了社区家园网的社区全覆盖。2019年广州市越秀区积极构建"线上越秀人家+线下社区议事厅"二合一议事体系,推出首个互联网社区议事平台——同心家园微信小程序,打造"党建引领互联网+"社区议事协商新模式,为居民群众提供了线上参与社区公共事务、社会治理的新途径[②]。

### 3. 成果运用机制

协商成果的运用、转化和执行是提升协商议事制度效能、实现可持续发展的关键,更是提升人民群众对协商议事工作的认同感和参与度,提高获得感的重要环节。广东省积极探索建立协商议事由"议得好"向"办得好"有效转化的成果运用机制,推动协商成果有效转化为政策和具体工作举措。如深圳市建立议题的执行及分类处理机制,将议题分为属于社区职责范围内、需要提交社区居民(代表)会议讨论、超出社区职责范围以及情况复杂、涉及部门多、协调力度大等几大类别,有针对性地采取不同的落实和反馈机制,加强督促跟踪。同时加强与相关部门的工作协调,制定限时办结制度,明确工作要求、完成期限、反馈时限等硬性标准,督促相关部门落实。广州市探索建立会议决议无条件执行制度,规定凡经村民代表会议通过的决议、决定,任何人不得擅自改变或另做决定,由村委会负责组织落实,执行结果通过党务村务公开栏等方式及时公开。

为推动协商议事结果的落实,广州市黄埔区建立"令行禁止、有呼必应"的城乡社区协商机制,通过村(社区)—镇(街)—区属职能部门的三级响应机制,对城乡社区经过协商议事后仍无法解决的难题予以响应,及时解决,打通社会治理的"最后一公里",形成多元主体共同参与、共同协商、共同治理的良好局面。

---

① 参见广东省《城乡社区协商工作规范》(DB44/T 2198-2019)。
② 黄艳,廖培金. 广州全市建成2725个统一规范的居民议事厅[EB/OL]. (2019-05-17)[2021-07-30]. https://baijiahao. baidu. com/s? id=1633771816690023138&wfr=spider&for=pc.

### 4. 制约监督机制

强化对协商议事权力运行的制约和监督,是保证协商议事有效依法运行的关键环节之一。广东省城乡社区协商议事坚持决策、执行、监督既合理分工又协调制约,形成科学的协商议事结构和运行机制。一方面在议事工作规范中制定专门的监督条款,如广东省规定以书面形式形成协商结果后,必要时可进行公证。一般事项由村(社区)党组织、村(居)民委员会审查是否合法合规;重大事项由村(社区)党组织、村(居)民委员会委托驻村(社区)法律顾问进行审查,并提交乡镇政府(街道办事处)备案。如果发现协商结果违反法律法规和相关政策,由村(社区)党组织、村(居)民委员会、驻村(社区)法律顾问、基层政府予以纠正。另一方面成立专门的监督机构实施监督职能,如广东省梅州市的蕉岭模式中专门建立了独立于村支部、村委会的村务监督委员会,对农村民主监督实行严格规范,确保村民协商议事的合法、合规、合民意。深圳罗湖区的议事会工作指引中明确在社区居民议事会下设社区居务监督委员会,负责监督居务决策、执行、公开,监督社区居民议事会审议通过的议案实施情况,并用一节的篇幅对监督委员会的设立、人员组成、职责权限予以规定,对保证协商议事的公正性、合法性,推动协商结果落地生根起到了重要作用。

## (五) 加大各项保障措施的力度,不断提升协商议事的水平和能力

### 1. 分类培训精准培养,加强协商议事队伍建设

为提高社区议事会组织开展协商的能力和水平,广东省提出各地要加强对基层干部、社区工作者的专题培训,定期对社区居民议事会成员、议事规则主持人进行议事、主持等培训。如广州市通过理论辅导、现场教学、经验交流等方式,组织协商议事专项业务培训班,以分片分类方式对基层民政干部、村委会成员进行培训全覆盖,提高议事协商的素质和能力。深圳罗湖区从 2015 年全面推广社区居民议事会后,就对社区议事成员和居民同步开展有针对性的各种规则培训,包括规则运用能力、财务管理能力、项目设计能力等 8 种能力。每年罗湖区、街道、社区三级层面都会组织 20 多场各类议事成员培训,受训学员多达千人以上。2016 年开始在挖掘培养社区后备人才中,重点将熟悉规则、热心社

区事务的社区能人、红人培育成议事规则主持人,培养一批能独立主持议事会、熟练运用议事规则的主持人才。在此基础上,2017年建成罗湖区议事规则主持人库,以实现社区自治共治人才本土化,为自治工作的可持续发展做好人才储备。截至2018年,该库已培育83名主持人,实现全区83个社区全覆盖,这些主持人成为议事规则的坚定传承者、积极传播者和公正执法人,有效促进了议事规则普及的广度和深度,支持和帮助居民逐步接纳议事规则,为居民养成协商议事意识、掌握协商议事方法、提高协商议事能力起到了重要作用。

**2. 积极构建协商保障机制,助推协商议事稳步发展**

为推动城乡社区协商活动的开展,广东省积极构建协商议事活动的经费和激励保障机制。如规定,通过村级组织运转经费保障机制、一事一议财政奖补政策、党组织为民服务经费、政府购买服务等多种渠道,为城乡社区协商活动提供必要的经费保障;经村(居)民会议或者村(居)民代表会讨论决定,可提供城乡社区协商误工补贴。罗湖区的指引则明确规定,根据社区居民议事会成员的参会情况及履职情况,经街道办事处审查同意,议事会成员参加每次议事会议可享受会议补助,经费从社区居委会工作经费中列支。同时规定街道、社区应建立社区居民议事会成员评优与激励机制,对积极参与议事、表现优异的,经社区居民(代表)会议同意,社区党组织、社区居委会可进行表彰,给予荣誉奖励。

## 三、广东协商议事制度发展对深化浦东"三会"制度建设的启示

### (一)浦东"三会"制度发展基本情况

2006年,为打造人人都能有序参与治理的城市,实现政府治理同社会调节、居民自治良性互动,上海市发布《上海市居民区听证会、协调会、评议会制度试行办法》,"三会"议事协商制度成为上海居民区组织和引导居民参与协商自治的重要载体,对增强基层民主活力发挥了积极作用。

浦东结合"家门口"服务体系建设的推进,充分发挥"三会"制度在社区政务服务向村居延伸以及开展基层民主协商中的重要作用,在"三会"制度的运用上,不断形成有效举措,促进基层自治能力不断提高。

### 1. 制度先行,为"三会"制度提供有力保障

一是制定规范性文件。下发《浦东新区关于"三会一代理"制度的实施意见》,形成新区层面规范性文件操作指南,完善会议制度、会议规则,为基层开好"三会"理清思路、指明方向。

二是建立"三会"项目清单。根据年度实事工程安排和基层高频热点事项,形成二次供水改造、污水纳管、停车位改建等九大类"三会"实训重点项目参考清单,为居村开好"三会"提供参考模板和借鉴路径。

### 2. 推动党建引领下的居民有序参与自治事务

一是不断强化协商议事意识、增强议事协商能力。"三会"制度是基层民主协商议事走向制度化的体现,村居民通过这个议事平台相关会议的召开,对如何提意见、提什么样的意见、如何参加协商议事、如何开展协商议事等流程、规范有了更深入的认识,逐渐开始接受并按照议事协商规则机制的要求开展各项协商活动。规范性的增强也极大调动了村居民参与村居各类事务的积极性,最终村居民的自治能力不断得到提升。

二是努力打造解决矛盾、排忧解难的有效载体。"三会"制度的核心就是老百姓的事情,让老百姓说了算;居民的群众工作,居民自己做[①]。各项居村重点工作的推进借助"三会"制度这个载体,通过一整套开放、透明、规范的流程,使居村实施的每个项目、做出的每一个决定都得到百姓认可和拥护[②]。

三是充分挖掘"三会"制度的独特优势与宝贵价值。与广东协商议事制度不同,浦东打造的"三会"制度,一方面将议事制度的相关环节加以精细化规定,并通过事前听证、事中协调、事后评议确保协商形成闭环,从而打造一个有机联系的整体。另一方面形成并彰显三种会议形式各自独特的价值追求和功能定位,如听证会强调公开性、平等性和参与性;协调会侧重中立性和客观性并努力寻求"最大公约数";评议会注重的是广泛性和代表性。在实践中三种会议形式通过有机组合和灵活运用以充分发挥"三会"这个自治工具的最大效用。

---

① 唐烨. 上海很多居民区采用的"三会"制度,原来从这里起步[EB/OL]. (2018 - 07 - 30)[2021 - 07 - 30]. https://www.jfdaily.com/news/detail?id=98179.

② 上海民政. 浦东北蔡镇:走出社区自治"新路子",惠民为民办实事[EB/OL]. (2021 - 01 - 08) [2021 - 08 - 02]. https://sghexport.shobserver.com/html/baijiahao/2021/01/08/332118.html.

### 3. 积极开展"三会"实训室建设，有效推进"三会"制度实操运用

为进一步提升居村干部运用"三会"的能力和水平，激发居(村)民参与社区自治共治的热情，2020年以来浦东积极探索基层"三会"实训室建设，有效推进"三会"制度实操运用。

一是统一建设标准和规范。制定《浦东新区"三会"实训室建设规范(试行)》，明确"三会"实训室的功能定位、建设标准、导向标识、工作机制等内容，并与居村"家门口"服务站(中心)其他功能室合并使用、规范布局、完善功能，不断提升基层群众在"家门口"参与公共事务的积极性。

二是强化带教和孵化效应。通过组织街镇之间观摩交流、持续开发实训课件、培养扩大师资队伍、遴选征集实训案例等方式，引导推动更多街镇积极开展"三会"实训室建设。

三是加强实战运用和体验。重点选取实际工作中遇到的问题作为实训案例，不仅让学员们掌握了规范、重点和技巧，还推动了实际问题的解决。目前已形成基本理论、实操规范、实战应用、实效经验、辅助技能等五大基本课程模块，各个街镇结合区域治理特点，设计开发出各自"X"个特色课程和案例模版。

"三会"制度的开展持续激发了村居民有序参与的活力，全面提升了浦东基层社会治理水平，但同时也存在规范性、科学性、实效性不够等方面的问题，需要在实践发展中不断加以完善和提升。

### (二) 借鉴广东协商议事制度发展经验，进一步提升浦东"三会"制度化建设水平

《中共中央国务院关于支持浦东新区高水平改革开放 打造社会主义现代化建设引领区的意见》要求"推动社会治理和资源向基层下沉，强化街道、社区治理服务功能，打通联系服务群众'最后一公里'"，基层社区被赋予更多的自主权，自主能动性将得到增强。因而只有建立了完善健全的社区协商议事机制，才能真正用好下沉的权限和资源，实现基层社会治理自我决策、自我管理、自我服务、自我监督的自治目的。浦东应借鉴广东协商议事制度的发展经验，进一步加强"三会"制度建设，打造协商主体广泛、内容丰富、形式多样、程序科学、制

度健全、成效显著的城乡社区协商新局面,推动协商民主多层、广泛、制度化发展,提升城乡社区精细化、精准化治理水平。

### 1. 进一步加强制度化建设,为基层协商议事提供规范化指引

制度化建设是城乡社区协商议事发展的重要推动力。党的十九届四中全会在提出构建基层社会治理新格局新要求时,首先就强调要"完善群众参与基层社会治理的制度化渠道",只有建立了完善成熟的制度体系,才能把基层协商议事纳入一个制度化、规范化、程序化的轨道之中,实施有效的、持久的规则之治。目前关于"三会"制度建设的规范性文件主要为《上海市居民区听证会、协调会、评议会制度实行办法》(2006)、《浦东新区民政局关于居民区(村)听证会、协调会、评议会和群众事务代理制度的实施意见》及配套指导手册,分别对听证会、协调会、评议会的实施原则、会议的流程、参与人员等做了规定,对基层开展"三会"议事协商起到了指导作用,但总体来看,"三会"议事协商的制度化程度还不够,需要予以不断完善。

首先,加强对城乡社区协商议事的理论研究和创新。一方面借鉴国际及国内其他地区协商议事的先进经验,发现和汲取有益于浦东"三会"制度化发展的制度建设,如在街镇试点建立议事机构及推选议事代表等;另一方面加强对"三会"制度本身的理论研究,如"三会"和社区居民(代表)大会之间的关系,听证会、协调会、评议会三者之间的关系及作用,参与"三会"代表的选择制度等。

其次,总结和提炼浦东"三会"制度发展的实践经验。在国内基层民主协商发展初期,大部分协商议事规则的理论和实践是在罗伯特议事规则的影响下建立起来,但随着国内基层实践的不断丰富,各地逐渐形成了具有本地特色的议事规则,如深圳市。浦东应结合"三会"制度在全区的推广,及时归纳和总结实践经验,积极创新社区协商工作的内容、形式和载体,探寻浦东语境下城乡社区协商议事的特点和发展路径,形成具有浦东特色的协商议事制度。

最后,加强顶层设计,凝聚共识,加强指导。城乡社区协商议事制度的发展需要开展系统化的制度建构,如多元主体的融合、社会各种资源的统筹整合、组织架构的建设等,才能实现协商议事工作可持续地制度化推进。因而一方面要进一步完善"三会"制度的程序性和监督执行方面的制度性设计,形成全过程的

协商议事民主机制；另一方面针对城乡协商议事制定更具有约束力的规范性文件，促使协商议事成为推进基层群众自治、加强基层社会治理的重要制度安排。

### 2. 构建一核多元协商模式，实现多元主体同频共振

首先，充分发挥基层党组织的引领带头作用，有效地形成社区党组织、居委会、"家门口"服务站等基层组织服务社区群众的整体合力，紧密地团结起社区全体成员共同参与社区管理、共同建设美好家园、共同维护社区和谐，努力营造社会协同、人人参与，群策群力、共建共享的良好局面。

其次，创新机制，发挥多元主体在社会治理中的作用。基层社会治理的理想模式是每一主体均能产生自主动力，需要建立多元主体间合理分工、充分协同的协作机制。因而要充分吸纳具有广泛代表性的人员参与议事会，让议事代表成为连接社情民意的桥梁纽带。一方面他们可以体察民情、反映民意；另一方面可以宣传动员，做到下情上达、上情下达，起到基层党组织联系人民群众的桥梁和纽带的作用。同时作为相对稳定的议事协商代表，能较快掌握协商技能、全面认知议事规则，形成协商议事的丰富经验，对进一步传播协商议事理念、推动议事协商的开展起到重要作用。因而要加强对社区议事主体的协商能力培训，包括参与能力、协商能力、合作能力、资源动员能力以及情绪管理能力等①，为实现有效协商奠定基础。

最后，推进人大工作室、政协协商与基层协商的有机衔接。党的十八大以来，人大和政协工作向基层延伸，分别设立了人大代表工作室和政协工作委员会，打通联系服务群众的"最后一公里"，人大代表、政协委员应当成为基层协商的重要参与主体和高质量协商资源。党和国家的政策通过协商议事的渠道传递到基层民众中，而在基层协商中发现的共性问题可以通过人大和政协的渠道进入党委和政府的视野，对公共决策产生影响。人大、政协的融入将有助于提高基层协商议事的制度化水平，提升基层协商的质量。

### 3. 细化完善议事规则，提高协商议事治理效能

议事规则是维护决策民主性、保障决策科学性，规范决策行为、保证决策质

---

量、提高决策效率的一系列制度性规定和程序①,程序与规则设计的可操作化,决定着民主协商的生命力,更是多元共治念落地落实可操作的重要体现。

首先,议事规则的制定要和协商议事的内在精神底蕴相吻合。协商议事不仅仅是解决问题、处理矛盾、实施社会治理的重要手段和方式,而是有着更为丰富和完整的价值内涵,体现着社会善治所要求的价值共享性,即通过交流沟通及多元主体具体利益的妥协达成共情和尊重,实现价值观的碰撞,塑造多元主体对社区共同体的认同,因而其内在精髓需用可操作的程序性设计予以体现,以推进基层协商民主制度的科学化和可持续发展,实现共建共治共享。

其次,议事规则的制定坚持问题导向。目前浦东所推动的"三会"制度发挥了很好的效果,但要更有效地发挥作用,还需要进一步细化听证会、协调会、评议会的流程,探索"三会"各项具体制度的运行模式,如研究多个参与主体应该及如何在社区治理中相互区别,发挥自己的功能和作用,在协商的过程之中如何将无数异质性利益诉求和不同群体的需求集结为民意共识,如何确保协商各方的实质性平等,如何确保参与各方平等的对话权,如何平衡协商结论的有效性和协商效率之间的矛盾等问题。这就需要对"三会"的议事流程、"三会"代表的形成、"三会"决策的执行和实施效果评估等加以构建,从而形成一套贴近实际、体现特色、民主开放、运行有效的议事决策、矛盾协调、事务评议和群众事务代理制度体系。

最后,拓宽协商议事的制度空间。应将协商议事作为基层社会治理中村居民参与民主决策、民主管理、民主监督的日常化平台,融合到浦东基层社会治理的其他各项举措中。如在推进自治金项目、分类治理和微治理等过程中,植入民主意识、协商元素,通过协商议事汇集民意、集中民智来解决民需,形成合力,实现联动发展。

## 参考文献

[1] 陈玟好,黄建洪."过程—事件"视角下的村民议事规则研究[J].江海学刊,2017(2):214-219.

[2] 邓大才.规则型自治:迈向2.0版本的中国农村村民自治[J].社会科学研究,2019(3):39-47.

---

① 弓联兵.议事规则要有"制度"内涵[J].群众,2017(18):56.

［3］韩福国,张开平.社会治理的"协商"领域与"民主"机制——当下中国基层协商民主的制度特征、实践结构和理论批判[J].浙江社会科学,2015(10):48-61.

［4］刘雪姣.分配型协商民主的现实基础与运行逻辑——基于鄂中W村的实证调研[J].求实,2021(2):21-36.

［5］马奔.协商民主的方法[M].北京:中央文献出版社,2015.

［6］张紧跟.主体、制度与文化:基层协商民主建设的三维审视[J].云南大学学报,2021(3):109-118.

［7］朱圣明.民主恳谈:中国基层协商民主的温岭实践[M].上海:复旦大学出版社,2017.

**(作者:吴津,中共上海市浦东新区区委党校,副教授;顾燕峰,上海第二工业大学马克思主义学院,副教授)**

# 浦东社会工作者队伍建设的现状与思考

**摘　要:**作为经济社会发展的重要组成部分,社会工作的发展与经济社会的总体发展息息相关。在坚持以经济建设为中心,大力推进开发建设的同时,浦东新区高度重视经济与社会的协调发展,积极探索加强社会工作者队伍建设。开发开放以来,浦东社会工作者不断扩展专业服务领域,推进职业化和专业化发展,构建完备的培训体系以及政策制度体系,提高了职业的认可度。当前浦东社会工作者的社会角色和职业声望仍有落差,考核评价标准还有待完善,岗位准入条件尚有可以调整的空间。对此,需要全社会树立正确的助人自助理念,持续加大人才引进、培育和激励力度,并且注重发挥"三社"联动的综合效应,从而推进浦东社会工作者队伍进一步发展。

**关键词:**社会工作者;现状;思考

## 一、浦东社会工作者队伍建设的现状

"社会工作者指的是受过一定的社会工作专业教育和培训,具有社会工作价值观,运用社会工作专业方法进行社会服务的职业工作者。"[①]作为专业的社会工作从业人员,社会工作者在提供基本的社会服务和促进基层社会治理方面发挥着不可替代的作用。《中共中央国务院关于加强基层治理体系和治理能力现代化建设的意见》专门指出了社会工作者参与社会治理的途径,强调推动社会治理重心向基层下移,加强城乡社区治理和服务体系建设。这一战略部署对社会工作者有效参与基层社会治理提出了更加明确的要求。多年来,浦东的社会工作在我国始终走在前列,社会工作者队伍建设和发展取得了较好的成就,

---

① 王思斌.客观认识社会工作的地位和作用[J].中国社会工作,2017(13):23-24.

先后被国家民政部评为全国首批社会工作人才建设试点示范区、全国首批社会工作服务示范区,为新的时代条件下进一步服务浦东构建基层社会治理新格局,推动社区治理体系和治理能力现代化奠定了良好的基础。

### (一) 社会工作专业服务领域不断扩展

社会工作者的理念是助人自助,理念的实践途径是通过科学而专业的方法进行帮助和服务活动。浦东在开发开放之初就意识到了专业社会工作在解决社会问题,增强社会功能方面的重要性。因此,开发开放之初,浦东就坚持经济建设和社会建设同步进行,坚持把专业社会工作理念和方法引入社会建设,坚持延揽社会工作专业人才资源。中国青年政治学院是国内最早开设社会工作专业的院校之一,1997 年,来自该院校的 36 名首批社会工作专业毕业生到浦东集结,形成了浦东社会工作者队伍的专业新生力量。专业社会工作根据服务对象不同可以划分为儿童社会工作、少年社会工作、青年社会工作、老年社会工作以及妇女社会工作、残疾人社会工作、社区工作等不同的专业服务领域。随着经济、社会事业的快速发展,浦东社会组织机构不断兴起,社会工作者的专业工作领域也不断扩展。浦东在街道和居委会建立了社工站,社会工作者运用工作坊以及沙龙形式开展社区社会工作;在上海东方医院成立社工部,开展医务社会工作;在浦东 38 所学校探索社会工作实务,开展学校社会工作;成立上海公益社工师事务所,开展社区社会工作;在川沙、祝桥、周浦、康桥、潍坊和沪东 6 个街镇同时进行试点,开展家庭社会工作。这些在国内率先开展起来的社会工作实务服务领域,展现了浦东社会工作者的专业精神。"十一五"期末,浦东成立医务社工、青少年事务社工等10 个行业的 25 个职业见习点,拓展社工实务领域近 20 个。从"十二五"期末至"十三五"期间,浦东社会工作覆盖到老年人服务、家庭服务、来沪人员服务、少数民族与宗教人士服务、社区矫正服务、社区社会工作等多个领域。现阶段,浦东社工实务不断向精细化、纵深化扩展,在原有实务工作领域基础上,正在着力探索困境儿童、扶贫、疫情下哀伤陪伴、家庭服务等领域的本土化发展路径。

### (二) 社会工作者职业化、专业化发展不断推进

美国学者格林伍德(Greenwood)于 1957 年在《社会工作》杂志上发表《专

业的属性》一文,认为专业包含五大要素,即系统的理论、广泛的社会认可、专业权威、伦理守则和专业文化。一个职业要发展成专业,一般要具有这几个要素。浦东社会工作者队伍建设的过程就是不断实现社会工作者职业化、专业化的过程。职业化、专业化体现在职业标准的确立和行业协会、专业服务机构的发展上。1999年,浦东率先成立了社会工作者自己的行业协会——浦东新区社会工作者协会。协会的重要工作内容之一就是对社会工作从业者进行职业化、专业化培训。同时,协会还在国内率先参与开发编制社会工作者职业标准工作。2003年,国家劳动和社会保障部委托协会编制了《社会工作者国家职业标准》,这是社会工作者职业标准建设的重要依据。行业协会代表着业内的共同利益,承担着政社沟通的桥梁角色,可以向政府传达发展心声,协助政府制定和实施行业相关政策、制度、标准以及研究行业发展前沿等。可以说,社会工作者行业协会对于社会工作者的职业化和专业化发展起着关键性的作用。协会通过孵化、引进等多种方式,逐渐形成了相关社会工作机构稳步发展的态势,为社会工作者不断开拓了专业服务领域,增强了专业交流。“十一五”期末,浦东建设专业社工机构26家,拥有专业社会工作者1500人。“十二五”期末,浦东拥有专业社工机构46家和专业社会工作者5000多人。“十三五”期间,专业社工机构快速发展。截至2020年底,全区专业社工机构超过101家,具有国家职业资格证书的社会工作者超过8000人。浦东社会工作机构坚持围绕社会的热点、难点、焦点问题开展专业服务。比如浦东成立的全国第一家民间社会工作服务机构——乐群服务社,从一开始就针对民工子弟教育这个社会问题设计服务项目。围绕学校教育资源不足、学生身心健康等问题,社会工作者引导服务对象克服困难、增强信心,主动融入社会。再比如围绕难点,针对动迁矛盾突出的情况,浦东社会工作者在川沙地区开展了“维稳妈妈”项目,为上访家庭中的中老年妇女提供全方位的个案服务,配合以小组和社区活动,开展心理疏导和情绪引导,使她们不钻牛角尖,逐步减少上访直至息访。2020年在新冠肺炎疫情背景下,浦东社会工作者联合湖北及上海多家品牌社会组织发起“在一起”疫期哀伤陪伴服务行动,发布《哀伤陪伴的社会应对指南》,并通过一系列赋能课程、赋能督导服务、赋能工具包和实务指引,探索基于社区实际需求的哀伤服务者赋能模式。在专业服务中,浦东社会工作者实现了专业成长。2021年1月,上海有 10 位社会工作者通过评审,成为上海市首批高级社会工作师,其中有 3 名来自浦东,其他 7 名中也有不少是从浦东走向全市的社工人才。

### (三) 社会工作者培训体系不断完备

浦东的社会工作者培训体系体现为两大特点:实务性以及职业发展全周期性。第一,浦东从专业社会工作的实践性出发开发建设了社会工作者实训基地。从 2007 年开始,浦东就与高校社会工作系共建专业实习基地,涉及学校社会工作、医务社会工作、家庭社会工作等多个实务领域。浦东还与香港社会工作组织建立合作关系,组织社会工作者开展考察学习。第二,浦东针对社会工作者职业生涯发展全周期设计培训环节。针对新进社会工作者设置初任培训,旨在帮助新进社工了解岗位职责、明确发展方向。社区社工的初任课程一般包括街道概况介绍、各条线职能部门工作、社工岗位职责要求、浦东"家门口服务""全岗通业务"流程、社工薪酬体系等内容,帮助新任社工快速适应岗位工作。针对能力素质提升设置"明星社工"训练营,旨在帮助加强社会工作者能力建设,实现社会工作者从"专一职能"至"全岗通"的提质增能,成为"服务型+技术型+智慧型"的综合型新时代社工。针对"家门口"服务站建设中的主力军作用发挥,设置全岗通社工成长计划。该培养计划由组织、人社、民政、党校、地区工委 5 个部门联合推出,目的是培养一批政治素养、业务能力过硬,得到广大党员群众认可的金牌社工。整个培养计划由街镇推荐、系统培养、考试合格等环节构成。培养内容包括在区党建服务中心轮值接待、浸入式案例分享和区委党校集中培训。全岗通培训计划培养了一批把"家门口"服务当成事业、把群众当成家人的优秀金牌全岗通社工,提升了群众对"家门口"服务的口碑和影响。

### (四) 社会工作者政策制度不断完善

社会工作者队伍从初步建立到现在不断壮大,是浦东社会工作者建设制度从规划制定到培养开发以及激励保障的政策制度不断完善的过程。在人才队伍建设方面,浦东新区政府层面制定了《关于在浦东新区社会事业系统推进社会工作职业化、专业化的试行意见》《浦东新区社会工作人才队伍三年发展纲要》(简称《纲要》)、《关于鼓励扶持浦东新区社会工作者培训的实施意见》以及

《关于社会工作督导人才队伍建设实施意见》（简称《督导》），这四个文件是针对
浦东社会工作者的培养、评价、使用、激励制定的一整套制度规范。《纲要》明确
了社会工作者专业化和职业化发展的目标、内容和措施，并对政府部门协同配
合、社会力量广泛参与的工作格局提出了总体要求。《督导》则针对实务社会工
作的薄弱环节进行了探索，建立了浦东本土社会工作督导队伍建设的制度规
范。人才队伍建设的大量实践表明，适度有效的人才激励保障制度对人才队伍
建设具有强烈的导向作用，是人才工作、人才发展的基础性政策手段。人才激
励保障的切入点和难点在收入分配、薪酬设计。浦东尤其注重对社会工作者的
薪酬激励，相继发布《社会工作者薪酬体系指导意见》（2007 年）、《浦东新区社
会服务机构专业人才职位设置及薪酬体系指导方案》（2013 年）、《2019 年版浦
东新区社会工作服务机构薪酬体系指导方案》（2019 年），为社会工作者制定薪
酬标准。最新一期的薪酬指导价参照了当年上海市职工社保缴费基数上下限
标准，并在参考长三角、珠三角等地区社会工作者薪酬标准的基础上，结合社会
工作服务机构薪酬体系的相关调研情况，同时设置不同级别的社会工作者起薪
点，不断提升社会工作者队伍建设的薪酬激励水平。社工薪酬体系有三个特
点：一是以上海市城镇职工社会平均工资为标准，随每年社保平均工资变化情
况动态调整；二是制定各岗位薪酬起点，对于薪资上限不做具体规定，由社工服
务机构自由裁量；三是以激励为导向，适当地提高薪酬指导价对于行业发展的
激励作用。

### （五）社会工作者职业认可度不断提升

广泛的职业认可度是社会工作者职业化、专业化提升的具体表现。浦东社
会工作者通过行业内交流合作、社会宣传等各个途径不断扩大社会影响力，社
会认可度越来越高。自 2006 年开始，浦东几乎每年都举办"社工节"。"社工
节"一般由浦东新区社会工作者协会联合其他单位或社会组织举办。主题往往
是当下社会或业内发展的热点和难点问题，通过主题的研讨和交流，使社会公
众不断了解社会工作的价值和理念、方法。目前，浦东已经举办了 14 届"社工
节"。主题涉及家庭社会工作、医务社会工作、社会工作机构成长、流动人口社
会融合、流动儿童、社工专业发展、社工督导成长、社区治理、社会工作的本土化

和国际化、老年社会工作等各个专业领域,着力展现了浦东社会工作者的职业化和专业化发展历程,极大地增强了社会工作者在民众中的影响力。同时,浦东社会工作者协会还专门推出了《浦东社工》杂志,上线了"浦东社工"和"浦东社工观察"微信公众号,着力传播社会工作理念,扩大浦东社会工作影响。在由中国社会工作协会评审的"中国十大社工人物""中国最美社工""中国优秀社工"中,浦东社会工作者多有出彩,进一步展示了浦东社会工作者的职业形象,提升了浦东社会工作者的专业认可度。例如,在上海首届"十大社会工作杰出人才"评选中,有超过半数的获奖者来自浦东的社会组织。有多名来自浦东的社会工作者分别入选当年的年度"中国最美社工""中国十大社工人物""中国优秀社工人物"。

## 二、浦东社会工作者队伍建设的挑战

经过多年的努力,现阶段浦东社会工作者队伍建设正朝着职业化、专业化水平不断提升以及专业服务领域不断深入的方向发展。需要引起注意的是,尽管我国社会工作的众多探索和试点都在浦东起步,浦东现阶段已经成为社会工作者成长的沃土,但是从专业发展的愿景以及新时代的要求来看,浦东社会工作者队伍建设还面临着一些挑战。

### (一) 社会角色和职业声望仍有落差

社会工作在西方发达国家已经有上百年的历史,社会工作者更是与医生、律师等专业人士一样具有很高的职业威望并享有很高的社会地位,甚至被誉为"社会工程师"。在国内,社会工作者是个年轻的职业,行业认可度还比较低。虽然经过这么多年的发展,职业形象和专业认可度都得到了极大的提升,但是总体来讲,行业积淀还很不够,行业内部还没有培养出非常成熟的优秀的专业技术人员,从业人员在规模和质素上都不尽如人意。专业人才普遍感到行业的社会认同与社会地位较低,这些原因均造成了高校毕业的社会工作专业学生对本专业的就业意愿较低。

## （二）岗位准入条件尚有调整的空间

社会工作者岗位设置对学历有要求，同时多采用笔试、面试等方式进行。这种岗位招录要求有利于擅长考试的年轻大学生，但往往对工作经验丰富的企业事业单位退休人员有难度。而年轻大学生缺乏与人打交道、联系沟通开展工作的经验，尤其是"家门口"服务站推进的全岗通工作模式，打破了以条为界的工作格局，要求村居委干部一专多能、全岗都通，倒逼社区社工深入群众、走入群众、融入群众，与群众打成一片。社工考生以年轻人为主，考取了之后再去考公务员，基本上按照这个路径去发展。因此，社区工作还缺乏一支有经验的长期性队伍。所以，在社会工作者岗位准入上，尤其是社区社工方面，可以考虑调整放宽年龄期限等招录要求。

## （三）考核评价标准有待完善

社会工作者的考核评价标准还比较单一，无法根据不同岗位的不同情况而调整，从而降低了部分岗位的吸引力。例如，矫正、禁毒和青少年社会工作者虽然有明确的工作内容，但工作对象极其复杂，这些工作以前由公安等特殊职能部门负责，没有一定的阅历和经验很难胜任[①]。社区社会工作的内容庞杂，尤其是浦东居村委社工更是要求全岗通。再比如，通过调整和设置薪酬标准，浦东社会工作者的薪酬水平不断提高，从一定程度上解决了部分社工流动性大的问题，增强了社工岗位的吸引力。但是在薪酬差不多的情况下，不同街镇的工作量差距却比较大。例如，以往陆家嘴街道的社工岗位很受欢迎，但在薪酬拉平的趋势下，陆家嘴街道的工作量却较多，这样一来很可能造成陆家嘴街道社工人才的流失。因此，不同岗位对社会工作者的能力素质要求不同、工作强度不同，应该设置相应的考核评价标准。

# 三、浦东社会工作者队伍建设的思考

《中共中央国务院关于支持浦东新区高水平改革开放　打造社会主义现代

---

① 上海政法学院社区矫正研究中心课题组. 浦东新区社区矫正小组工作模式实证研究[J]. 犯罪与改造研究. 2019(10)：49-57.

化建设引领区的意见》对浦东新蓝图的战略定位之一就是要打造"现代城市治理的示范样板",包括构建系统完备、科学规范、运行有效的城市治理体系,提升治理科学化、精细化、智能化水平等。在新的时代条件下,要发挥浦东社会工作领域的示范引领作用,更好地服务浦东基层社会治理的本土实践,对浦东社会工作者队伍建设提出了更高的要求。

### (一) 树立正确的"助人自助"理念

树立正确的理念是社会工作者队伍建设的先决条件。个体对自身职业价值取向的接受和认可度,无论对个体职业发展还是对整体队伍建设都有着重要的影响。因此,从政府到社会工作者自身,都要树立正确的社会工作理念。第一,社会工作是一门专业和一项职业活动,社会工作者需要遵循专业伦理价值规范,综合运用专业知识、技能和方法开展工作。第二,社会工作者的核心价值理念是"助人自助",不是对服务对象的简单物质帮助,而是强调尊重人的价值,认可任何人都具有改变自己生活的潜能。社会工作者通过帮助人们自助来达到改进社会生活的目的。社会工作者队伍发展,理念要先行,可以通过政府、社会、组织、个人等多种途径,运用多种宣传手段,进一步扩大影响力。只有全社会对社会工作者形成一个正确的理念后,社会工作者的职业认可度和职业声望才会不断提升。

### (二) 持续加大人才引进、培育和激励力度

持续加大社会工作人才引进、培育和激励力度,需要进一步研究制定有利于社会工作人才年轻化、专业化的政策制度,给予年轻人更多的职业生涯发展路径。例如,为优秀社会工作者提供更多的提拔机会,在公务员招录时给予更多的照顾;进一步加强培训体系建设,着力提升居村委社工队伍的素质能力。浦东居村社工已经发展为一支庞大的队伍,他们是基层社会治理的主体,承担着基层社会服务和社会矛盾问题化解的重任。不断提升这支队伍的素质能力,关系到浦东基层社会治理创新发展的基础。围绕居村委社工的能力建设研究设置集专业培训、能力培训和党性教育培训于一体的培训内容,围绕全岗通岗位需求,研究设置岗位赋能培训课程;健全社会工作者评价考核制度,逐步形成

自下而上的群众测评机制,将社会工作者的考核结果和薪酬联系在一起,从而形成能上能下、能进能出的用人氛围;进一步研究制定有利于社会工作人才脱颖而出的激励机制,切实加大对领军人才的激励力度,尤其注重对高层次督导人才激励政策的延续性。

### (三) 注重发挥"三社"联动的综合效应

社区、社会组织、社会工作者这"三社"是以社区为平台、社会组织为载体、社会工作者为支撑形成的相互协调、相互支持的互动系统。"三社"联动的目的就是要多方面调动社区、社会组织、社会工作者三方甚至多方的积极性,真正将社区治理落到实处。社会工作者一方面在"三社"联动中起到了不可或缺的作用,为平台搭建提供智力支持,为社会组织提供专业指导;另一方面又通过"三社"联动推动了队伍自身的能力建设,增强了专业性、社区融入性及社区归属感,真正在社会组织"摇篮"中实现专业成长。注重发挥社区、社会组织、社会工作者"三社"联动的综合效应,为社区、社会工作者导入专业的力量和新鲜的血液。社会组织要寻求更多的途径与政府在更多的领域谋求更广泛的合作。同时,社工机构要加强与其他社会组织、各类基金会企业的合作,争取更多的资源,拓展更大的舞台,扩大社会工作者的影响力,以此推进社会工作者的队伍建设。

(作者:苏兰花,中共上海市浦东新区区委党校,讲师)

# 社会力量参与社会治理的实践与探索

## ——浦东新区社会组织发展报告

**摘　要:**浦东新区打造引领区意见中提出,要把浦东建设成为现代城市治理的示范样板。社会组织作为参与社会治理的多元主体之一,在城市治理中的作用日益重要。浦东社会组织的发展经历了应运而生、蓬勃兴起、稳定增长和高质量发展四个阶段,形成了几条有效经验:创新制度优化环境、多元化手段加强监管、搭建平台拓展空间、政社互联合作共赢,但同时也面临内部治理不够规范、科技创新服务不足、国际合作有所欠缺等瓶颈与挑战。今后,浦东新区社会组织参与社会治理应注意四个方面:党建引领确保正确方向、内外兼修实现依法自治、多元支持引导协同治理、创新突破实现引领目标。

**关键词:**社会组织;基层治理;共治共享

党的十八大以来,我国不断加强和创新社会治理,社会化、法治化、智能化、专业化水平不断提升。党的十九届六中全会提出,要继续加强和创新社会治理,"完善社会治理体系,健全党组织领导的自治、法治、德治相结合的城乡基层治理体系,推动社会治理重心向基层下移,建设共建共治共享的社会治理制度,建设人人有责、人人尽责、人人享有的社会治理共同体"[①]。

1990年,浦东新区开发开放拉开序幕,浦东社会组织也由此踏上了发展的道路。30余年来,浦东新区秉承着"小政府、大社会"的理念,积极创新政府管理制度,充分发挥企业、公众与社会组织自我管理的能力,鼓励群众积极参与社会治理。这样的创新体制为社会组织的培育和发展提供了广阔的空间。浦东

---

① 中共中央关于党的百年奋斗重大成就和历史经验的决议[EB/OL]. (2021 - 11 - 11)[2021 - 11 - 16]. http://www.gov.cn/zhengce/2021-11/16/content_5651269.htm.

新区社会组织由此经历了飞速的发展,数量不断增长,结构不断优化,类型不断丰富,行业覆盖全面。截至 2021 年 11 月 30 日,浦东社会组织总数达到 2 293 家,其中,社会团体 430 个、民办非企业单位 1 859 个,非公募基金会 4 个,分别占比 18.75%、81.07% 和 0.17%①。该数量覆盖全部 36 个街镇,涵盖法律、工商服务、教育、科学研究、农村及农村发展、生态环境等十多个行业,逐步成为浦东新区创新社会治理、服务经济社会建设的重要力量。

2021 年,《中共中央国务院关于支持浦东新区高水平改革开放　打造社会主义现代化建设引领区的意见》提出,要提升社会治理的科学化、精细化、智能化水平,把浦东建设成为"现代城市治理的示范样板""城市治理能力和治理成效的全球典范"②。国内外城市治理理论和浦东开发开放的实践表明,要构建系统完备、科学规范、运行有效的城市治理体系,离不开多元主体协同治理,离不开社会力量的充分参与。浦东社会组织的发展历程,也充分显示了这一点。

# 一、浦东社会组织发展历程

浦东社会组织发展的历程与开发开放的历程紧密相连,也与浦东社会治理的发展紧密相连。浦东开发开放始于 1990 年,浦东社会组织的发展便也始于此,并随着开发开放的进程不断发展,解决政府需求、参与公共服务、承担政府职能,担当沟通政府与社会、政府与群众的重要桥梁,逐渐成为浦东社会治理中的重要力量。这一发展过程大体可以分为四个阶段。

## (一)应运而生:解决政府需求(1990—2004 年)

浦东开发开放之初,社会事业力量薄弱,社会组织数量几乎为零。政府单打独斗倍感吃力,尤其是在一些政府不宜进入的领域,或面对一些不便解决的现实问题,政府工作开展受到诸多制约。在此情况下,社会组织应运而生,在新区政府(管委会)的支持、推动和引导下开始了初期萌芽和发展阶段,数量逐年

---

① 数据来自浦东新区民政局社团处。

② 中共中央国务院关于支持浦东新区高水平改革开放　打造社会主义现代化建设引领区的意见 [EB/OL].(2021 - 04 - 23)[2021 - 07 - 15]. http://www. gov. cn/zhengce/2021-07/15/content_5625279. htm.

增长。这一阶段的浦东社会组织以中介机构居多,主要接受政府授权和委托,承担属于政府的社会性、公益性、群众性的具体行政事务,直接经办、管理和协调全区的社会服务工作,在一些社区管理和服务中发挥应有的作用。1993 年成立的浦东新区社区服务行业协会就是典型代表,这也是全国首家社区服务行业协会。自 1996 年始,随着开发开放进程的深入和社会组织的渐趋成熟,浦东构建了志愿者组织网络,建立各种社会事业发展基金会等,鼓励和动员社会组织参与公共服务的供给过程,充分显示了"敢闯敢试、先行先试"的创新精神,发挥出排头兵、试验田的作用。如 1996 年罗山市民会馆被委托给上海市基督教青年会日常管理,开创了我国政府购买社会组织服务的先河。1997 年从中国青年政治学院引进社会工作专业人才,1999 年成立民间发起、自主运作的社会工作者行业管理机构——社会工作者协会等,也都是全国首创,走在了前列。经过十多年发展,浦东社会组织数量有了明显的增长,到 2004 年,浦东社会组织数量达到 430 家①。

### (二) 蓬勃兴起:承接政府职能(2005—2014 年)

2005 年,国务院批准浦东新区为国家综合配套改革试验区,并要求改革聚焦"三个着力"——着力转变政府职能、着力转变经济运行方式、着力改变二元经济与社会结构。浦东由此提出了探索建立互补型、高效率的行政管理体制,强化政府社会管理与公共服务的职能,推进社会事业改革等目标,为社会管理与公共服务类社会组织的发展提供了新的契机。这时,浦东新区展现出全方位培育社会组织的态势,不仅重点培育社区公益性社会组织,也鼓励和发展行业协会和支持型社会组织等;不仅注重培育发展,还注重监督管理,完善了社会组织登记管理流程和发展监管体系,引导社会组织健康、有序和快速发展。2009年,原南汇区并入浦东新区,社会组织总数进一步增长,一些同性质社会组织进行了整合归并,力量更为壮大。之后,浦东新区社会组织数量逐年稳步增长,2014 年总数达到 1 721 家(见表1),在公共服务供给和社会治理上的作用也日益发挥,成为提升公共服务的重要推动力。

---

① 黄晓勇,潘晨光,蔡礼强. 中国民间组织报告(2014)[M]//庄大军,赵颖,韩巍. 上海浦东新区社会组织发展报告. 北京:社会科学文献出版社,2014:253.

表 1　浦东社会组织数量统计(2005—2014 年)

| 年份 | 2005 | 2006 | 2007 | 2008 | 2009 | 2010 | 2011 | 2012 | 2013 | 2014 |
|---|---|---|---|---|---|---|---|---|---|---|
| 社会组织数量(家) | 498 | 580 | 661 | 775 | 1 284 | 1 330 | 1 408 | 1 513 | 1 620 | 1 721 |

注:2005—2008 年数据引自《上海浦东新区社会组织发展报告》[①];2009—2014 年数据来自浦东新区民政局社团处。

### (三) 稳步增长:助力基层治理(2015—2019 年)

2014 年底,上海市委发布了《关于进一步创新社会治理加强基层建设的意见》和 6 个配套文件,提出要加强基层社会治理,提高基层社会治理能力,完善和落实有利于社会组织发展的财税政策。结合政府职能转变,制定政府购买服务指导目录和承接社区服务的社会组织指导目录。借着政策的春风,浦东社会组织进一步提升服务能级,数量不断增长,从 2015 年的 1 850 家发展到 2019 年的 2 388 家,占上海市社会组织总数的 1/7 左右(见表 2),同时还丰富了类型,拓展了功能,实现了服务的国际化,成为浦东社会治理体系中具有独立性和话语权的重要主体之一,与政府、企业及其他各类主体建立起平等的合作伙伴关系。

表 2　浦东社会组织数量与上海市总数(2015—2019 年)

| 项目 | 2015 年 | 2016 年 | 2017 年 | 2018 年 | 2019 年 |
|---|---|---|---|---|---|
| 全市数量(家) | 12 940 | 13 805 | 14 652 | 16 125 | 17 015 |
| 浦东数量(家) | 1 850 | 1 972 | 2 067 | 2 261 | 2 388 |
| 占比(%) | 14. 30 | 14. 28 | 14. 11 | 14. 02 | 14. 03 |

注:数据来自浦东新区民政局社团处。

### (四) 高质量发展:共建共治共享(2020 年至今)

2019 年,上海市发布《关于支持浦东新区改革开放再出发实现新时代高质量发展的若干意见》,将"提高治理体系和治理能力现代化水平"[②]作为总体要

---

① 黄晓勇,潘晨光,蔡礼强. 中国民间组织报告(2014)[M]//庄大军,赵颖,韩巍. 上海浦东新区社会组织发展报告. 北京:社会科学文献出版社,2014:253.

② 关于支持浦东新区改革开放再出发实现新时代高质量发展的若干意见[EB/OL]. (2019 - 06 - 15)[2021 - 06 - 25]. http://www. pdtimes. com. cn/html/2019-06/26/content_3_1. htm.

求之一。党的十九届四中全会则提出了"发挥群团组织、社会组织作用,发挥行业协会商会自律功能,实现政府治理和社会调节、居民自治良性互动,夯实基层社会治理基础"①。中央和市委的精神都为浦东社会组织的进一步发展指明了方向,提出了新的目标,也注入了新的动力。2020年开始,浦东新区对一些服务浦东经济发展、参与浦东社会治理的支持型、枢纽型社会组织给了更多的优惠和便利政策,鼓励他们进一步发展壮大。2021年,民政部与上海市先后出台清理"僵尸型"社会组织专项整治行动的通知和实施方案。浦东新区顺应政策和时势,加大了清理长期不参加年检、不开展业务活动的"僵尸型"社会组织的力度。2021年11月,浦东新区提出"引导社会组织高质量发展,打造超大城市民政治理的'浦东样板',助力浦东打造社会主义现代化建设引领区"②。标准和要求的提高体现在数量上,较之2019年,社会组织总量在2020年、2021年呈小幅下降(其中,2020年为2376家,而截至2021年11月30日,浦东社会组织总数为2293家)③。但与之相应的,则是社会组织整体质量的提高,是对公共服务和社会治理更积极的响应和参与。2021年上海市"百家社会组织"群英谱,浦东共有23家社会组织上榜,超过总数的1/5。浦东社会组织的品牌影响力逐步扩大,共建共治共享的社会治理体系逐渐成型。

## 二、浦东社会组织参与社会治理的实践与经验

浦东新区作为改革开放的排头兵和旗帜,肩负着突破旧体制、构建新体制的使命,始终坚持精简、统一、高效的原则与大系统管理的方式,把社会组织的发展作为综合配套改革、创新社会治理和发展转型的重要内容,注重政府职能转变,推进政社合作,为社会组织的发展腾出空间、让渡资源。在政府的引导和推动下,浦东的社会组织不断增强功能和作用,成为浦东社会治理的重要力量,

---

① 中共中央关于坚持和完善中国特色社会主义制度　推进国家治理体系和治理能力现代化若干重大问题的决定[EB/OL].(2019-11-05)[2021-11-05].http://www.gov.cn/zhengce/2019-11/05/content_5449023.htm.

② 关于印发《关于促进浦东新区社会组织高质量发展的财政扶持意见》的通知[EB/OL].(2021-11-17)[2021-11-20].https://baijiahao.baidu.com/s?id=1716897538221864492&wfr=spider&for=pc.

③ 数据来自浦东新区民政局社团处。

多年实践形成了一套行之有效的方法和经验。

### （一）创新制度优化环境

多年来，浦东坚持创新理念，初步构建起一套有利于培育和发展社会组织的制度框架，推出的许多政策内容都是全国首创。2005 年，浦东推出《关于促进浦东新区社会事业发展的财政扶持意见》，扶持养老机构、培训机构、行业协会、社工机构等各类社会组织发展。2007 年，浦东连续出台《浦东新区社会工作人才队伍三年发展纲要》《关于着力转变政府职能、建立新型政社合作关系的指导意见》《浦东新区关于政府购买公共服务的实施意见（试行）》《关于促进浦东新区民间组织发展的若干意见》等文件，提出通过培训方式提升社工人才的专业能力，并梳理政府和社会组织的基本职能和职责边界，提出了逐步实现政府与社会组织在主体、机构、职能、资产、住所、人员上的"六分开"，将原来由政府直接举办的、为社会发展和人民日常生活提供服务的事项交给有资质的社会组织来完成，形成"政府承担、定向委托、合同管理、评估兑现"的公共服务供应新机制。2011 年，浦东出台重点扶持四类社会组织发展的新政策；2011 年和2016 年，浦东又相继制定《关于"十二五"期间促进浦东新区社会组织发展的财政扶持意见实施细则》和《关于"十三五"期间促进浦东新区社会组织发展的财政扶持意见》；2021 年浦东推出《关于促进浦东新区社会组织高质量发展的财政扶持意见》，等等。一系列行之有效的制度为浦东社会组织的发展指明了方向，营造了良好的政策环境，并借此探索社会组织管理制度改革和综合监管体系建设，为其他后来者提供了有效借鉴。

### （二）多元化手段加强监管

在社会组织的监督管理上，浦东采取了多元化手段，实现社会组织自我监督有方、法律监管有力、政府监管有效、社会公众监督有序的现代社会组织综合监管体系。一方面，出台《浦东新区民办非企业单位规范化建设指导意见》（2012 年）、《浦东新区社会团体规范化建设指导意见》（2012 年）、《关于进一步加强社会组织自治自律和诚信建设的意见》（2015 年）等政策意见，完善社会组织基础制度，通过加强培训、树立典型、示范引导、规范文本等方式，推进社会组织健全内部治理结构、完善内部治理制度、提高内部治理能力,实现自我管理,促进政府对社会组织管理的精细化;另一方面,浦东积极运用法律、市场等手段加强引导和管理,通过加强年检实地检查、引入第三方力量、推动信息公开、规范法人治理结构等方式,推进社会组织规范化建设。如浦东建立区—街道(镇)—居民区的三级社会组织预警网络系统,及时发现和处理可能存在的危及社会稳定的苗头性问题。多元化手段推动浦东社会组织管理从重入口监管向重过程监管转变,促进社会组织管理从部门各自为政,向民政、各主管部门、相关职能部门各司其职、条块联动综合监管转变。

### (三) 搭建平台拓展空间

2009 年,浦东建立公益服务园,将之作为社会组织合作发展的公共平台,也是公益机构孵化和成长的家园。之后,浦东新区不断搭建和完善其他各种平台,推出各种措施集聚服务,为社会组织的发展拓展空间,促进社会组织在社会治理上发挥更大作用。如 2011 年建立基金会服务园、2013 年开发浦东公益一条街等,探索社区公益组织可持续发展的模式和社会服务的多种实现途径,助推品牌公益服务项目落地社区。经过多年发展,浦东新区目前已经形成了一个较为完善的区级公益服务项目一站式服务平台,并成功对接上海市政府购买社会组织服务供需对接平台,促进公益服务的供需信息交流与合作。近年来,每年通过该平台对接并签约项目达到 150 项左右,成交金额约 2 000 万元(其中,2019 年签约 157 项,成交金额 2 082.12 万元;2020 年签约 145 项,成交金额 1 979.46 万元)。仅 2021 年,截至 11 月 30 日,对接成功并签约的项目共 154 个,参与接洽的社会组织及企事业单位共 380 余家次,购买服务成交金额达 2 480.168 6 万元。在一站式监测与评估板块,2021 年度平台共为 25 家需方委托的 285 个项目提供了一站式服务(包含一次性结项评估)[①]。另外,在社区治理中,"家门口"服务体系也成为沟通供需、促进社会组织参与公共服务的有效平台。2018 年以来,浦兴、塘桥、洋泾等街镇分别举行"家门口"服务项目供需会,各类社会组织在社区调解、帮困服务、社区自治等热点需求方面发挥了积极作用。

---

① 数据来自浦东新区民政局社团处。

### (四) 政社互联合作共赢

浦东新区坚持创新发展思路,在社会组织发展过程中推出了诸多改革,作出多项全国率先之举。如最早开辟社工职业化、专业化、年轻化道路;最早探索社区、社会组织、社工"三社"联动机制;率先成立民间发起自助运作的社会工作者行业管理机构和国内首家民间社会工作服务机构;率先建立国内第一个公益组织孵化器;率先成立全国第一家社会组织的公益服务园区,等等。这些创新举措实现了政社互联,形成多方合作共赢的良好局面,探索出社会组织发展和社会治理创新的新路径,在上海市乃至全国都产生较大影响。浦东由此获得了"中国社会创新奖""中国地方政府创新奖""中国社会政策十大创新项目""全国社会组织建设创新示范区"等多个奖项和荣誉,并成为民政部批复的支持浦东综改在社会组织先行试点和社会组织改革创新的综合观察点。浦东经验被成功地复制推广到其他许多地方,不负国家发改委对浦东"高质量发展引领区、改革开放新高地、城市建设新标杆"①的期望。

## 三、浦东社会组织发展中的瓶颈与挑战

在政府的引导和支持下,浦东社会组织经过多年发展,取得了不小的成绩,多项创新举措走在上海市乃至全国前列,但仍有一些不尽如人意之处,与国际上先进国家相比仍存在一定不足,有待在今后的发展中进一步完善。

### (一) 内部治理不够规范

为促进社会组织加强自我管理,实现健康有序发展,浦东新区一直致力于通过各项制度和措施推进社会组织健全内部治理结构、完善内部治理制度、提高内部治理能力,收到了不小的效果。但是随着数量的快速增长,浦东的社会组织不免存在良莠不齐的现象。一些社会组织内部监督机制不够完善,也没有

---

① 关于推广借鉴上海浦东新区有关创新举措和经验做法的通知(发改地区〔2021〕345 号)[EB/OL]. (2021 - 03 - 11)[2021 - 04 - 07]. https://www. ndrc. gov. cn/xxgk/zcfb/tz/202104/t20210407_1271796. html? code=&state=123.

严格按照章程规定行事,在发挥理事会、监事会及日常办事机构内部治理有效性方面也仍有不足,对于会员(代表)大会、理事会等会议,往往以工作忙、费用紧等理由不开或少开,甚至还有少量社会组织不能按章程规定按期换届,内部治理仍有诸多不够规范之处。

### (二) 科技创新服务不足

浦东科创中心建设是国家级战略,随着一大批影响重大的科技创新项目和工程的加快推进,浦东推进科创中心建设的氛围越来越浓厚,科技创新成果也蓬勃涌现。依托全球科创中心的建设,浦东的科技创新可谓有着得天独厚的优势,但浦东社会组织在这方面没有发挥充分的作用。浦东社会组织种类丰富,涵盖的行业和领域也比较全面,但目前在科学研究、生态环境等与全球科创中心建设相关的领域,社会组织数量仍然偏少,力量也比较薄弱,尤其是科技中介服务机构比较缺乏,对科技创新和成果转化的服务不足,在支持全球科创中心建设中的重要作用未能得到充分体现。

### (三) 国际合作有所欠缺

当今世界,全球化的趋势越来越明显,发展中的中国也越来越重视国际交流与合作,在不同领域都积极发展和推进国际关系,包括社会组织的交流与合作。浦东作为中国改革开放的一面旗帜,处于对外开放的最前沿,国际化、全球化历程可谓一直在路上。但浦东社会组织在国际合作和交往方面数量偏少、形式简单,国际合作能力尚有欠缺,与成为"城市治理能力和治理成效的全球典范"目标尚有差距,有待在今后的发展中进一步拓展。

## 四、浦东社会组织参与社会治理的展望与建议

浦东社会组织与浦东新区共发展、同进步,历经多年,走到了打造社会主义现代化建设引领区的当下,面临高质量发展的要求,遇到了一系列新的发展机遇和挑战,需要付出更多的努力,在积极参与社会治理上有了更多的可为空间。

## （一）党建引领确保正确方向

社会组织是党建工作的一个新领域，也是基层党建中亟待攻克的重要堡垒。社会组织面广量大，加强社会组织党的建设十分重要。党建引领包含两方面要求，一是要坚持党的领导。这是一切工作的前提，必须在坚持党的领导的前提下积极推进社会治理的现代化。二是要加强社会组织党的建设。把党的工作融入社会组织运行和发展的全过程，为社会组织健康有序发展提供可靠的政治和组织保障。尚未成立党组织的社会组织要尽快设立党支部；已经建有党组织的社会组织则要坚持党的领导与社会组织依法自治相统一，要把党的工作融入社会组织运行和发展过程，组织、引导、团结社会组织及其从业人员，注重在社会组织负责人、管理层和业务骨干中培养和发展新党员。完善社会组织党建工作管理体制，各部门加强统筹协调、上下联动，并使浦东社会组织党建工作与成立登记、年检（年报）、评估同步开展，推动社会组织党建贯穿登记审查、能力提升、年检评估、日常监管等全生命周期。社会组织党组织的组建、制度建设、活动开展和党员管理要纳入审批要素、评估指标和年检内容。建立健全党组织参与社会组织重大问题决策研究的制度安排。

## （二）内外兼修实现依法自治

社会组织的治理既包括外部治理环境的优化和完善，也包括内部治理的有效和规范。两者互联互通、相辅相成，才能形成一套有效的社会组织共同治理体系。浦东社会组织要实现健康有序的发展，一是要加强监管力度。落实相关职能部门管理职责，加强社会组织负责人、资金、活动、外事等专项事务管理。同时利用应用场景及大数据平台等信息系统，加强部门间信息互通和管理联动，建立健全多部门监管机制、联合执法制度，推动政府管理从部门各自为政，向民政、各主管部门、相关职能部门及各街镇各司其职、条块联动、综合监管转变。二是要实现自我管理。管理部门可通过多种手段引导、促进社会组织规范内部治理。比如，强调社会组织章程的重要地位，进一步强化社会组织章程作为根本法的意识，在日常监督和管理中要以核准的章程来规范社会组织的行为；健全社会组织监事制度，强化内部监督机制，强化社会组织监事会的功能和作用，明确监事会在社会组织内部治理结构中的地位，对监事会的职责、监事的产生、任期及任职资格等作出具体的规定;完善社会组织重大事项决策机制,等等,形成一套"自治与独立的制度及规范、协同治理的体制及规范、公众参与和社会监督的制度及规范、网络化治理的模式及规范"[1],实现社会组织的依法自治。

### (三) 多元支持引导协同治理

社会组织作为参与社会治理的多元主体之一,具有民间性、非营利、自组织、多层、灵活、便利等特点,团结凝聚众多群众,是党和政府服务群众的桥梁,更是协同打造共建共治共享的社会治理格局的重要力量。社会组织参与社会治理,离不开方方面面的支持。一是要完善政策支持。充分发挥政策引导功能,重点培育并扶持在浦东社会治理中发挥积极作用的各类社会组织,包括一些社区社会组织、公益社会组织等,鼓励各街道、镇、自贸区片区局、业务主管单位结合自身特点,制定本区域、本行业领域的扶持政策和办法,加强政府购买服务,共同营造优质的社会组织发展环境。二是要加大资金支持。通过财政扶持政策,坚持分类扶持、绩效导向、择优发展原则,在房租、项目发展、筹资、机构发展、作用发挥、创先争优等方面给予重点培育社会组织相应的财政补贴,鼓励社会组织更好地发挥协同治理作用;整合社会资源,探索设立浦东社会组织发展专项基金,推动浦东社会组织可持续、创新性发展。三是要提供人才支持。加强人才培养,以需求为导向搭建社会组织专业培训平台,通过线上、线下多种形式提升社会组织工作人员的专业能力;推动专业人才引进,搭建社会组织人才引入平台,通过联合招聘会、专场招聘会、高校对接会等形式,帮助社会组织引进专业人才。另外,还要加强信息化、数字化等高科技手段的应用,加强社会组织的管理和数据应用;建立社会组织线上课程研发及线上培训,加强社会组织能力建设;完善社会组织购买服务项目平台,加强供需信息的互通及对接,推动社会组织项目化发展;搭建社会组织信用信息系统,并加强信用结果的共享及应用,等等。通过多方支持,引导、鼓励、扶持社会组织积极参与社会治理。

### (四) 创新突破实现引领目标

浦东因改革开放而生,因改革开放而兴,敢闯敢试敢担当的精神贯穿于浦

---

[1] 王名,张严冰,马建银.谈谈加快形成现代社会组织体制问题[J].社会,2013(3):26.

东开发开放的始终,也遍布浦东社会治理的每一个角落。如今,浦东要打造社会主义现代化建设引领区,成为现代城市治理的示范样板,仍要坚持创新发展,不断突破。坚持制度创新引入更多社会资源,引导社会资金投入社会组织发展。比如,支持和加快发展专业化的中介服务机构,吸引全球有影响力的科技中介服务机构进驻浦东设立分支机构,开展业务活动,并构建完善的公共技术服务体系,实现不同科技中介服务机构的相互链接和配合,在浦东构建起全国领先的覆盖整个技术创新过程所有环节的全生命周期服务链,促进人才、技术、资金、信息等创新资源的集成和共享;探索资金和慈善资金商业化的运作路径和规则;探索慈善基金、社区基金与保险公司、基金公司合作开发公益理财产品的可能性,等等。浦东社会组织的发展不能只停留在当时当地,要瞄准社会组织发展的国际化趋势和创新化要求,借助浦东特有的战略地位和政策优势,加强与国际社会组织的联络、合作,加强社会组织发展的新探索,争取新的突破,为上海乃至全国提供有效的发展经验和浦东样本,为世界贡献中国智慧和中国力量。

## 参考文献

[1] 冯梦成. 浦东社会组织发展的历程、逻辑与经验[J]. 江南论坛,2018(11):18-20.

[2] 陶虹,李希贤. 社区社会组织参与基层社会治理路径[J]. 百科知识,2021(10):29-30.

[3] 王名,张严冰,马建银. 谈谈加快形成现代社会组织体制问题[J]. 社会,2013(3):18-28.

[4] 张晓君,彭正波. 制度环境、公共服务供需对社会组织发展的影响——基于中国省级经验的实证研究[J]. 华东经济管理,2017(8):34-43.

[5] 佐佐木毅,金泰昌. 中间团体开创的公共性[M]. 王伟,译. 北京:人民出版社,2009.

**(作者:王昊,中共上海市浦东新区区委党校,副教授)**

# 数字时代的数据权属界定问题研究

## ——以浦东互联网企业用户信息数据为例

**摘　要:** 数字时代用户信息安全风险增多,主要原因在于用户信息数据没有明确的权属界定。权属模糊易导致数据被过度采集、企业数据安全责任虚置以及企业违法违规行为的发生。互联网企业从保护用户信息安全、规范使用数据和创造健康有序的经济运行环境出发,急需从数据产权问题入手研究,为企业建立数据权属界定模型,开发数据权属界定系统,对权属界定理论创新和实践应用做出探索与尝试。

**关键词:** 用户信息;数据;权属;界定

2021 年 7 月 15 日正式印发的《中共中央国务院关于支持浦东新区高水平改革开放　打造社会主义现代化建设引领区的意见》(简称《意见》)使浦东再次成为我国改革开放的弄潮儿,即将承载引领使命,打造示范样板。《意见》提出浦东要建设国际数据港和数据交易所,推进数据权属界定、开放共享、交易流通、监督管理等标准制定和系统建设,进一步激活高质量发展新动力。如何推进数据权属界定成了浦东亟待破解的课题。身处上海互联网产业的最大集聚区的浦东互联网企业应迎难而上,为未来数据权属界定系统的设计和应用技术创新探索出新的方案。

## 一、基于用户信息安全背景下的数据权属界定困境

2018 年依据上海市消保委统计分析,"针对输入法、浏览器、综合视频等三大类、18 款应用进行了评测,发现个人信息泄露、合法权益被侵犯等问题突出,

而手机应用权限过度申请更是引发了各种争议,多个软件均存有用途不明的敏感权限申请行为。"[①]"2019 年 9 月到 2020 年 11 月,通过对 600 款 App 广告行为分析发现,58％的 App 含有广告,其中 69.7％的广告没有'关闭键'。相较于传统广告和互联网搜索类广告,App 闭环型广告对用户的知情权与公平交易权影响更大。"[②]正是这些问题的产生,使用户信息安全问题日益得到重视。

### (一) 用户信息的核心内容

用户信息以用户的个人信息数据为核心内容。传统意义上的用户信息包括用户最基本信息,诸如姓名、年龄、联系方式、居住地址等,同时也包括与基本信息有密切联系的一系列有价值信息,如财务信息、社会关系信息、医疗信息等。而在数字时代,用户信息的内容进一步扩大,还包括用户在大数据多媒体环境下的私密数据、敏感数据(位置数据、公共出行、金融数据等),特定电脑和电子设备的机密信息的表现形式也从传统的文本实体、通话记录等延伸到大量模拟信号和海量记录电子数据。

由于用户信息不再局限于实体空间,外延到公共空间和虚拟空间,使得用户信息很难在各个领域、各个环节实现管理与监控。此外,很多用户甚至企业对于数据保护的意识不够,并不关注数据产权问题。

### (二) 浦东互联网企业用户信息安全风险主要类型及产生原因

随着在线新经济在上海迅猛发展,互联网企业再次站上风口,成为产业变革中的弄潮儿。浦东是上海互联网产业的最大集聚区,在册运营的非公有制互联网企业就达 500 余家。浦东作为上海市网络科技发展、智能化建设的核心要地,必然要面临严峻的数据安全问题。

#### 1. 用户信息安全风险主要类型

依据浦东用户信息风险常见案例,安全风险主要包括用户信息泄露和用户

---

① 应用评测显示个人信息遭泄露[EB/OL]. (2018 - 11 - 28)[2021 - 11 - 25]. https://baijiahao. baidu. com/s? id=1618367154796668229&wfr=spider&for=pc.

② 部分 App 内置广告"关不掉"问题突出[EB/OL]. (2020 - 12 - 27)[2021 - 11 - 25]. https://baijiahao. baidu. com/s? id=1686322935176992214&wfr=spider&for=pc.

信息数据被滥用等。

（1）用户信息泄露风险。传统的身份信息泄露主要是通过银行卡、手机电脑等实物的丢失或被盗窃，导致身份信息数据面临未知风险，而在信息化的现代社会，只要通过数据盗窃或交易就可以实现身份信息的重新买卖，造成用户个人信息"裸奔"。而个人数据泄露的风险，相应伴随网络诈骗、银行账户财产被盗等违法行为。

（2）用户信息数据被滥用风险。在数据为王的新技术时代，信息就是资源，企业需要掌握大量信息，从而抢占先机。各种互联网企业必然从众多渠道获取用户的个人信息，并从海量信息中捕捉、汲取个人数据，从而有针对性地投放广告以刺激用户第二次消费。

除此之外，用户个人和社会组织面临的数据风险还有多种形式，如技术漏洞、黑客、网络黑灰产业链等。

### 2. 用户信息安全风险产生原因

2021 年 7 月，上海浦东发布互联网不正当竞争案例，涉及多家互联网企业，比如支付宝 App 和斑马公司流量之争、电视猫视频软件及优酷网的数据争夺，目的是取得竞争优势，因而存在对大量数据随意获取和滥用，由数据引发相应纠纷。案例中还涉及广告和插件泛滥、对终端用户的干预行为、恶意篡改用户浏览器等行为，直接侵害了网络用户的知情权和选择权。

一系列数据安全问题产生的原因为大量数据的产权不明晰，导致无法规范互联网企业对于数据的使用，市场主体也没有有效的法规来规范自己的行为。根据科斯的"公地悲剧"理论，只有权属清楚，各权利主体在法律范围内行使权利，最终才能达到该资源的最佳利用与分配。因此要防范用户信息安全风险的首要任务便是对数据权属进行界定。

### （三）数据权属界定存在的困境

就目前大数据的应用来看，大部分数据使用者是互联网企业，它们对大量数据进行不同算法研究，从中得出用户的消费规律或者分布区域规律，最终得到预测功能，进而更加科学地安排自己的生产、销售等。有学者认为，该数据产权应当归属数据使用者——企业,才能真正发挥数据的使用价值。然而反对者提出,数据是一种资源,也是一种权利。大数据的产权归属于企业,一是会引发用户信息安全问题,如针对个人隐私信息推送的广告,直接侵害了用户的知情权和选择权;二是企业易滥用权利,比如 App 软件中普遍存在大数据"杀熟"等损害消费者利益的现象。因此在数据权属界定中至关重要的问题是在企业与用户之间进行权衡。

## 二、用户信息数据权属界定对于浦东互联网企业的重大意义

清晰界定数据的产权不仅是用户信息数据得到保护的前提,也是用户信息数据能够实现最优利用的最佳途径。依据数据权属界定,我们很容易判断企业是否有权从第三方获取互联网的个人信息;提供数据服务的数据公司是否有权转让互联网的信息获取收益;企业在使用互联网数据时是否符合法律法规所要求的规范;企业对保存下来的互联网信息该如何规范使用和保护。

### (一) 规范互联网企业采集数据

当前互联网企业在获取用户信息数据时,政策透明度普遍偏低。部分征信平台对用户信息隐私条款起草的内容和结构极其简略,存在文本雷同、安全保护措施缺失等问题。甚至合同本身即存在对用户不利的条款。用户面对这种不公平的格式条款,往往因不了解或别无选择,只能屈从和接受,从而使合法权益受到侵害。而明晰的数据权属界定是鉴别企业对用户数据拥有什么样权利的前提,帮助企业规范采集数据,同时对于用户来讲,也容易鉴别哪些属于自己的权利,及时维护自身合法权益。

### (二) 保障互联网企业合法合规使用数据

在得数据者得天下的大数据时代,很多征集用户数据的平台或机构尽管已知自身承担数据安全保护的主体责任,但它们更加关注的是如何享有较多的数据红利。因此在收集、使用、保存数据和防范数据安全风险时,就会存在责任虚置的问题。一是在使用和保存数据环节,部分平台或机构的数据防护意识不

强;没有足够的技术研发力量来提升数据防护能力;在与第三方企业的开放合作中缺乏相关机制体系来保障用户数据的安全使用。二是在数据流转环节,有些提供数据服务的企业在数据收集、传输、存储及对外提供等环节,未按要求采取必要的管理和技术措施,包括数据传输时未对敏感信息加密、向第三方提供数据前未征得用户同意,数据公司随意转让用户信息获取收益;三是在执行资源和资质管理规定环节,未履行网站备案手续,转租或使用违规网络接入资源、未及时更新备案信息等。

更为严重的问题是责任虚置易导致互联网企业违法违规。有的企业明知故犯,有的企业对违规行为不理解、不整改,有的企业因为出现问题时追责难度大,处置程度轻而存在侥幸心理。因此互联网企业违法违规收集个人信息、侵害用户权益事件时有发生。

只有数据权属界定明晰,企业才能明确获取什么样的数据需要用户什么样的授权,以保证企业在使用数据时不侵犯用户的权益,避免违规违法操作。同时,用户数据资产存在于企业内部采集、使用、保存、流通等多个环节,用户授权之后企业在每个环节拥有什么样的使用权利,数据权属界定都可以成为判断基础。

### (三) 推动互联网产业生态健康有序发展

《意见》提到浦东要建设国际数据港和数据交易所,重要前提是要建成健康有序的互联网产业生态。一方面,充分发掘数据要素价值,实现更好的配置,这不仅对浦东未来的发展,可能对上海、全国未来的发展,都有很大的好处。浦东是上海互联网产业的最大集聚区,其中互联网金融企业更是全球交易最活跃的主体之一,助推上海国际金融中心全球排名上升到第三位。目前浦东共有 13 家金融要素市场和金融基础设施,集聚度全国第一,部分金融市场规模在全球位居前列[①]。浦东有充分发挥数据要素价值的基础。另一方面,国际数据港利用浦东开放的地位参与国际数据标准的设立以及数据交易,做好数据权属界定研究将有助于我国更好地树立在数据领域的国际竞争优势。

---

① 将赋予浦东新区改革开放新的重大任务[EB/OL]. (2020 - 11 - 12)[2021 - 12 - 12]. https://baijiahao. baidu. com/s? id=1683167748333751732&wfr=spider&for=pc.

一是数据权属界定明晰有助于打破公共数据壁垒。权属界定明晰,数据买卖和流通就有了依据,可以促进数据交换,数据实现商品化。同时数据使用规范化可以提高数据使用效率,降低采集信息成本,优化资源配置,提高经济效益。

二是数据权属界定明晰有助于推动相关法律法规落地实施。法律属于上层建筑,但是并不妨碍其服务于经济。数据产权得以落地法律层面是必然出路。

浦东有立法权方面的优势,可以更好地适应数据要素市场的建立和培育。只有法律法规和产权界定的两方面成果落地才能使企业更为直观地规范数据操作。我国从法律层面正不断健全用户个人信息保护。2019 年,中国信通院、电信终端产业协会以及 30 多家终端厂商、互联网企业有针对性地制定了《App 用户权益保护测评规范》共 10 项标准和《App 收集使用用户个人信息最小必要评估规范》8 项系列标准[①]。2021 年 4 月,工业和信息化部正式启动为期半年的专项整治行动。重点整治侵害用户权益、威胁数据安全、违反资源和资质管理规定等多方面问题[②]。2021 年 9 月 1 日起施行的《数据安全法》明确规定,数据交易中,数据服务商或交易机构要提供并说明数据来源证据,要审核相关人员身份并留存记录。未来浦东可针对数据的权属、流转、性质界定等作出法律层面或者基础制度层面的探索。

三是互联网征信数据产权明晰是互联网产业体系能够安全运行的重要保障。规范数据信息资源管理体系是市场经济成熟的重要标志。不仅有利于扩展互联网产业的数据范畴,促进传统经济模式的转变,还有利于我国数字经济的不断发展,进而促进国民经济有序健康进行。

## 三、互联网企业探索数据权属界定的新思路

一方面数据权属界定是用户信息保护的基础,另一方面数据权属界定对于

---

① 已责令 1571 款违规 App 进行整改下架 120 款[EB/OL].(2020 - 12 - 24)[2021 - 12 - 25]. https://baijiahao. baidu. com/s? id=16869291201996899991&wfr=spider&for=pc.

② 同上。

互联网企业发展具有重大意义。互联网企业作为市场主体有责任有义务探索新的数据产权界定方式,建立一套完善的数据安全保护系统,充分利用和配置数据要素,从而推动整个经济发展。

毫无疑问,因单纯的个人消费行为产生的相关数据属于用户个人,此处的个人包括自然人、法人及非法人组织。政府及其职能部门以及依法行使行政职权的组织,在其购买服务、行政管理或者为公民提供公共服务的过程中产生或获得的数据产权应属于政府。这两类数据的产权清晰。数据产权界定的疑难之处在于基于互联网平台产生的数据产权应归属于谁,通常这类数据是个人基于互联网平台的行为而产生的,比如人们在某个互联网平台上的购物清单、浏览记录、账号密码和位置数据等。关于这些数据的归属,传统的产权界定思路无法解决这一问题。针对数字时代背景下的用户信息保护中的数据产权界定研究需要有新的视角。

以一家互联网企业为例,这是一家专注于线上化小微信贷业务的创新型金融科技公司。为做好小微信贷业务,企业必须与各类交易场景,B2B、ERP 等平台合作,这类场景的共同特征是收集存储海量交易数据。因此对于数据产权界定与数据安全尤为重视。笔者以这家企业为试点,力求从三个维度(数据是谁的? 谁在用数据? 数据收益归谁?)设计数据产权界定系统。

### (一) 界定所有权和使用权

通过产权主体属性来界定所有权,通过授权、法律、政策三个属性来界定使用权,特别是《中华人民共和国数据安全法》实施后,将是界定使用权的主要法律依据。更能够规范数据处理活动,保障数据安全,促进数据开发利用,保护个人、组织的合法权益(见图1)。

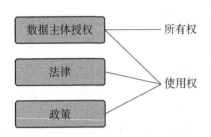

**图1 所有权和使用权界定方法**

### （二）界定使用权适用范围

根据产权所有权主体类型的不同，可以将数据分为共有数据、公有数据和私有数据三大类。国家或社会群体共同拥有的数据为共有数据，机构、组织等集体所有的数据为公有数据，个人私有的数据为私有数据。

对于数据使用权的性质界定和边界界定非常复杂，界定成本很高。我们可以对互联网数据流通的各个环节进行分解，找出每个环节典型的使用情况，并以产权主体授权内容和法律法规规定为判断依据，实现使用权适用范围的界定。该过程中将收益权和处置权都划归到使用权下，作为使用权的两个特殊的使用情况集合，即通过所有权主体授权、法律法规和隐私保护来界定使用权适用范围。

经过界定后，所有权主体的授权约束了数据收集行为，数据收集需要在所有权主体的主观意愿下进行，而不是单方面强制性进行。同时，数据收集需要在授权的适用范围内进行，而不能超出服务范围过度收集（见图 2）。

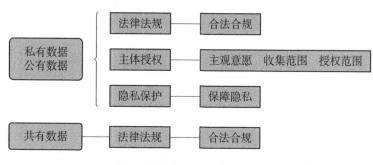

**图 2　使用权及适用范围界定**

### （三）建立用户数据产权界定系统

企业通过收集多维度的用户数据，再根据用户数据的性质、产生、使用和敏感级别对数据进行属性划分，并选取关键的属性作为决策变量，设计开发消费者数据产权界定系统（consumer data property rights definition system，CDRD）。CDRD 系统由数据层、指标层、CDD 层和应用层四部分组成。数据层为收集的用户数据的维度集合，数据来源包括终端采集、网络获取、平台运营和第三方购买等。指标层包括用户授权内容的授权中心、征信公司使用数据行为描述的行为中心以及法规政策约束中心。指标层用来存储各类信息的具体描述,授权中心为用户授权平台或企业可以获取并采集的信息数据(例如是否同意追踪位置),行为中心为企业使用个人信息数据的行为描述,法规政策中心内容为相关法律法规。作为输入变量,指标层是规则库生成的基础。CDD 为该界定系统的核心,分为规则库、模型库和规则引擎,规则库为生成的各种逻辑判断的规则单元,模型库为将规则单元连接起来的决策树逻辑单元,输送到规则引擎中进行产权界定规则判断。应用层将实现用户数据产权界定以及对界定结果进行监控(见图 3)。

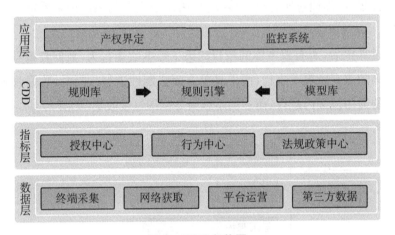

图 3 CDRD 架构图

目前该企业已经试运行 CDRD 系统。经过该系统与各类数据平台对接,应用平台的交易数据以交易级的粒度对平台上下游小微用户的经营行为进行观测与剖析,并通过各种算法将其转化为自身全面系统的动态数据管理。整个数据采集、使用、交易全过程均实现系统化,极大减少了企业数据安全风险。可以说,这是在新技术背景下通过数据产权界定三步走的新维度,为未来互联网企业权属界定系统的设计和应用技术创新提供了新的思路。

### 参考文献

[1] 毕方明.信息安全管理与风险评估[M].西安:西安电子科技大学出版社,2018.

［２］ 毛典辉. 大数据隐私保护技术与治理机制研究［Ｍ］. 北京:清华大学出版社. 2019.

［３］ 钟力,张旅菡,唐会芳,等. 从《全球数据安全倡议》看数据安全[J]. 中国信息安全,2020 (11):83－85.

**(作者:姜朋,中共浦东新区区委党校,副教授)**

# "一网统管"在基层社会治理中场景应用的思考

**摘　要**：提升城市治理能力和治理体系现代化、探索超大城市治理新路径，需要全面推进城市数字化转型。"一网统管"是城市治理数字化转型的基础，而场景牵引是实现"一网统管"提升基层社会治理效能的重要基础。同时，还需要针对基层社会治理的实际需求在场景应用的设计、运维和保障方面更趋完善。

**关键词**：一网统管；基层治理；场景应用

全国人大通过的《国民经济和社会发展第十四个五年规划和 2035 年远景目标》对加强城市治理明确指出，提升城市智慧化水平，推行城市楼宇、公共空间、地下管网等"一张图"数字化管理和城市运行一网统管。"一网统管"是实现城市治理数字化转型的重要路径，将推动治理由人力密集型向人机交互型转变，由经验判断型向数据分析型转变，由被动处置型向主动发现型转变。自 2020 年初实施《上海市城市运行"一网统管"建设三年行动计划》以来，各区都发挥各自优势积极探索，创新"一网统管"基层场景的应用，促进城市管理的精细化，探索一条符合超大城市特点和规律的治理新路子。但是，在调研中我们也发现，"一网统管"基层应用场景的理论和实践之间仍然存在一些需要解决的瓶颈问题，制约了制度效应的充分发挥，本文试图分析这些问题并提出相应的对策建议。

## 一、存在的问题

### （一）顶层设计与个性需求之间还需磨合

为避免数字和平台资源建设的重复与浪费，目前由区级政府统一部署"一网统管"总体工作并设置统一的"一屏观全域"的一屏底板。而应用场景是一种自下而上的基层管理需求,当基层难以围绕真实的价值问题去创造和选择场景,就会产生让应用场景空转而不解决实际问题的"空气币"现象。比如原有的街镇电动车防盗应用场景难以嵌入"一屏"这个底板,导致其无法再用。

### (二) 基层场景应用便利化不够

场景赋能的基础是数据的畅通。经过十几年的政府信息化、数字化建设,政府间数据共享得到很大进步。但不同层级的政府和部门之间因为标准和格式不统一造成数据无法对接,数据开放度依然不够造成数据难以共享。比如群租的治理在基层场景应用中数据推送还比较滞后,使问题整治的及时性、有效性打了折扣。再如店牌店招,因相关主体的缺位错位导致管理便利化很差,美观和安全隐患的责任主体是街镇,但是相关数据的归集在市级系统,出现基层提交了数据却不能在平台中共享数据的尴尬。

### (三) 基层场景治理的保障性不足

场景设计以问题为导向,而最先准确感知问题的是基层,基层实际投入人力尚显不足。调研中,较大的镇城运中心在编人员也只有两名,城市治理中社会和市民力量参与不足。因为人力投入不足和机构设置问题,实际导致了"一网统管"的成本大大提高。比如智能监管中摄像头等设备数量会大幅增加,安装和后期维护相关设备的费用会持续上升。而这方面投入越大,成本越高,则可持续性越低。

### (四) 场景应用的可持续性差

现有场景应用可持续性差,经费投入并不是主要问题,主要是"一网统管"的机制不灵活,运营思路僵化,难以应对数字化时代的城市治理问题。市场参与度和社会参与度都严重不足,不仅出现治理事务增多而数据使用权偏少的尴尬状态,也很难实现场景应用的可持续性。

## 二、对策建议

### (一) 鼓励基层场景设计的个性化取向

梳理基层常用场景，统一纳入"一屏"底板。基层管理的场景设计都是源于各自的需求，最大的特点就是解决问题时有效管用。比如周浦镇自行开发的慧芯系统，应用在防盗、防老人走失等多项管理事务中，效果明显。这类事件在各基层管理中具有共性，建议将此类场景统一梳理接入，纳入城市管理的"一屏"底板。各地可以根据各自特殊需求，嵌入或者接入自己的个性化场景，以丰富"一网统管"的对象。

陆家嘴街道在已有的"一屏"底板基础上增加环岛监控系统。该系统嵌入后，环岛人流如织也好，雨天打伞也罢，都可以精准测算，进而采取相应的管理措施。各地也可以采取类似方式，根据自身特点设置个性化场景，嵌入"一屏"底板统筹管理。

### (二) 提高基层场景应用的便利化

在应用场景底板设计时，要充分考虑各部门工作的便利性，节约时间和成本。特别是不能出现数据格式和标准的碎片化，相互不能兼容，即使在一个网内，仍然是各自为战，导致"一网统管"有名无实。陆家嘴探索的经验值得推荐，多年前陆家嘴街道就和公安部门实现了数据共享，一旦发生邻里纠纷、家庭矛盾、井盖失窃等案件，公安在接到 110 报警后，街道居委相关人员也能在平台上看到，同时到岗协助处置。这种街道统领联动，让公安的工作也更精准更有效，各方也就更愿意进行数据的共享。

为了进一步提升数据便利化，还需要利用场景归集数据，建立数据清单，加强数据双向共享。清单中要提供数据的主体、使用路径、目标功能等，尤其要体现事权和数据使用权的统一。基层有自己收集的数据，同时上传，有关部门也能尽快共享这些数据。比如浦东的界浜村微平台运用自有的基础数据，嵌入"三级平台、五级应用"中，数据双向共享在家门口就能实现。

便利化还需要在组织形态和组织功能上进一步完善。"一网通办"的组织形态经历了从网格办到网格中心,再到城运中心的变化,组织功能上更趋向综合和应急,通过不断实践积累经验和总结完善,以便利化为目标,有效避免了资源浪费。

### (三)明确基层场景运维的保障性

基层场景能够运用得好,不仅需要充分的物资经费保障,更需要组织制度保障、机构保障以及机制保障,才能发挥"一网统管"的最大效益。

首先是组织制度保障。在具有充分的经费保障之后,领导挂帅主抓是关键。浦东新区能够在城市运行"一网统管"中探索先行并且取得成效,领导的重视功不可没。建议全市在基层场景应用过程中,领导一定要高度重视,配备好干部,才能快速地推进。

其次是机构保障。在区层面组建基层场景运营保障部门。功能是解决基层场景运用中,需要的数据资源能得到、所遇的问题能解答、协同的部门能沟通、新技术手段的推广有培训,以消除工作人员在基层场景应用中可能遇到的困惑、彷徨和无助,提高"一网统管"的总体效率。

最后机制保障。主要是对干部的考核和激励机制,一是基层场景应用考核不能成为干部新的负担。科技赋能的目的是提高管理效能,而不是增加处罚干部的手段。二是考评也可以双向互评。上级考评下级的场景应用效果,下级也可以对上级所推场景应用提出改进意见,以便让场景更符合基层管理需要。另外完善基层场景应用,专家、技术公司和社会治理专业研究机构共同参与,也是必不可少的。

### (四)加强基层场景应用的可持续性

提高场景应用从设计、运行到监管的全周期效能而降低相应的成本,必须增强市场和社会的力量在此过程中的参与程度。以最少直接干预、最小资源投入,激发最大市场动力和最大治理潜力。不仅能提高数据使用效率,还可以在一定程度上节约财政投入。

场景应用的可持续性离不开市场参与。政府不应该成为基层场景设计运用的唯一主体,应该积极引进市场机制,鼓励各类市场主体利用新技术、新解决方案和商业模式参与进来。比如商品房安装摄像头的权限不在街镇,街镇可以采用市场机制吸纳开发商或物业公司参与进来,就可以得到圆满解决。再比如为了建立一个开放数据门户,可以通过开展该场景应用设计大赛,借助市场的力量吸收更多治理智慧,来完善相关方案。

场景治理的可持续性离不开社会参与。社会参与在成熟的市场经济国家是必不可少的,但我国在这方面参与度严重不足。美国波士顿在相关工作方面鼓励居民和社会组织参与。比如一项名为"领养消防栓"的应用场景就具有可借鉴性。波士顿的冬天积雪很厚,为此波士顿政府部门向全社会发布了一张地图,在地图上标注了全市 13 000 个消防栓的位置,鼓励全市居民认领。一旦消防栓被雪掩埋,它的主人将收到手机消息通知,及时前去铲除消防栓周围的积雪。其教育部门也对学生参与这项实践给予了升学上的优待。这种做法真正实现了过去由政府出面解决的模式转变为政府开放数据、社会参与利用的模式,大大强化了应用场景的可持续性。

**(作者:郭琳琳,中共上海市浦东新区区委党校,副教授)**

# 人民城市诗意空间价值构建：
# 智慧化治理的动力及效能

**摘　要:**随着城市化的快速推进,城市在给人们带来生活便利、提升生活质量的同时,也带来了一系列问题。城市空间的权力隔离、资本扩张、认同式微等问题日益突出,城市治理行政成本高企、效率低下、复杂性增强,人们对城市正义空间享有的呼声日益高涨。营造城市居民诗意空间,提升城市宜居水平是衡量城市竞争力的重要标尺。加强城市智慧治理,统筹推进经济治理、社会治理、城市治理,为实现人民城市诗意空间价值构建提供了系统治理的路径和技术手段。

**关键词:**人民城市;诗意空间;价值构建;智慧治理;动力效能

随着城市化的快速推进,城市在给人们带来生活便利、提升生活质量的同时,也带来了一系列问题:环境污染、交通拥堵、人口拥挤、用地紧张、资源枯竭、住房困难、就业上学看病难、安全风险高、娱乐休闲空间不足等。生活在城市中的人们越来越缺乏安全感、归属感。为城市居民提供便捷、安全、高效的居住环境,使城市居民真正享有诗意的居住空间,是现代城市尤其是特大型城市在设计布局城市空间时面临的时代课题。习近平总书记在浦东开发开放 30 周年庆祝大会上指出:"城市是人集中生活的地方,城市建设必须把让人民宜居安居放在首位,把最好的资源留给人民。""要提高城市治理水平,推动治理手段、治理模式、治理理念创新,加快建设智慧城市,率先构建经济治理、社会治理、城市治理统筹推进和有机衔接的治理体系。"①显然,智慧城市建设是构建人民城市诗意空间的重要路径。

---

① 习近平.在浦东开发开放 30 周年庆祝大会上的讲话[J].新华月报,2021(1):6-8.

## 一、空间正义：都市社会的价值关涉

城市空间是城市中的人们所体会到的包罗万象的感受。然而，现代城市高楼林立、交通拥堵，公共空间狭仄，城市空间日益成为稀缺资源。城市居住空间是城市空间结构的重要组成部分，不仅是城市生活功能得以实现的物质载体，同时，它的生产还直接关系到人的日常生活世界的建构，因为人类所追求的永远不只是"居住"，而是"诗意地栖居"。

在马克思恩格斯的视野中，城市居住空间绝不只是一个"容器"，它的本质不是它的地理或物理属性，而是它的社会属性，城市居住空间是城市社会空间秩序的现实载体，这使城市居住空间的生产具有社会性。

20世纪六七十年代，随着经济全球化的发展，西方资本主义国家出现了普遍的城市社会危机。以列斐伏尔、曼纽尔·卡斯特和大卫·哈维为代表的新马克思主义城市学派便应运而生。他们以城市为主要研究对象，将马克思主义与城市空间分析相结合，主张将城市发展放在资本主义生产方式的理论框架下加以研究，提出城市空间新的分析框架。列斐伏尔认为，后现代城市已不仅仅是一个具有物质属性的静止的社会关系的载体或容器，其自身就是生产力和社会财富的创造者。因此，城市空间问题其实已经关切到城市居民的居住权、公民权、空间享有权等一系列权利问题，同时关切到社区治理、社会整合、贫困治理、公共政策等公共问题。而公民权利和公共政策等是否为城市居民均等化享有，其本质关涉到城市空间的正义性问题，而这也正成为现代城市居民高度关注的现实问题。

由于资本对空间的逐利性，使城市内部区域空间形态的分化或隔离日益严重；空间斗争将成为资本主义社会城市革命的重要形式，在资本主义的城市空间斗争中，穷人往往会以失败而告终。因此，正义的城市空间是实现城市权利、实现都市革命的正义需要。空间问题也是当前中国特色社会主义社会建设需要直接面对的现实议题。所以，享有城市正义空间权利正成为现代都市人们公共权利的重要内容，消除城市公民的生活区隔，实现不同阶层人群对城市空间的正义占有，构建诗意的城市栖居空间，为城市居民提供诗意空间，是现代都市建设的必然选择①。

## 二、"人民城市"理念:都市诗意空间价值重构

2019 年,中国的城镇化率首次超过 60%,进入城市时代。将制度优势转化为城市治理优势,是城市健康稳步发展的压舱石,也直接影响到中国特色社会主义事业的发展步伐。2019 年 11 月,习近平总书记在上海考察时提出了"人民城市人民建,人民城市为人民"的重要理念②,它深刻揭示了中国特色社会主义城市的人民性,深刻回答了城市建设的发展力量和依靠力量,为新时代人民城市的建设和发展提供了根本遵循。

"人民城市"理念的理论渊源来源于两方面。一方面,"人民城市"理念体现了马克思主义的人本观。以人为本的思想具有悠久的历史,是历代人们普遍追求的共同理想。马克思主义也将这一思想作为矢志不渝的价值追求。它建基于历史唯物主义,以辩证唯物主义世界观作为理论依据,从现实中个人的视角出发,将人的物质实践和生产劳动作为人的存在方式,深入剖析了人的本质和价值,并以人的解放作为最终目标。马克思主义有别于西方传统的人本观或西方资本主义社会对人的传统观念。在资本主义社会里,人往往无法真正实现自己对自由和幸福的追求,人的异化成为幸福路上最大的绊脚石。社会治理通常以对劳动人民的压迫和剥削为代价。可以说,人的本质在资本主义社会中很难实现,其根源就在于:资产阶级主导下的资本主义社会的治理活动和与之相关的一切举措无法代表最广大人民群众的根本利益,而无产阶级没有自己的特殊利益,其初心和使命是为普天下人类的真正解放而奋斗。无产阶级的这一人本观正是马克思主义理论的浓缩精华。马克思主义全部的理论是以现实中的人的本质为基础,发展依靠人民、发展为了人民,实现人的全面发展,这是一切善治社会的根本。马克思主义人本价值理念是当前城市治理和发展的理论基础。

另一方面,"人民城市"理念是中国共产党根本宗旨的本质要求。作为马克

---

① 包亚明. 现代性与空间的生产[M]. 上海:上海教育出版社,2003:6-7.

② 谢坚钢,李琪. 以人为中心推进城市建设[N]. 人民日报,2020-06-16.

思主义政党,中国共产党的宗旨就是全心全意为人民服务。办好中国的事情,关键在党、关键在人。中国共产党是无产阶级政党,中国共产党的初心和使命就是为中国人民谋幸福,为中华民族谋复兴。中国共产党始终以实现好维护好发展好人民的根本利益作为一切工作的出发点和归属点,始终坚持以人民为中心的发展思想,创造性地继承并发扬了马克思主义的人本观,将其与中国实际相结合,有力推进了国家治理体系与治理能力的现代化。在城镇化发展进程中,我们始终把人民对美好生活的向往作为自己奋斗目标,坚持共建共治共享,出台了一系列政策措施,激活了城市建设的各主体和各要素,极大地提升了城市人民的获得感、安全感,社会主义制度的优越性充分展现,这正是我们现代城市建设遵循的根本原则。

"人民城市"理念的实践性体现在以下三方面。一是把"人民城市人民建,人民城市为人民"作为城市建设的根本遵循,打造共建共治共享的社会治理共同体。在探索超大型城市治理现代化的过程中,始终把人民群众的满意度、获得感和安全感放在首位。通过建立健全基层民主协商机制,鼓励公众从传统治理逻辑下的被动响应者转变为共建行动的积极行动者;通过创新自下而上的公共讨论机制,推动城乡社区从行政治理末梢转变为共治的重要场域;通过创造性地改革城市公共服务供给机制,推动人民群众更高质量共享城市公共产品。构建"人人有责、人人尽责、人人享有"的社会治理共同体,实现城市治理模式的深度转变和系统优化,调动一切力量共同推动城市治理的现代化。

二是以共享理念作为价值取向,把以人民为中心的发展思想作为城市建设的基本准绳,满足人民群众对美好生活的向往。始终把人本价值作为改进城市服务和管理的重要标尺,努力化解新时期人民日益增长的美好生活需要和不平衡不充分发展之间的矛盾。优化公共服务,在健全的基本公共服务体系基础上进一步提供需求导向、内涵更丰富的多层次公共服务,同时不断提升公共产品精准传递的水平;注重实现更有序的公共管理,使不同阶层和群体可以和谐有序地共处,公平合理地分享改革成果,以理性平和、积极向上的社会心态融入健康有序的社会生活共同体;注重实现更深入的治理参与,使人民群众的主体地位得到更深层次的体现,社会的自主性得以充分、有序发展,以社会机制塑造城市社会公平、正义的公共生活领域。

三是紧扣人民城市生命体征，探寻社会治理现代化的发展规律。城市是多种功能和空间高度复合的生命体，具有其内在发展和演化的规律。城市治理也需科学遵循其发展规律，以系统思维强化整体协同治理理念。不断优化城市社会治理多层级体系，推动各级政府更好履行公共服务、公共管理、公共安全职责，探索条块协同的新方法，培养一批专业化、职业化的基层治理人才队伍，有效提升城市治理的系统整合能力。深度重塑现代政府与公民之间的关系形态，持续推动一种以需求为导向、更注重公众反馈、持续改进的公共治理模式。"人民城市"理念指导下的城市发展和治理思路凸显了中国特色社会主义的制度优势，保证"以人民为中心"的发展思想贯彻并落实在国家政治生活和社会生活中。

## 三、智慧化治理：以城市生命体征为核心正义空间建构路径

党的十九大报告提出"提高社会治理社会化、法治化、智能化、专业化水平"，为新时期我国社会治理的发展路径确定了方向。随着科学技术的飞速发展，大数据、云计算、物联网、人工智能等新兴技术手段与信息工具对人们生活的影响越来越突出。特别是数据上升为生产要素，数据价值进一步释放，现代信息技术在推进超大城市治理中的作用日益显现，科技支撑的智能化治理成为超大型城市治理的重要手段。

2021年6月，国内首个实时、动态、鲜活的超大城市运行数字体征系统——上海城市运行数字体征1.0版正式上线。新上线的上海数字体征构建了实时、鲜活、多维、精准的问题发现机制和城市运行风险防范机制，依托数据和算法实时监测城市运行状态，综合研判城市运行态势，提升了城市精细治理能力和数字治理能级，这也为城市公民构建正义空间提供了可靠的数字模型和技术手段。

### （一）促进城市公共资源的配置绩效

城市智慧治理系统的一个显著特点就是在与外部环境交互的过程中获取信息，在此基础之上做出行为反应。城市治理水平的高低取决于精细化的程度，而精细化的程度取决于现代信息技术水平。公共资源的配置以满足民众的

基本需求为旨向,公共性是公共资源的基本属性[①]。长期以来,社区对公共服务资源的需求与公共服务资源供给存在失衡,由此引发公众对社会公平性的质疑。而现代信息技术手段的运用在公共资源配置上可以弥补短板,实现公共资源配置均等化。例如可以运用"智能＋"平台,构建智能教育、智能医疗、智能养老以及智能环保等公共资源配置模板,实现数字化系统配置。上海是全国首个提出推进城市数字化转型的城市,涵盖生产、生活、生态等各方面,包括经济数字化、生活数字化、治理数字化等各个领域,推动城市整体迈向数字化时代。这是全方位的赋能,让城市更聪明、更智慧。以浦东新区为例,2021 年 4 月 8 日,升级版浦东新区城市大脑上线,该系统把之前涉及经济治理 104 个场景、城市治理 50 个场景和社会治理 11 个场景进行了整合集成,形成 10 类 57 个整合场景。浦东新区构建了一个经济治理、社会治理、城市治理统筹推进和有机衔接的治理体系,全城公共资源实现了最佳配置和最优利用。2021 年 9 月 1 日,上海市政府常务会议审议通过了《上海市促进城市数字化转型的若干政策措施》,是上海数字化转型的重要组成部分,为全面激发经济数字化创新活力、全面提升生活数字化服务能力、全面提高治理数字化管理效能、数字化转型建设多元化参与、系统全面的数字化转型保障提供了重要政策保障。

### (二) 促进城市公共决策的民意参与

随着现代城市的发展,城市民众的需求更加多元化、复杂化。在传统城市治理中,民众需求的反馈渠道非常有限,而政府的应激反应和处理民众需求又常常滞后,导致公众需求落实缓慢。同时,政府在出台公共决策时,缺乏公众的参与,使公共决策往往顾此失彼,缺乏公共政策的公共性和公平性。而智慧治理可以使人机交互前置,使公众个体的偏好及时数据化,在人工智能系统互动中得到即时性回应,做出预判性分析,有针对性地配置相应的财力、物力与人力来满足民众的利益诉求,从而及时回应公众质疑,便捷高效地满足公众需求,使公共政策更趋公平性。比如浦东周家渡街道根据区域老龄人口占比大的特点,通过智能化手段实时监测,作出预判性需求分析,及时吸纳公众的需求,将养老床位化整为零,推动养老服务由机构向家庭延伸,促进形成"集中公共养老＋嵌

---

① 何建华. AI时代:人工智能的创新文化与文化创新[N]. 新华日报,2017－09－22.

入式养老＋居家养老"的智慧养老服务体系,使养老服务真正惠及于民,现代技术手段是解决公共服务难题的重要支撑。

### (三) 促进城市公共空间的共同意识

长期以来,城市空间规划的主导权在政治精英手中。地方政府垄断了大量资源,决策过于集中,在唯 GDP 考核机制和政绩观考量下,城市公共空间规划缺乏城市个性,导致千城一面,缺乏个性与城市共同记忆。在智慧治理中,城市空间规划使专业机构、专业人才、普通公众共同参与成为现实。无中心、多节点的线上数据互动模式促进不同主体间进行实时对话,这在一定程度上弱化了传统的政府单向治理模式。智慧治理中,在满足多元主体需求的同时,又使文化在空间规划中以多姿多彩的方式呈现,使不同城市的历史文化元素的传承创新以更加立体的方式呈现。同时,尊重公众差异化表达公共空间特色建设的意见,共同营造城市的空间记忆,不断增强城市的文化记忆与共同体意识。

比如,浦东陆家嘴中心绿地于 2021 年举办的"陆家嘴金融城国际咖啡文化节"受到公众青睐,而此前同一块绿地曾举办过独幕儿童歌剧、射箭世界杯等各类文体活动,为居民增加了城市记忆。又如,在杨浦大桥与徐浦大桥间滨江段创建的 8 万吨筒仓、船厂 1862、艺仓美术馆、世博公园、后滩公园、前滩友城公园等,无论是游客还是生活在这里的人们,只要来到这里,就能和这座城市共同呼吸,产生共鸣,对这座城市产生特有的文化记忆,这也是城市建设诗意空间营造的价值所在。

### (四) 促进城市公共资源的精准开发

基层社区是城市社会的缩影,其中蕴含着各类组织资源,既有以社区公共服务设施、公共空间为代表的有形资源,也有很多无形的资源,如信息资源、文化资源等。这些分散于社区共同体中的无形资源,过去由于难以发现,而使这些资源埋没无法发挥应有作用。在智慧治理中,可以充分挖掘掩藏于基层社区中的无形资源,特别是文化资源,通过人机互动平台,使人们的聪明才智、心理需求、文化设计、个人情感、历史记忆能够被精准识别、精准捕获、精准寻因、精准评估与精准反馈,从而在开发各类城市资源时更具有针对性和文化特质,实现城市资源的精准开发。因此,在城市智慧治理中,需要以城市多元主体的需求为导向,通过信息资源整合与智慧大脑平台实现数据共享。在智慧技术应用场景下,要做好技术系统、空间系统、活动系统和决策系统之间,以及各系统内部的联动与互动,实现城市空间的智慧化发展。

(作者:叶斌,中共上海市崇明区委党校,讲师)

# 在引领区建设中持续提升基层治理能力

**摘　要**：一流城市需要一流的治理。从开发区到引领区，浦东需在既有探索经验的基础上持续创新，打造宜居宜业的现代城市治理样板。从工具意义上看，浦东要推动"一网统管"、治理资源下沉，破解基层治理中的条块矛盾及碎片化治理问题；培育专业化社会组织，引导深度参与基层治理；发挥企业高效配置资源的优势，提升居民生活品质；拓展社会参与渠道，支持居民自治共治。从价值意义上看，浦东要构建和完善党委领导、政府负责、民主协商、社会协同、公众参与、法治保障、科技支撑的社会治理体系，以实现社会活力与秩序的有机统一、民主参与与集中决策的有机统一、个人利益与公共利益的有机统一。

**关键词**：引领区；基层治理；工具意义；价值意义

《中共中央国务院关于支持浦东新区高水平改革开放　打造社会主义现代化建设引领区的意见》（简称《意见》）希望浦东继续发挥大胆试、大胆闯、自主改的精神，勇挑最重的担子、啃最硬的骨头，努力成为更高水平改革开放的开路先锋，全面建设社会主义现代化国家的排头兵，彰显"四个自信"的实践范例，更好地向世界展示中国理念、中国精神、中国道路。《意见》明确了浦东引领区的战略定位，即更高水平改革开放的开路先锋，自主创新发展的时代标杆，全球资源配置的功能高地，扩大国内需求的典范引领，现代城市治理的示范样板。这对浦东基层治理提出了打造现代化治理示范样板的要求。一流的城市需要一流的治理。自开发开放以来，浦东努力探索了一套与开发区相适应的基层治理体系。进入新时代，从开发区到引领区，浦东需在既有经验探索的基础上，按照《意见》要求和指引的方向，围绕构建经济治理、社会治理、城市治理统筹推进和有机衔接的治理体系，持续推进治理手段、治理模式、治理理念创新，提升治理科学化、精细化、智能化水平，打造宜居宜业的现代城市治理样板。

习近平总书记指出，推进国家治理体系现代化就是要为"党和国家事业发展、为人民幸福安康、为社会和谐稳定、为国家长治久安提供一整套更完备、更稳定、更管用的制度体系①，推进治理能力现代化就是要增强制度执行能力。从工具意义上看，《意见》为浦东打造宜居宜业的现代城市治理样板作出了管用的制度安排。

其一，推动"一网统管"、治理资源下沉，破解基层治理中的条块矛盾及碎片化治理问题。一直以来，在基层治理中存在着条块协同机制不健全、部门间联动不到位、多元主体权责关系不清晰等问题。《意见》提出，把全生命周期管理理念贯穿城市规划、建设、管理全过程各环节，深入推进城市运行"一网统管"。推动社会治理和资源向基层下沉，强化街道、社区治理服务功能，打通联系服务群众的"最后一公里"。"一网统管"、治理资源下沉能够使基层治理在统一指挥、统一协调、统一调度下展开，一方面实现了基层党政部门的上下联动，力量向基层聚焦，治理重心下移，避免了"块"上"看得见管不着"和"条"上"管得着看不到"的现象；另一方面促成了基层党政部门、社区、驻区单位、企业、社会组织、志愿者等各类机构和人员的合理分工、权责明确，实现了由政府部门间各自为政向协同治理的转变，由"政府干、群众看"向"大家一起干"的转变，进而构建起一个全方位整合城市运行管理力量、全链条贯通治理运行体系、全要素协同参与的高效治理模式。

其二，培育专业化社会组织，引导深度参与基层治理。浦东在开发之初，就确立了浦东开发不仅仅是项目开发、产业开发，而且是社会开发，要争取社会的全面进步的理念。在社会开发上，具有独特作用的社会组织在浦东获得了长足发展，并孕育了20多项全国或全市领先的创新性举措，如率先成立国内第一家民间社会工作服务机构；率先建立国内第一个公益组织孵化器；率先建设国内首个公益组织集聚的创业园区等。与政府、市场主体相比，社会组织在参与基层治理上有独特作用和优势。一方面社会组织呈现出贴近基层、贴近公众和贴近实际的草根性，熟悉基层的动态、知晓基层民众的诉求，具有参与的信息优势

---

① 习近平.完善和发展中国特色社会主义制度　推进国家治理体系和治理能力现代化[N].人民日报.2014-02-18.

或地方性知识,能够根据基层社会需求迅速作出反应;另一方面,社会组织又具有相关领域的专业知识,能够有针对性地解决社会问题,在政府无力或短时间内难以顾及的领域发挥自身的专业优势。如浦东社工机构蓬勃发展,社工实务不断向精细化、纵深化拓展,涵盖了20多个领域,既有老龄、儿童、妇女、青少年、助残、社区矫正、婚姻家庭等传统服务领域,及优抚、少数民族、救助、计生、扶贫等服务领域,同时还有具有国际对话潜力的疫情防控领域①。

其三,发挥企业高效配置资源的优势,提升居民生活品质。随着市场经济的发展和改革的深入,使得经济要素与社会发展紧密结合,企业等市场组织已成为社会治理的新型主体。而作为社会治理主体,政府、企业和社会组织均在不同的领域有自身优势。政府主要侧重于满足社会公众的基本需求;企业主要侧重于满足社会公众的多样化、个性化需求;社会组织既具有政府组织的公益性,又具有企业组织的成本效益观念,还具有两者皆不具有的志愿性,有助于弥补政府和企业服务供给的不足。《意见》提出,提升居民生活品质,不断提高公共服务均衡化、优质化水平,开展城市居住社区建设补短板行动等。而高品质生活既需要政府提供的优质公共服务,也要企业针对社会公众多样化、个性化的生活需求,加强资源链接、促进供需对接和优化配送方式,实现生活资源的高效配置和丰富供给。2017年,浦东新区启动"15分钟生活圈"建设,提出城区步行、郊区骑行或步行相结合,15分钟内解决上学、看病、养老、锻炼、休闲、购物等生活大小事宜。"家门口"服务体系通过共性项目与个性项目、政府资源与社会资源、线上与线下服务的结合,导入企业等社会力量,为居民就近提供形式多样、内容丰富的服务②。再如,在疫情防控过程中,许多企业不仅积极履行社会责任,通过向社区捐赠抗疫物资、提供志愿服务等途径参与社区治理,而且还发挥自身资源配置和衔接的优势,在社区封闭管理和人员流动管控的情形下解决了社区生活物资有效供给的难题,弥补了政府统一和标准化供给的不足。

其四,拓展社会参与渠道,支持居民自治共治。社会治理的重点在基层,关键靠群众。基层治理中的公众参与是治理能力现代化的重要条件。自开发以

---

① 张俊.浦东新区三十年社会治理创新之路[N].中国社会报,2020-11-17.

② 中共上海市浦东新区委员会组织部.上海市浦东新区:推进"家门口"服务体系建设 创新党建引领社会治理[EB/OL].(2018-10-30)[2021-10-10].http://dangjian.people.com.cn/n1/2018/1030/c420318-30371429.htm.

来,随着治理重心向基层下移,为了实现政府治理、社会调节和居民自治的良性互动,浦东积极引导公众参与基层治理。如1999年金桥湾居委会在全国率先试点海选居委会成员,2002年仁恒滨江园率先探索外籍居民参与居委会选举、2005年在街道层面推进成立社区委员会和社区代表会议制度,2011年陆家嘴街道探索用财政资金支持居民自治项目建设和自治团队发展的"自治金"的做法现已在全区居委会推广,等等①。《意见》提出要把城市建设成为人与人、人与自然和谐共生的美丽家园。为此,浦东须以"人民城市人民建,人民城市为人民"的的理念,持续探索创新民主参与的实现形式,全面构建井然有序又充满活力的社会治理新格局,打造人人都有人生出彩机会的城市、人人都能有序参与治理的城市、人人都能拥有归属认同的城市。

在基层治理上,我国自20世纪80年代后期开启了城市社区建设,这是继村民自治后又一项基层社会改革创新,它标志着国家对基层社会管理由单位制转向社区制。一直以来,城乡社区建设存在着自上而下的行政管理与自下而上的社会自治两种不同发展路径的论争。自党的十八大提出城乡社区治理,特别是党的十八届三中全会将推进国家治理体系和治理能力现代化作为全面深化改革的总目标以来,治理思想开始应用于社区层面。"十三五"规划提出建立共建共享的治理格局,党的十九大增加了"共治","十四五"规划要求"完善共建共治共享的社会治理制度","建设人人有责、人人尽责、人人享有的社会治理共同体"。由此,在基层社会结构复杂多元及生产生活方式社区化背景下,社区多元主体共治已成为共识。而党的十九大指出要"完善党委领导、政府负责、社会协同、公众参与、法治保障的社会治理体制",在此基础上党的十九届四中全会提出"完善党委领导、政府负责、民主协商、社会协同、公众参与、法治保障、科技支撑的社会治理体系"。从浦东的探索逻辑看,基层治理呈现党的领导、政府负责、多元参与的格局。这一治理逻辑在协调政治制度与社会公共生活的良性互动中,回应了国家与社会的价值关切,显示出独特的价值意义。首先,实现了社会活力与秩序的有机统一。多元参与强调的是利益相关方的参与,而利益相关方的参与又会产生集体行动困境的问题,即如何协调政府、社会组织、市场组织及其公民个人的行动。如果单一的强调无差别的参与,就会导致治理过程无权

---

① 张俊.浦东新区三十年社会治理创新之路[N].中国社会报,2020－11－17.

威和无中心,会损害集体行动的能力。党的领导和政府负责则避免了无中心治理或多中心治理带来的无序和低效。其次,实现了民主参与与集中决策的有机统一。治理主体的扩大及能动参与使民主更贴近其真义,并使民主制度成为可能①。在社会转型期,利益分化对政府决策全面性提出了更高要求,政府必须在综合考量不同利益群体的诉求基础上才能作出有效性的决策,但从实践看,社会组织、市场组织及公民个人等也不同程度存在着能力不足、经验缺乏、信息不对称、利益驱动等缺陷。因此,代表绝大多数人民群众利益的党和具有专业能力及信息优势的政府在民主基础上的集中科学决策至关重要。最后,实现了个人利益与公共利益的有机统一。在基层社会结构复杂多元及生产生活方式社区化的背景下,构建社区治理共同体是社会治理现代化的重要任务。这就要求社区多元主体基于共同利益须展开负责任的社会行动,既考虑个体也考虑人际,有事好商量、众人的事情由众人商量,进而形成一个紧密团结的共同体,展现出中国人的群己观念及家国情怀。

**(作者:冯梦成,中共上海市浦东新区区委党校,副教授)**

---

① 汪旻艳.参与式治理与协商治理的对接与融合[J].领导科学,2014(6Z):13-15.

# 以有温度的党建推动基层善治

## ——上海市嘉定镇街道创新睦邻点的实践与思考

摘　要:上海市嘉定区嘉定镇街道党工委贯彻落实习近平总书记重要讲话精神,以党建引领基层社会治理,创新睦邻点,逐步打破了社区治理中的情感、资源和管理壁垒,以有温度的党建和最接地气的举措推动基层善治,巩固了党在基层的执政基础,为超大城市基层治理提供了新模式。

关键词:睦邻点;超大城市;基层治理

习近平总书记考察上海时指出,"城市治理是推进国家治理体系和治理能力现代化的重要内容",并明确提出了"人民城市人民建,人民城市为人民"的重要理念,强调"无论是城市规划还是城市建设,无论是新城区建设还是老城区改造,都要坚持以人民为中心,聚焦人民群众的需求,合理安排生产、生活、生态空间,走内涵式、集约型、绿色化的高质量发展路子,努力创造宜业、宜居、宜乐、宜游的良好环境,让人民有更多获得感,为人民创造更加幸福的美好生活"①。上海市嘉定区嘉定镇街道党工委基于嘉定"邻里相亲、守望相助"的深厚文化土壤,以党建引领基层社会治理,紧盯广大人民群众最关心最直接最现实的利益问题,创新睦邻点,逐步打破了社区治理中的情感、资源和管理壁垒,以有温度的党建和最接地气的举措推动基层善治,有效地解决了群众的操心事、烦心事、揪心事,提升了群众的获得感、幸福感、安全感,巩固了党在基层的执政基础。2012 年,睦邻点建设荣获上海市首届十大创新社会建设项目奖的殊荣,2019

---

　　① 深入学习贯彻党的十九届四中全会精神　提高社会主义现代化国际大都市治理能力和水平[EB/OL]. (2019 - 11 - 03)〔2021 - 12 - 25〕. http://www. xinhuanet. com/2019-11/03/c＿1125187413. htm.

年,睦邻党建荣获第四届全国基层党建创新案例优秀奖,为超大城市基层治理提供了新模式。

## 一、问题与挑战:三个壁垒

基层治理是国家治理的基石,基层治理现代化是国家治理现代化的重要组成部分。改革开放以来,随着工业化、信息化、城镇化、农业现代化的快速发展,经济结构深刻变革、利益格局深刻调整、思想观念深刻变化、社会结构深刻变动,整个社会呈现出情感陌生化、主体多元化、利益多样化、资源分散化、管理碎片化的状态。因情感缺失利益难以有效协调而导致的社会矛盾多发频发,这就给城市党建与社区治理创新带来了严峻挑战。嘉定镇街道地处上海市嘉定区中心城区,辖区面积4.02平方千米,现有17个社区,常住人口7.7万人,户籍人口5.65万人。作为嘉定区唯一无农村建制的纯城镇化地区,呈现出老年人口多、老旧小区多、小微个体商业多、政府机构多的地域特点①。随着经济社会快速发展,社会治理难题日趋复杂,面临的各种挑战日益增多,主要体现在以下三个方面。

### (一)邻里之间存在情感壁垒

随着经济的高速发展,人们的私域性在增强,高楼大厦多起来了,人情友情却淡薄了;生活条件改善了,邻里关系却隔阂了……现代版的"鸡犬之声相闻,老死不相往来"的状况阻隔了邻里之间心与心的交流、情与情的沟通。嘉定镇街道是一个老城区,历史欠债过多,老旧小区多,人口老龄化严重,特别是老年人群体呈现出高龄化程度高、高龄独居老人比例高等特点。60岁以上的老龄人口1.58万人,占户籍总数的28%,地区的养老服务需求显得更为迫切,民生压力大。"社区内的居民内心实际都向往群体生活,尤其是老年人,大多希望通过群体活动来分享心情、消除寂寞、找到自我。社区建设必须搭建新的平台,促

---

① 中共上海市嘉定区嘉定镇街道工作委员会.上海市嘉定区嘉定镇街道:睦邻党建——打造有温度的城市社区共同体[EB/OL].[2018 - 11 - 02]. http://dangjian. people. cn/n1/2018/1102/c420318-30378863. html.

进邻里互动,建立新型邻里关系,在情感交融中重建'熟悉人'社会,才能实现社区和谐。"①

## (二) 共建单位存在资源壁垒

伴随着单位制的逐步解体和弱化,社会群体结构和社会组织架构深刻变化,大量单位人成为社会人,人员的流动加剧,整个社会呈现管理碎片化、资源分散化,基层治理体系和治理能力与人民群众对美好生活需要之间的矛盾日益凸显。嘉定镇街道驻区单位多、外来人口多,街道辖区内有3 000多家单位,外来人口1.15万人,老城区内乱设摊、乱搭建、停车难等现象比较突出。城市基础建设滞后,资源瓶颈愈益尖锐,难以满足多元主体民生增长的刚性需求。各类机关事业单位、金融企业、社会组织集中,资源分散。辖区内党组织类型多、分布散,社区治理难度大。

## (三) 服务民生存在管理壁垒

进入新时代,我国社会主要矛盾发生关系全局的历史性变化,经济社会发展呈现出一系列新特点新趋势,人民群众对美好生活提出了"六个更加"的新要求,对基层社会治理提出了新的更高要求。嘉定镇街道作为老城区,既有本地居民,又有外来人员,随着单位人向社会人转变,社区居民的异质性不断变强,人群结构日趋复杂。社区居民由于各自的生活环境、职业、价值观念、教育程度等有很大的不同,导致生活方式和生活习惯的差异也很大。多元利益格局下,群众诉求更加多元。"随着经济社会发展和人民生活水平提升,人民群众在民主、法治、公平、正义、安全、环境等方面的需求日益增长,对基层社会治理水平的要求也随之提高,更加强调从单纯行政管理转向全方位服务,从提供大众化服务转向个性化服务,从保障治安稳定转向提升幸福指数。"②但传统的社区党建有效服务群众的载体不多,组织覆盖难以延伸到社区居民居住区的神经末梢,社区党建面临体制瓶颈,难以满足党员群众的多元需求。

---

① 上海市嘉定区融媒体中心.嘉定镇打造347个睦邻点共治力量"聚沙成塔"[EB/OL].(2017 - 10 - 16)[2021 - 12 - 25]. https://www.pinlue.com/article/2017/10/1605/244694131341.html.

② 陈昌盛,冯卫华,高卫兵.着力推进基层社会治理现代化.[EB/OL].(2020 - 01 - 08)[2021 - 12 - 25]. https://baijiahao.baidu.com/s? id=1655120551486477878&wfr=spider&for=pc.

这些问题集中体现为三对矛盾:一是城市社会建设任务繁重与街道资源有限的矛盾;二是辖区单位众多但条块分割各自为政的矛盾;三是基层治理形势复杂与党工委自身力不从心的矛盾。

## 二、创新睦邻点的做法及成效

为了解决这些问题,嘉定镇街道党工委受"远亲不如近邻"的睦邻文化启发,依托社区睦邻点建设的基础和品牌,萌发并催生出睦邻党建这一区域化党建的有效形式。出实招,落举措,全力打通服务群众的"最后一公里",有效地破解了基层治理的难题,促进了居民自治和社区共治,走出了一条超大城市基层治理的新路。

### (一) 社区自治消除情感壁垒

"2007 年,嘉定镇街道银杏社区一对空巢老人找到社区党组织,主动提出能否在自己家中设点,开展邻里活动。街道党工委顺势而为,创造性地搭建起了源于群众又高于群众的睦邻点这一城市基层治理的创新模式。"①经过 12 年的培育发展,睦邻点从最初类型单一的 42 个,发展到今天涵盖地缘、志缘、趣缘和业缘等类型的 343 个,平均每个社区近 20 个;参与人群从最初的老年人群扩展到了包括中小学生在内的多个年龄段人群;活动的内容也由原先"看书读报聊家常"扩展到了"协助居委参与社区治理",有效地破解了邻里之间的情感壁垒。

### 1. 加强党建引领

为满足社区居民对美好生活的需求,街道党工委在社区内推行建立睦邻点,以社区党员为核心骨干并担任睦邻点负责人、向睦邻点派驻政治指导员、在有三人以上党员的睦邻点建立睦邻党小组等,不断延伸党建触角,充分发挥居民区党组织的政治引领、平台搭建、资源整合作用,建立起在党的领导下的草根

---

① 中共上海市嘉定区嘉定镇街道工作委员会. 上海市嘉定区嘉定镇街道:睦邻党建——打造有温度的城市社区共同体[EB/OL]. (2018 - 11 - 02)[2021 - 12 - 25]. http://dangjian. people. com. cn/n1/2018/1102/c420318-30378863. html.

性群团组织[①]。

## 2. 强化组织保障

为确保睦邻点自治健康发展,社区党(总)支部在推进睦邻点建设过程中,突出党组织凝心聚力的领导核心作用,坚持"三引导",当好"领航员"。一是引导睦邻点选好负责人。引导志趣相同的居民推举具有"三心",即乐于奉献的"爱心"、善于团结的"公心"、勤于组织的"恒心"的居民担任睦邻点的负责人。二是建设相对固定的活动场所。引导乐于参与睦邻点的热心居民自愿提供活动场所,为睦邻点活动的正常开展提供基础保障。三是引导睦邻点开展健康向上的公益活动。社区党(总)支部深入社区和群众之中,广泛了解社区居民的生活情况,及时掌握社区最新动态和居民关注的焦点问题,积极为睦邻点活动献计献策,丰富和充实睦邻点的活动内容[②]。

## 3. 促进居民自治

在睦邻点建设中,嘉定镇街道探索了网络化的组织架构。目前,街道形成了以睦邻点为细胞的自组织,以睦邻沙龙为形式的睦邻议事制度,以睦邻家园为基地的管理组织,以睦邻党建为纽带的区域化党建模式。通过由小到大、由点到面的社区睦邻网络体系建设,在推动社区自治共治中发挥了积极作用,成为社区治理多元参与的有效载体和组织保障,促进了社区居民自治。如抗击新冠肺炎疫情期间,街道党工委凝聚体制内硬核力量,在街道各基层党组织开展了"红色练祁·战'疫'有我"党员志愿先锋行动,以支部为单位,组建突击队38支,党员突击队员364名,组织动员广大党员在关键时刻佩党徽、亮身份、树党旗,主动投身于抗疫一线,将党旗插到群众最需要的地方。

---

① 中共上海市嘉定区嘉定镇街道工作委员会. 上海市嘉定区嘉定镇街道:睦邻党建——打造有温度的城市社区共同体[EB/OL]. (2018 - 11 - 02)[2021 - 12 - 25]. http://dangjian. people. com. cn/n1/2018/1102/c420318-30378863. html.

② 睦邻点工作法[EB/OL]. (2014 - 12 - 05)[2021 - 12 - 25]. https://wenku. baidu. com/view/17c47134804d2b160a4ec05d. html.

### （二）辖区共治消除资源壁垒

睦邻点发展过程中，为进一步整合社会资源，打破共建单位之间的资源壁垒，2013 年 5 月，街道成立了上海市首家参与区域化党建工作并实体运作的专业社会组织——嘉定镇街道睦邻党建服务中心，突破传统党建行政化倾向严重、区域化党建长效动力不足的瓶颈，形成了以区域化党建各个主体之间的平等合作关系为基础的区域化党建新模式。七年来，街道睦邻党建服务中心因势利导，精准发力，发挥政治引领作用，融入区域化党建格局，激发社会组织活力，改进社会治理方式，取得了"一子落而满盘活"的连锁效应，有效地破解了辖区单位之间的资源壁垒。

#### 1. 健全组织架构

街道党工委将 17 个社区党总支、105 家有基层党组织的单位划分为"一站八部"，具体为：17 个社区睦邻党建服务站，8 个睦邻党建服务部（机关团体国企、城市管理、金融行业、非公企业、教育卫生、物业管理、社会组织、文化体育）。由各服务部牵头单位领导、街道领导共同组建嘉定镇街道睦邻合作指导委员会，作为睦邻党建的最高议事和决策机构，逐步完善合作指导委员会会商决策、睦邻党建服务中心贯彻执行、党建联络组联系指导、顾问委员会资政建言、监事工作组履行监督的运作格局。由街道各条线分管领导担任服务部联络员，在加强区域党建的同时加强行业党建①。

#### 2. 完善项目运作

为搭建社会力量参与社区治理的沟通协调平台，街道党工委通过设计开发公益项目来找到各级党组织和党员为群众办好事的发力点，推进街道的各项服务民生工程切实落到实处。依托专业社会组织，形成了一整套公益项目议题形成、社会认领、专业运作、激励反哺的运作机制。在议题形成上突出以群众需求为导向，自下而上的形成机制；在项目认领上突出基层党组织和党员自愿认领，

---

① 中共上海市嘉定区嘉定镇街道工作委员会. 上海市嘉定区嘉定镇街道：睦邻党建——打造有温度的城市社区共同体［EB/OL］.（2018－11－02）［2021－12－25］. http://dangjian. people. com. cn/n1/2018/1102/c420318-30378863. html.

不限形式和内容的服务模式；在项目运作上突出自主设计和委托运作相结合的模式；在激励机制上突出公益传承，以公益服务反哺公益服务。如嘉定镇街道社会组织服务中心设计的资源雷达站公益项目，以枢纽型社会组织为落脚点，服务于睦邻党建各板块尤其是社会组织服务部成员单位，让非社会服务性单位了解并加入公益服务队列，推进公益服务资源从原来的分割占有走向开放共享。再如，上海嘉宝公益基金会多年来一直出资认领公益项目，服务对象从社区青少年、离退休干部到社区归侨、侨眷，进一步弘扬了睦邻友爱、守望相助的社区精神①。

### 3. 形成共治合力

睦邻党建各板块成员单位平等相待，各单位之间不分级别高低、不论隶属关系、不谈行业界别，在协商、议事中地位平等，努力实现发展共商、资源共享、辖区共治。如区域单位中医院和李园二村社区达成错峰停车协议，既解决了小区停车难问题，也解决了医院员工停车难题。特大寒潮期间，千余户社区居民断水、断电，多家区域单位紧急调回已回家过年的维修工助力抢修工程，在最短的时间内恢复了居民用水、用电②。新冠肺炎疫情防控期间，街道党工委充分发挥睦邻党建的枢纽作用，通过街道睦邻党建"一站八部"平台，由板块牵头单位层层发动，成员单位积极响应，建立了由43家成员单位共计357名党员群众组成的"红色练祁"睦邻党建志愿服务队，参与一线志愿服务工作。

### (三) 精细化服务消除管理壁垒

服务功能是基层党组织最基本的功能，它是党的政治功能在实践中的具体体现和延伸拓展。在基层，党建工作如不能给群众温暖，是没有生命力的。嘉定镇街道党工委在创新社会治理的实践中，以提升组织力为重点，突出政治功能，始终坚持把服务群众、方便群众、造福群众作为睦邻党建工作的出发点和落脚点，以需求为导向，以项目为支撑，以专业化为特色，不断丰富服务项目、规范

---

① 中共上海市嘉定区嘉定镇街道工作委员会.上海市嘉定区嘉定镇街道：睦邻党建——打造有温度的城市社区共同体[EB/OL].(2018 - 11 - 02)[2021 - 12 - 25].http://dangjian.people.com.cn/n1/2018/1102/c420318-30378863.html.

② 同上。

服务方式、提高服务质量,精细化服务有实效,破解了服务民生的管理壁垒,让群众时时触摸党建脉搏、感受党建温度,睦邻党建工作有温度有活力。

### 1. 丰富服务项目

在街道党工委的倡议下,各社区党组织和睦邻点党小组从社区居民的需求出发,精心设计服务内容,不断延伸服务项目,灵活性更强,服务更有温度。侯黄桥社区党总支针对社区中的癌症患者建立了"开心屋"睦邻点;桃园社区针对居民的兴趣爱好建立了"才艺苑"睦邻点等。老旧小区进行了垃圾厢房改造,加装电梯等。

### 2. 规范服务方式

为了使服务更加务实高效,街道党工委整合社区内各类社会资源,以专业的社会组织来服务发展、服务社会、服务群众,通过打造自组织、强化自管理、推动自发展、加强自监督的"四自"服务模式,积极推进政府职能转变,推进各项服务工作社会化,构建起党委领导、政府推动、民间运作的社会服务工作体系,取得了良好效果。

### 3. 提高服务质量

街道党工委在日常走访、动态收集问题、"365"议政点等联系服务群众工作的基础上,进一步探索建立了"三问一评价"群众满意工程,即坚持问题导向,通过"谁来问""问什么""问了怎么办"的常态化的"三问"工作机制,以及自下而上的科学化评估机制,不断深化新形势下加强和改进群众工作的新举措,真正实现了组织有活力、干部做表率、党员起作用、群众得实惠。

## 三、加强睦邻点建设的启示与思考

党的十九届五中全会决定指出,完善社会治理体系,健全党组织领导的自治、法治、德治相结合的城乡基层治理体系,完善基层民主协商制度,实现政府治理同社会调节、居民自治良性互动,建设人人有责、人人尽责、人人享有的社会治理共同体①。这不仅为加强和创新社会治理指明了方向,更对新时代党的建设和以党的建设贯穿基层治理、保障基层治理、引领基层治理提出了更高要求。嘉定镇街道的睦邻点建设已培育出类型多样、功能齐全、运作灵活的睦邻点体系,理顺了街道政府和基层社会的关系。丰富和拓展了党组织领导的基层群众自治的层次和形式,提高了社区居民的文化认同,结成了邻里相约、守望相助的社区共同体,凸显了基层治理效能,切实增强了社区居民的获得感、满意度,为构建富有活力和效率的新型基层社会治理体系提供了一个成功的范例,带来了启示与思考。新时代要进一步加强睦邻点建设,必须致力于建设基层社会治理共同体,积极有效地回应人民群众对美好生活的需求。

## (一) 完善嵌入性制度支持

社会治理在本质上是一种结构性的制度安排,制度功能的强大与否、先进与否直接关系到社会治理的成效。嘉定镇街道在睦邻点发展过程中,注重建立服务群众的各项工作制度,充分发挥了党组织的政治引领、平台搭建、资源整合作用。在未来的睦邻点建设中,要进一步凝聚居民共识、整合社会资源,自上而下的嵌入性制度支持不可或缺。

### 1. 发挥党建引领作用

基层党组织要进一步发挥好党建引领作用,完善社区党总支及党员嵌入社区的体制机制,健全组织网络,积极探索、创新融合型基层组织的设置方式和活动方式。推动跨领域、跨层级、跨组织的统筹融合,将党建工作的组织力、融合力转化为社区治理的推动力。

### 2. 打造资源共享平台

基层党组织要通过对驻区内所有党建资源的排摸和梳理,完成睦邻点和驻区单位之间需求菜单和资源菜单的匹配,经过比对和研判,推出对应的项目菜单。积极引导驻区单位社会性、公益性、服务性资源逐步向社区开放,形成共驻

---

① 中共中央关于制定国民经济和社会发展第十四个五年规划和二〇三五年远景目标的建议 [M].北京:人民出版社,2020:11.

共建、资源共享、优势互补的工作制度。

### 3. 完善引导激励制度

睦邻点建设中区域化党建主体参与内生动力不足,原因之一就在于制度保障不到位,缺乏有效的指导和激励制度。因而,在未来的区域化党建制度设计中,必须要针对参与主体的特点,完善引导与激励制度,对症下药,注重政策制度的导向,必须要寻找居民区与驻区单位的利益连接点,满足各自服务需求,达到共赢。

### (二) 激发社会自治组织作用

人民群众是基层社会治理的主体力量。加强睦邻点建设,推动基层治理现代化,必须走好新时代的群众路线,完善群众自治组织,建设人人有责、人人尽责的社会治理共同体。在既往的建设中,嘉定镇街道的睦邻点建设之所以取得诸多成绩,正是因为注重了社会化在社区治理中的突出作用,广泛调动了政府、社区自治组织、居民、社会组织的主动性。街道把一部分党建项目的具体服务操作部分打包给由政府出资、街道具体管理的社会组织来运作,实现了党的服务工作日常化、专业化;区域内各单位主体之间形成平等合作关系,以理事会横向民主协商替代纵向的行政命令体制,在一定程度上推动了街道、社区工作的去行政化进程。在深化睦邻点建设过程中,还应进一步激发社会自治组织的作用,促进志愿性服务组织,培育社区服务企业组织,积极引进公益性社会组织,强化社会化项目化运作。

### 1. 创新群众参与社会治理的组织形式

坚持党建带群建促社建,建设以基层党组织为核心、群团组织为纽带、各类社会组织为依托的基层群众工作体系,按照协商于民、协商为民的要求,健全公众参与的体制机制。最大限度把群众组织起来,实现从社会人向组织人的转变,围绕基层党组织构建公共服务圈、群众自治圈、社会共治圈。

### 2. 强化社会组织社会化项目化运作机制

引入、培育市场力量和社会力量,发展专业化的社会服务组织,促进志愿性服务组织,培育社区服务企业组织,积极引进公益性社会组织,强化社会组织社会化项目化的运作机制,搭建起多层次、多元化服务结构,提高社会自我协调、自我供给的能力。

### 3. 完善群众参与社会治理的制度化渠道

要把民主协商作为构建基层社会治理格局的重要内涵,进一步创新社区协商议事机制,丰富协商民主形式,发挥基层党建联合体的作用,激发共建单位的参与热情,凝聚最大公约数,力争做到城市联建、文化联手、路段联管、公益联推、活动联办,不断营造区域内共治共建共享的良好局面。

## (三) 打造智能化运行体系

党的十九届四中全会第一次把科技支撑作为完善社会治理体系的重要内容,体现了提升国家治理体系和治理能力现代化水平的新要求。社区治理智能化是大数据时代背景下,将现代化信息技术与传统治理方式相融合,推动社区治理体制机制创新的重要方式。在嘉定镇街道的睦邻点建设中,已着手开展智能化建设,但面临着信息资源共享不充分、智能化手段运用不充分、大数据分析解读人员欠缺等问题。在未来的睦邻点建设中,还要紧密跟踪现代技术变化所带来的治理方式乃至治理模式改进的机会与空间,与时俱进地创新优化,打造智能化运行体系,才能提高基层治理效率。

### 1. 强化科技支撑

要进一步体现信息化手段、精细化管理、智能化运用,完善网格化综合管理,强化科技赋能,抓紧建好一站式"互联网＋"公共服务平台,构建全流程一体化在线服务,让信息多跑路、群众少跑腿。

### 2. 运用现代科技

充分运用大数据、云计算、区块链、人工智能等前沿技术推动城市管理手段、管理模式、管理理念创新,提升社会风险预警和防控能力,加快智慧社会、智慧城市和数字政府建设,推进政府决策科学化、社会治理精细化、公共服务高效化,以"智治"促"善治"。

### 3. 提升信息化能力

党建工作者在加强自身党性的同时,也要提升信息化工作的能力,树立与时俱进的工作理念,不断学习掌握现代信息技术,不断适应互联网时代的新变化、新发展。

**(作者:张敬芬,中共上海市嘉定区区委党校,副教授)**